古典文獻研究輯刊

二五編

潘美月・杜潔祥 主編

第5冊

漢志諸子略通考（中）

司馬朝軍 著

國家圖書館出版品預行編目資料

漢志諸子略通考（中）／司馬朝軍 著 -- 初版 -- 新北市：花
木蘭文化事業有限公司，2017〔民106〕
目 8+246 面；19×26 公分
（古典文獻研究輯刊 二五編；第 5 冊）
ISBN 978-986-485-243-7（精裝）
1. 漢書 2. 研究考訂
011.08   106015021

ISBN-978-986-485-243-7

9 789864 852437

古典文獻研究輯刊
二五編　第 五 冊　　　　　ISBN：978-986-485-243-7

漢志諸子略通考（中）

作　　者	司馬朝軍
主　　編	潘美月　杜潔祥
總 編 輯	杜潔祥
副總編輯	楊嘉樂
編　　輯	許郁翎、王筑　美術編輯　陳逸婷
企劃出版	北京大學文化資源研究中心
出　　版	花木蘭文化事業有限公司
社　　長	高小娟
聯絡地址	235 新北市中和區中安街七二號十三樓
	電話：02-2923-1455／傳眞：02-2923-1452
網　　址	http://www.huamulan.tw 信箱 hml810518@gmail.com
印　　刷	普羅文化出版廣告事業
初　　版	2017 年 9 月
全書字數	664566 字
定　　價	二五編 8 冊（精裝）新台幣 15,000 元　　版權所有・請勿翻印

漢志諸子略通考（中）

司馬朝軍　著

目次

二、道 家

《伊尹》五十一篇。湯相。

【存佚著錄】

今亡佚。《隋書・經籍志》、《舊唐書・經籍志》、《新唐書・藝文志》皆不著錄，早已亡佚。清周壽昌（1814～1884）《漢書注校補》卷二十八曰：「小說家有《伊尹說》二十七篇，較此少二十四篇，多一『說』字。注云：『語淺薄，似依託也。』案《史記・殷本紀》集解引《七略》、《別錄》云：《伊尹》五十一篇，《史記》伊尹從湯言素王及九主之事。九主者，有法君、專君、授君、勞君、等君、寄君、破君、國君、三歲社君，凡九品，圖畫其形。」羅焌（1874～1932）《諸子學述》曰：「《漢志》道家，《伊尹》五十一篇；小說家，《伊尹說》二十七篇，此二十七篇蓋即從五十一篇中別出者。書佚已久，後人輯本不爲分家。」〔註1〕《伊尹》之輯本有三種：其一爲嚴可均所輯《伊尹》，見《全上古三代文》卷一；其二爲馬國翰所輯《伊尹書》一卷，見《玉函山房輯佚書》子編道家類，馬國翰序曰：「案皇甫謐《帝王世紀》云：『初，力牧之後曰伊摯，耕於有莘之野。』是伊尹名摯也。《詩・商頌・長發》鄭康成箋：『阿，倚也。衡，平也。伊尹，湯所依倚而取平，故以爲官名。』是阿衡乃伊尹官號，非名也。《孟子》辨伊尹割烹要湯之事云：『伊尹耕於有莘之野，而樂堯舜之道焉，湯使人以幣聘之。』云湯三使往聘之，出處詳明，如

〔註1〕 羅焌：《諸子學述》，嶽麓書社，1995 年版，第 274 頁。

此何史遷誤信戰國遊士之談，而以爲媵臣負鼎俎，重誣之也。……茲從《逸周書》、《呂氏春秋》、《齊民要術》、《七略》、《別錄》、《說苑》、《尸子》等書輯得十一篇，其有篇目可考者五篇，餘俱收入〈雜篇〉，錄爲一帙。四方令、區田法及論公卿大夫列士體國經野與周公規模不異，〈本味〉一篇，要即鹽梅和羹之旨，而以奇偉之筆出之，不知者遂以割烹傅會，而有庖人酒保之枝辭也。至於九主之名及阻職貢之策，與戰國術士語近，殆所謂依託者乎？今亦不能區分，依班《志》入道家云。」其三爲李峻之所輯《伊尹》二條，見《古史辨》第六冊《呂氏春秋中古書輯佚》。孫啓治等曰：「嚴可均、馬國翰皆從《逸周書》、《呂氏春秋》、《說苑》等採摭。馬輯十一節，其中採自《別錄》、《齊民要術》、《尸子》、《韓詩外傳》、《說苑》各一節，爲嚴所未採。嚴輯十節，其中從《漢書·律曆志》、《堯典正義》等採得〈伊訓〉四節，爲馬所無。按〈伊訓〉乃佚《書》之篇，恐非子部之《伊尹》所當有，大抵《伊尹》乃後人託名爲之。李峻之僅據《呂氏春秋》採得二節，不出嚴、馬之外。」

〔註2〕王錦民《古學經子》曰：「《孟子·萬章》篇引伊尹云：『何事非君，何使非民？』此外《尸子》、《呂氏春秋》也有引伊尹言的例子，我推想此書雖是後人作，但亦不致出現太晚，大概戰國初即出現了有關伊尹的書，不過即使戰國初果真已有《伊尹》，其篇什也不會很多，當是此後陸續增加，逐漸撰集至五十一篇。至於小說家《伊尹說》二十七篇，當另爲一書，班固稱『其語淺薄，似依託也』。」〔註3〕

【作者情況】

《史記·殷本紀》：「伊尹，名阿衡。阿衡欲奸湯而無由，乃爲有莘氏媵臣，負鼎俎，以滋味說湯，致於王道。或曰，伊尹處士，湯使人聘迎之，五反然後肯往從湯，言素王及九主之事。湯舉任以國政。伊尹去湯適夏。既醜有夏，復歸於亳。……當是時，夏桀爲虐政淫荒，而諸侯昆吾氏爲亂。湯乃興師率諸侯，伊尹從湯，湯自把鉞以伐昆吾，遂伐桀。……湯既勝夏，欲遷其社，不可，作〈夏社〉。伊尹報。於是諸侯畢服，湯乃踐天子位，平定海內。……伊尹作〈咸有一德〉。……湯崩，太子太丁未立而卒，於是迺立太丁之弟外丙，是爲帝外丙。帝外丙即位三年，崩，立外丙之弟中壬，是爲帝中壬。帝中壬

〔註2〕 孫啓治、陳建華：《中國古佚書輯本目錄解題》，上海古籍出版社，2009年版，第209頁。

〔註3〕 王錦民：《古學經子》，華夏出版社，2008年版，第314頁。

即位四年，崩，伊尹迺立太丁之子太甲。太甲，成湯適長孫也，是爲帝太甲。帝太甲元年，伊尹作〈伊訓〉，作〈肆命〉，作〈徂后〉。帝太甲既立三年，不明，暴虐，不遵湯法，亂德，於是伊尹放之於桐宮。三年，伊尹攝行政當國，以朝諸侯。帝太甲居桐宮三年，悔過自責，反善，於是伊尹乃迎帝太甲而授之政。帝太甲修德，諸侯咸歸殷，百姓以寧。伊尹嘉之，迺作〈太甲訓〉三篇，褒帝太甲，稱太宗。太宗崩，子沃丁立。帝沃丁之時，伊尹卒。既葬伊尹於亳，咎單遂訓伊尹事，作〈沃丁〉。」《漢書・古今人表》列「伊尹」於第二等上中仁人。清梁玉繩（1744～1819）《人表考》曰：「伊尹，始見《商書》。伊，氏；尹，字；名摯，力牧之後。母居伊水上，生於空桑，黑而短蓬，而髯豐，上兌下僂身下聲，爲湯右相。亦曰伊子，亦曰伊伯，亦曰伊生，亦曰伊公，亦曰伊摯，亦曰阿衡，亦曰猗衡，亦曰太阿，亦曰保衡，亦曰元聖，亦曰小臣，亦曰小子。年百餘歲，以沃丁八年卒，大霧三日。沃丁葬以天子之禮。冢在濟陰己氏平利鄉。」

【學術大旨】

唐柳宗元（773～819）《河東先生集》卷十九〈伊尹五就桀贊〉曰：「伊尹五就桀。或疑曰：『湯之仁聞且見矣，桀之不仁聞且見矣，夫胡去就之亟也？』柳子曰：惡，是吾所以見伊尹之大者也。彼伊尹，聖人也。聖人出於天下，不夏、商其心，心乎生民而已。曰孰能由吾言，由吾言者爲堯舜，而吾生人堯舜人矣。退而思曰：湯誠仁，其功遲；桀誠不仁，朝吾從而暮及於天下可也。於是就桀。桀果不可得，反而從湯。既而又思曰：尚可十一乎？使斯人蚤被其澤也。又往就桀，桀不可，而又從湯。以至於百一、千一、萬一，卒不可，乃相湯伐桀，俾湯爲堯舜，而人爲堯舜之人。是吾所以見伊尹之大者也。仁至於湯矣，四去之；不仁至於桀矣，五就之。大人之欲速其功如此，不然湯、桀之辨，一恒人盡之矣，又奚以憧憧聖人之足觀乎？吾觀聖人之急生人，莫若伊尹。伊尹之大，莫若於五就桀。」宋徐鉉（916～991）《徐公文集》卷二十四〈伊尹論〉曰：「伊尹放太甲，論者多惑其臣節，請試論之。太甲在諒陰，百官聽於伊尹。太甲不明者，蓋居喪之禮有闕，修身之行不周。伊尹訓而罔念，慮不堪繼統，故徙於成湯之墓，使其親見松柏，切感慕之心。追思王豢，知艱難之跡。三年之制才終，伊尹乃迎歸於亳，非謂絕其大位、幽於別宮也。古之言質，故與放逐同文，亦猶君臣交相稱朕，下告上亦爲詔也。霍光憂昌邑王淫亂，而不敢有異謀。田延年盛稱伊尹廢太甲，以決大事。

宗社之故，不得已也，本非如霍光之廢昌邑也。聖人舉至公於前，奸雄躡陳跡於後，自古而然，非聖過也。魏、晉之後，更相傾奪，皆引堯舜揖讓爲詞，亦當不可罪堯舜矣。禹讓天下於益，益知天下歸啓，故不敢當。苟天下歸益，益則爲王亦無愧也。如令太甲遂失德，天下歸伊尹，伊尹復何辭哉？今天下未忘成湯，故伊尹復奉太甲，無傷於至公也。夫古之有天下者，一身處其憂責，億兆蒙其富壽。天下既理則辭之，巢、由是也。天下不理則受之，湯、武是也。後之人役天下以奉其私，故比於騎獸不可下。步驟之相遠如此，豈可一概而論哉？」宋田錫（940～1004）《咸平集》卷十一〈伊尹五就桀論〉曰：「柳宗元嘗有〈伊尹五就桀贊〉……錫以爲柳公所美之意尙未盡。且伊尹在夏也，日見其暴，月聞其惡，歲熟其過，在明識先見，豈不知桀之惡確然必不可革乎？豈不知天之曆數在於湯乎？而去就自惑之若是，雖急於吾民，冀朝暮及於天下，所謂徒汲汲於康濟，而思慮不精審也。使之速去桀而干湯，湯之聖，伊尹之賢，賢與聖合，則天下之政孰云晚矣？與其五就桀，孰若亟去之速也？矧君子俟時以行其志，時之弗來，雖聖與賢，孰敢妄動？使伊尹忍期月之遲，周歲之晚，未爲後時也。欲朝暮之速，無乃太速乎？錫以爲伊尹於一日而五就桀乎？以周月而五就桀乎？殆數歲而五就桀乎？以理酌之，豈一日乎？豈周月乎？必數月之外，不然數歲矣。以是計之，益不如亟去之速也。較而論之，肇適於亳，醜夏之心素定矣；再適於亳，相湯之時將至矣。於是升自陑以一戰，相湯之功，行己之志，得其時矣。時之疾速，伊尹豈不預料哉？《易》曰：『知進退存亡而不失其正者，其唯聖人乎？』伊尹知時久矣，五就之言，錫謂孟子垂訓之旨也。若然者，雖欲疾速其功，可得而疾速乎？設使桀能返狂作聖，伊尹而相之，其仁雖朝夕及於天下矣，而天之曆數復棄湯而在桀乎？伊尹，聖人也，豈懵於天時人事之向背，而惑於醜夏適亳之去就哉？」宋蘇軾（1037～1101）《東坡志林》卷十曰：「聖人之所以能絕人者，不可以常情疑其有無。孔子爲魯司寇，墮郈、費，三桓不疑其害己也。非孔子，能之乎？伊尹去亳適夏，既醜有夏，復歸於亳。伊尹爲政於商，既貳於夏矣，以桀之暴戾，納其執政而不疑，往來兩國之間，而商人父師之。非聖人，能如是乎？是以放太甲而不怨，復其位太甲不疑，不可以常情斷其有無也。後世惟諸葛孔明近之。玄德將死之言，乃眞實語也。使孔明據劉禪位，蜀人豈異詞哉？元祐八年，讀柳宗元〈伊尹五就桀贊〉，終篇皆妄，伊尹往來兩國之間，豈有意教誨桀而全其國耶？不然，湯之當王也久矣，伊尹何

之甚艱，奉宗廟之不易，悔吝之可虞，禍敗之可畏，善之可積，過之可悛，丁寧深切，見之於其言，憤惋果敢，形之於其色，雖桀之昏亂，以為猶可滌濯追琢而為堯禹也。桀既不能改，而湯以為未足深咎也。於是再使伊尹就仕之，然猶未足，至於三，至於四，至於五，至不改其惡，於是伊尹以桀為不可諫，民終窮而無告矣。乃復於湯，而決升陑之事。《書》曰：伊尹去亳適夏，既醜有夏，復歸於亳。此之謂也。故曰五就湯、五就桀者，伊尹所以終湯之志也。由是觀之，則伊尹之事，雖若紛錯而難明，及挈而理之，可以合而為一。孟子之言，未嘗妄也。噫！成湯、伊尹事業之勤至此，蓋亦足矣。而後世好怪之士，如莊生之徒，乃或以剛戾忍詬為伊尹之行，彼徒見伊尹贊湯之伐桀，而不知佐湯之事夏也。」宋王應麟（1223～1298）《漢藝文志考證》卷六曰：「《說苑・臣術》篇、《呂氏春秋》皆引伊尹對湯問。愚謂《孟子》稱伊尹曰：『天之生此民也，使先知覺後知，使先覺覺後覺也。予，天民之先覺者也，予將以斯道覺斯民也，非予覺之而誰也！』伊尹所謂道，豈老氏所謂道乎？〈志〉於兵權謀省《伊尹》、《太公》而入道家，蓋戰國權謀之士著書而託之伊尹也。《孟子》言『伊尹將以道覺斯民』。伊尹所謂道，豈老氏所謂道乎？〈湯誓〉序曰：『伊尹相湯伐桀，升自陑。』孔安國謂出其不意，豈知伊尹者哉？傳伊尹之言者，孟子一人而已。」清姚振宗（1842～1906）《漢書藝文志條理》卷二曰：「道家之言，託始黃帝。史言伊尹從湯，言素王之事，蓋亦述黃、虞之言為多。此其所以為道家之祖，而老子猶其後起者也。又太史公《素王妙論》云：『管子設〈輕重〉、〈九府〉，行伊尹之術，則桓公以霸。』是管仲〈輕重〉、〈九府〉等篇本之於伊尹是書。」章太炎（1869～1936）《訄書・儒道第四》：「學者謂黃老足以治天下，莊氏足以亂天下。夫莊周憤世湛濁已，不勝其怨，而託卮言以自解，因以彌論萬物之聚散，出於治亂，莫得其耦矣。其於興廢也，何庸老氏之清靜，效用於漢。然其言曰：『將欲取之，必固與之。』其所以制人者，雖范蠡、文種，不陰鷙於此矣。故吾謂儒與道辨，當先其陰鷙，而後其清靜。韓嬰有言：『行一不義，殺一不辜，雖得國，可恥。』儒道之辨，其揚榷在此耳。然自伊尹、大公有撥亂之才，未嘗不以道家言為急（《漢・藝文志》道家有《伊尹》五十一篇、《大公》二百三十七篇），跡其行事，與湯文王異術，而鉤距之用為多。今可睹者，猶在《逸周書》。老聃為柱下史，多識故事，約《金版六弢》之旨，箸五千言，以為後世陰謀者法。其治天下同其術，甚異於儒者矣。故周公詆齊國之政，而仲尼不稱伊

呂，抑有由也。且夫儒家之術，盜之不過爲新莽；而盜道家之術者，則不失爲田常。漢高祖得本，不求嬴財帛，婦女不私取，其始與之，而終以取之，比於誘人以詩禮者，其廟算已多。夫不幸污下，以至於盜，而道猶勝於儒。然則憤鳴之夫，有訟言僞儒，無訟言僞道，固其所也。雖然，是亦可謂防竊鈎而逸大盜者也。」梁啓超（1873～1929）《漢書藝文志諸子略考釋》曰：「伊尹時已有著作傳後，且篇數多至五十餘，此可斷其必誣。然孟子已徵引伊尹言論多條，則孟子時已有所謂《伊尹書》者可知。《逸周書》有『伊尹獻令』，其起原當亦頗古也。但以入道家，於義恐無取。」〔註4〕羅焌（1874～1932）《諸子學述》曰：「呂子以『嗇其大寶，用新棄陳，精氣日新，終其天年』諸語，申明伊尹治身之義。蓋道家之治身，原以養生爲主。儒家亦然，曾子之言心廣體胖，孟子之言見面盎背，公孫尼之言養氣，董仲舒之言養身，胥是道也。」〔註5〕顧實（1878～1956）《漢書藝文志講疏》三〈諸子略〉曰：「《呂覽・本位》篇述伊尹之言，當出此書。《史記・殷本紀》云：『伊尹從湯，言素王九主之事』，則所謂君人南面之術也。」張舜徽（1911～1992）《漢書藝文志通釋》卷三曰：「君人南面之術，所起甚早。然必君臣之分既立，而斯論始有所傳。其不起於夏、殷以前，無疑也。顧夏、殷之世，君人南面之術雖已萌芽，初但口耳相傳，至周末諸子，各述所聞，始著之竹帛耳。《淮南子・修務》篇有云：『世俗之人，多尊古而賤今。故爲道者必記之於神農、黃帝，而後能人說。亂世闇主，高遠其所從來，因而貴之。』可知諸子之書例多託古，不足怪也。《漢志》小說家著錄《伊尹說》二十七篇，班氏自注云：『其語淺薄，似依託也。』昔人已啓示斯例矣。」今按：《漢書・藝文志》在《鬻子》書之前，著錄有「《伊尹》五十一篇」、「《太公》二百三十七篇」、「《辛甲》二十九篇」。在《老子》書之前，又著錄有「《筦子》八十六篇」。如果說伊尹、辛甲學說，形成「道家伊尹學派」，其學「謂治國平天下必先治己之身。治身之道，嗇其大寶；治國之道，在於無爲」。這一學說必爲後來與商宋文化有密

〔註4〕　今按：梁啓超《漢書藝文志諸子略考釋》頗富卓見，但不幸被塗上了一層疑古的色彩。有道是，疑古容易信古難。這是兩種不同的價值取向，各有利弊得失。兩害相權取其輕，吾寧失之於信古，毋失之於疑古。歷史事實業已證明，疑古過勇，往往矯枉過正，失去理性，最後走向蔑古與滅古。皮之不存，毛將焉附？當然，我們也絕不是一味無原則地盲目信古，也要經過嚴肅認眞地思考，堅持價值中立，具體問題具體分析。古今之間無法剪斷，懷疑一切，否定一切，於事無補。

〔註5〕　羅焌：《諸子學述》，嶽麓書社，1995年版，第275～276頁。

切血緣關係的楚道家（老莊學派）所吸收的話，那麼，太公、管仲之道家學說，則自然爲後來的齊國稷下道家所繼承，並由此形成了中國先秦道家中與楚道家並列的另一大學派──齊道家。楚道家自鬻熊、楚莊王、孫叔敖、南郭子綦，到老子、老萊子、庚桑子、蜎子，一直到莊子，差不多都是「清虛自守」或「以自隱無名爲務」的；齊道家則自齊太公和管仲開始就與楚道家不同，即他們一開始就是把道術和治國結合起來，主要講「君人南面之術」，一直到稷下道家都是這樣。從現有文獻來看，先秦道家最後幾乎都融入了齊國的稷下黃老道家，也就是說完全融入了「黃老學派」，莊子等其他道家學派則近乎消歇了。楊朱道家實際應是楚道家和齊國稷下黃老道家之外中國先秦道家的另一學派。〔註6〕

【出土文獻】

與《伊尹》相關之出土文獻有馬王堆帛書本《九主》，見《馬王堆漢墓帛書》（文物出版社，1980年版），位於帛書《老子》甲本卷後，《五行》後，《明君》前。所指九主爲法君、專授之君、勞君、半君、寄主、破邦主（二人）、滅社之主（二人）。司馬貞《史記索隱》所指九主爲三皇、五帝、夏禹，與前說大異，未知何據。

《太公》二百三十七篇。呂望爲周師尚父，本有道者。或有近世又以爲太公術者所增加也。（師古曰：「父讀曰甫也。」）**《謀》八十一篇，《言》七十一篇，《兵》八十五篇。**

【存佚著錄】

今存《六韜》六卷，凡六十篇（《四庫全書》兵家類著錄），其卷次篇目爲：卷一〈文韜〉分〈文師〉、〈盈虛〉、〈國務〉、〈大禮〉、〈明傳〉、〈六守〉、〈守土〉、〈守國〉、〈上賢〉、〈舉賢〉、〈賞罰〉、〈兵道〉十二篇，卷二〈武韜〉分〈發啓〉、〈文啓〉、〈文伐〉、〈順啓〉、〈三疑〉五篇，卷三〈龍韜〉分〈王翼〉、〈論將〉、〈選將〉、〈主將〉、〈將威〉、〈勵軍〉、〈陰符〉、〈陰書〉、〈軍勢〉、〈奇兵〉、〈五音〉、〈兵征〉、〈農器〉十三篇，卷四〈虎韜〉分〈軍用〉、〈三

〔註 6〕 高華平：《先秦諸子與楚國諸子學》，北京師範大學出版社，2016年版，第119～120頁。

陣〉、〈疾戰〉、〈必出〉、〈軍略〉、〈臨境〉、〈動靜〉、〈金鼓〉、〈絕道〉、〈略地〉、
〈火戰〉、〈壘虛〉十二篇，卷五〈豹韜〉分〈林戰〉、〈突戰〉、〈幫強〉、〈敵
武〉、〈山兵〉、〈澤兵〉、〈少眾〉、〈分險〉八篇，卷六〈犬韜〉分〈分合〉、〈武
鋒〉、〈練士〉、〈教戰〉、〈均兵〉、〈武車士〉、〈武騎士〉、〈戰騎〉、〈戰車〉、〈戰
步〉十篇。乃文王、武王問太公兵戰之事，疑出於兵八十五篇中，其他皆佚。
《漢志‧兵書略‧兵權謀》曰：「省《伊尹》、《太公》、《管子》、《孫卿子》、《鶡
冠子》、《蘇子》、蒯通、陸賈，淮南王二百五十九種。」則《七略》原列《太
公》於《漢志‧兵書略》兵權謀類，班固改入〈諸子略〉道家類。清錢大昭
《漢書辨疑》卷十六曰：「〈謀〉、〈言〉、〈兵〉，就二百三十七篇而析言之，《太
公》其總名也。」顧實（1878～1956）《漢書藝文志講疏》三〈諸子略〉曰：
「《隋》、《唐志》、《通志》著錄太公書多種，《通考》僅餘《六韜》而已，《莊
子》稱《金版六弢》（〈徐无鬼〉篇），《淮南子》亦言《金縢豹韜》（〈精神訓〉）。
今《六韜》與《群書治要》所載異，乃宋元豐間所刪定本也（《通志》載《改
正六韜》四卷。清《四庫》兵家類著錄六卷）。」
　　《太公》之輯本有《六韜佚文》六種：其一為清孫志祖所輯《六韜逸文》，
見《讀書叢錄續編》卷三；其二為孫同元所輯《六韜逸文》，見《平津館叢書》
中《六韜》附；其三為黃奭所輯《六韜》一卷，見《漢學堂叢書‧子史鈎沉》
子部兵家類；其四為清嚴可均所輯《六韜佚文》，見《全上古三代文》卷六；
其五為顧觀光所輯《太公六韜逸文》，見《武陵山人遺稿‧古書逸文》；其六
為王仁俊所輯《六韜佚文》一卷，見《經籍佚文》。孫啟治等曰：「嚴可均、
孫同元均從《群書治要》、《意林》、《通典》及唐、宋類書等採摭佚文，有篇
名者列前，無篇名者總附於後。大抵孫採稍多於嚴氏，嚴輯僅『辯言巧辭』、
『欲伐大國』、『武王問太公曰夫貧富亦有命乎』三節為孫所無。按嚴氏每將
諸書所引散文零句省併重複，連綴成文，雖通暢可誦，然不可必謂復本書原
貌，不如孫輯一一條錄之以存其舊為宜。孫輯約多嚴氏十餘節，其中自『又
覆軍誡法曰』云云以下七節皆採自《通典》。今核此七節之文，第六節為《周
書陰符》文，嚴氏別輯為《太公陰符》。第三、五、七節與今本文字雷同，似
非佚文。其餘三節則嚴氏採入《太公兵法》中。按《通典》所引多泛稱『太
公曰』，嚴氏分屬《兵法》、《六韜》二輯。孫志祖、王仁俊僅採《意林》，唯
王氏又從郝懿行〈六韜逸文跋〉（《曬書堂文集》卷四）轉錄《藝文類聚》三
十五所引一節，按此節亦見嚴輯。黃奭全襲孫同元本。顧觀光采得十餘節，

乃補孫同元輯本之缺。如孫輯〈大明〉篇僅採《御覽》而不及《路史》注、
《通鑑外紀》，又如『太公對文王曰：禮儀者，治國之粉澤也』一節，孫僅採
自《初學記》而不及《北堂書鈔》，凡此之類，顧氏皆採以補入。按所補之文
有稱《周書》者，顧氏覈其文知即《六韜》也。」〔註7〕又有《太公金匱》三
種：其一爲洪頤煊所輯《太公金匱》一卷，見《經典集林》；其二爲嚴可均所
輯《金匱》，見《全上古三代文》卷七；其三爲顧觀光所輯《太公金匱》，見
《武陵山人遺稿・古書逸文》。孫啓治等曰：「《隋》、《唐志》並載《太公金匱》
二卷。《文選・王文憲集序》注引劉向《別錄》云：『《太公金版玉匱》雖近世
之文，然多善者。』然則《金匱》卽《金版玉匱》之省稱，書乃出後人依
託。《意林》、《文選》李善注、《後漢書》注、《開元占經》及唐、宋類書等皆
引之，洪頤煊據以採得三十五節，嚴可均同，並從《開元占經》增補四節。
按其中二節稱《尚書金匱》，嚴氏以爲即本書。顧觀光所輯與洪氏大體相當，
中有數節互爲有無。洪採『三苗時有日斗』、『紂嘗以六月獵於西土』、『武王
伐紂至於鳳凰坡』三節爲顧所無，顧採『良弓非櫱不張』、『桀怒湯』（此節未
注出處）、『河伯姓馮』、『吾聞道自微而生』四節爲洪所無。又顧採『《七略》
云』云云一節，非《太公金匱》本文。」〔註8〕又有《太公兵法》三種：其一
爲汪宗沂所輯《太公兵法逸文》一卷，見《汪仲伊所著書》；其二爲嚴可均
所輯《太公兵法》，見《全上古三代文》卷七；其三爲顧觀光所輯《太公兵
法》，見《武陵山人遺稿・古書逸文》。此外，又有《太公陰謀》二種：其一
爲嚴可均所輯《陰謀》，見《全上古三代文》卷七；其二爲顧觀光所輯《太公
陰謀》，見《武陵山人遺稿・古書逸文》。孫啓治等曰：「《隋志》載《太公陰
謀》一卷，注云：『梁六卷。梁又有《太公陰謀》三卷，魏武帝解。』兩《唐
志》並三卷。《群書治要》載文四節，嚴可均據以錄存。嚴氏又從《續漢書・
百官志》五劉劭注採得一節，按此節爲《太公陰符》文，嚴氏誤採。顧觀光
亦採《治要》所載四節，又從《太平御覽》、《文選》李善注、《後漢書》注等
採得六節，則爲嚴所無。」〔註9〕又有《太公陰符》二種：其一爲嚴可均所輯

〔註7〕 孫啓治、陳建華：《中國古佚書輯本目錄解題》，上海古籍出版社，2009年版，
　　　 第226～227頁。

〔註8〕 孫啓治、陳建華：《中國古佚書輯本目錄解題》，上海古籍出版社，2009年版，
　　　 第227頁。

〔註9〕 孫啓治、陳建華：《中國古佚書輯本目錄解題》，上海古籍出版社，2009年版，
　　　 第227頁。

《陰符》，見《全上古三代文》卷七；其二爲顧觀光所輯《太公陰符》，見《武陵山人遺稿‧古書逸文》。孫啓治等曰：「《隋志》、《新唐志》子部兵家並載《周書陰符》九卷。嚴可均謂《戰國策》言蘇秦得《太公陰符》，《史記》作《周書陰符》，是爲一書。《通典》、《五行大義》及唐、宋類書引《周書陰符》，嚴可均據以採得十二節。按中有但稱《周書》者，嚴氏驗其文知即《周書陰符》。又《續漢書‧百官志五》注引《太公陰符》一節，嚴氏誤輯入《太公陰謀》中。顧觀光僅採得六節，中一節即採自《百官志》注，餘五節則採自《文選》李善注及《初學記》，多不見於嚴輯。」〔註10〕又有顧觀光所輯《太公伏符陰謀》一種，見《武陵山人遺稿‧古書逸文》。孫啓治等曰：「《初學記》、《太平御覽》引有《太公伏符陰謀》，顧觀光釆得四節。按《隋志》子部兵家載《太公伏符陰陽謀》一卷，顧氏謂『陽』字疑衍。」〔註11〕又有嚴可均輯所輯《陰祕》、《決事占》二種，皆見《全上古三代文》卷七，孫啓治等曰：「《開元占經》引《太公陰秘》五節，《太公決事占》一節，嚴可均據以錄存。史志均不載。」〔註12〕

【真僞考辨】

清沈欽韓（1775～1831）《漢書藝文志疏證》卷二曰：「自宋以來，著錄家無之。蓋六朝以前著書者喜託名古人，唐以後道術之士多攘古人之言以爲己書。故前乎此，不爲多人所扳援也；後乎此，無怪其少新名易故也。〈秦策〉：『蘇秦夜發書，得《太公陰符》之謀。』〈齊世家〉：『後世之言兵及周之陰權，皆宗太公爲本謀。』是太公之書，尚矣。今按：〈志〉云《謀》者，即《太公陰謀》也。《言》者，即《太公金匱》，凡善言，書諸金版；《大戴禮‧踐阼》篇、《呂覽》、《新書》、《淮南》、《說苑》所稱皆是也。《兵》者，即《太公兵法》；《說苑‧指武》篇引《太公兵法》最其先，亦《管子》書中所本耳。」梁啓超（1873～1929）《漢書藝文志諸子略考釋》曰：「《太公》書之不足信，亦與《伊尹》等。即班固亦言『近世爲太公術者所增加』矣。不依託他人而獨依託太公者，殆齊之稷下談說之徒最眾，喜引開國之君以自重其說。《管》、

〔註10〕　孫啓治、陳建華：《中國古佚書輯本目錄解題》，上海古籍出版社，2009年版，第227頁。

〔註11〕　孫啓治、陳建華：《中國古佚書輯本目錄解題》，上海古籍出版社，2009年版，第227～228頁。

〔註12〕　孫啓治、陳建華：《中國古佚書輯本目錄解題》，上海古籍出版社，2009年版，第228頁。

《晏》諸書，亦以同一理由發生也。〈秦策〉稱『蘇秦得太公腰符之謀』，當即在此，『《謀》八十一篇』中耶？亦可征戰國初年已有此類書矣。」張舜徽（1911～1992）《漢書藝文志通釋》卷三曰：「上世言道術者，爲使其書見重於世，故必依託古初，高遠其所從來。言道術者之必推本於伊尹、太公，猶言方技者之必推本於神農、黃帝耳。此類書戰國時興起最多，要必前有所承，非盡後起臆說也。學者籀繹遺文，可愼思而明辨之。班氏自注所云『或有近世又以爲太公術者所增加也』，當作『或又以有近世爲太公術者所增加也』。竊疑正文『《謀》八十一篇，《言》七十一篇，《兵》八十五篇』十五字，本爲自注中語，後乃誤爲正文，皆傳寫者亂之。」孫啓治等亦曰：「按此等書大抵依託爲之。《隋志》兵家載《太公兵法》二卷，注云：『梁六卷。』又載《太公兵法》六卷，注云：『梁有《太公雜兵書》六卷。』按《隋志》所載疑有訛誤，姚振宗《隋書經籍志考證》謂所載《兵法》六卷即《雜兵書》六卷，另爲一書。今按《隋志》凡云『梁有』者，皆已亡之書，則《志》文不當列《雜兵書》六卷，姚說未必是。疑注當云『梁又有《太公雜兵書》六卷』，其正文『《太公兵法》六卷』乃衍文也。嚴可均從《五行大義》、《通典》、《開元占經》、《太平御覽》等採得《兵法》佚文二十餘節。按《通典》所引但稱『太公曰』，參《六韜逸文》。顧觀光所輯略少，如嚴採《開元占經》所引諸節皆顧所未採，唯亦有出嚴氏之外者，如採《御覽》、《北堂書鈔》等引『張軍處將，必避七舍七殃』、『武王曰休息土眾皆有處乎』、『諸出軍行將屯守』等五節即爲嚴所未採。汪宗沂所輯頗濫雜，舉凡《逸周書》、《說苑》、《大戴禮》、《左傳》、《史記》、《漢書》、《通典》、今本《六韜》及唐、宋類書等所載談兵之文，不論其爲《兵法》、《六韜》、《金匱》、《陰謀》、《周書》、《兵書》、《軍志》，皆視爲《太公兵法》，擇而錄之。又以《史記》載黃石公授張良《太公兵法》事，更將諸書所引《黃石公記》採入，亦太附會。」〔註13〕王錦民《古學經子》曰：「此類書其爲依託與《伊尹》同例。《戰國策‧秦策》云蘇秦得『太公陰符之謀』，則戰國時已有詫爲太公的書了。班固云：『呂望爲周師尚父，本有道者。或有近世又以爲大公術者所增加也。』則這部二百三十七篇的大書中又有漢人後續的作品。」〔註14〕

〔註13〕 孫啓治、陳建華：《中國古佚書輯本目錄解題》，上海古籍出版社，2009 年版，第 227 頁。

〔註14〕 王錦民：《古學經子》，華夏出版社，2008 年版，第 314 頁。

【作者情況】

太公即姜子牙。《史記・齊太公世家》曰：「太公望呂尚者，東海上人。……本姓姜氏，從其封姓，故曰呂尚。呂尚蓋嘗窮困，年老矣，以魚釣奸周西伯。……於是周西伯獵，果遇太公於渭之陽，與語大說……號之曰「太公望」，載與俱歸，立爲師。或曰，太公博聞，嘗事紂。紂無道，去之。游說諸侯，無所遇，而卒西歸周西伯。或曰，呂尚處士，隱海濱。周西伯拘羑里，散宜生、閎夭素知而招呂尚。呂尚亦曰「吾聞西伯賢，又善養老，盍往焉」。三人者爲西伯求美女奇物，獻之於紂，以贖西伯。西伯得以出，反國。言呂尚所以事周雖異，然要之爲文武師。周西伯昌之脫羑里歸，與呂尚陰謀修德以傾商政，其事多兵權與奇計，故後世之言兵及周之陰權皆宗太公爲本謀。……天下三分，其二歸周者，太公之謀計居多。文王崩，武王即位。九年，欲修文王業，東伐以觀諸侯集否。師行，師尚父左杖黃鉞，右把白旄以誓……十一年正月甲子，誓於牧野，伐商紂。紂師敗績。紂反走，登鹿臺，遂追斬紂。明日，武王立於社，群公奉明水，衛康叔封布采席，師尚父牽牲，史佚策祝，以告神討紂之罪。散鹿臺之錢，發鉅橋之粟，以振貧民。封比干墓，釋箕子囚。遷九鼎，脩周政，與天下更始。師尚父謀居多。於是武王已平商而王天下，封師尚父於齊營丘。……太公至國，脩政，因其俗，簡其禮，通商工之業，便魚鹽之利，而人民多歸齊，齊爲大國。」清周壽昌（1814～1884）《漢書注校補》卷二十八曰：「《詩・大雅・大明》正義引《七略》、《別錄》云：師之父之尚之，故曰師尚父。」

【學術源流】

宋王應麟（1223～1296）《漢藝文志考證》卷六曰：「愚謂老氏曰『將欲翕之，必固張之；將欲奪之，必固與之』，此陰謀之言也。范蠡用之以取吳，張良本之以滅項，而言兵者尚焉。此太史公入道家。然陰謀之術，申、商、韓非之所本也。文王之德之純，太公見而知之。《丹書》『敬義』之訓，武王得於師尚父。陰謀傾商之說，陋矣。」清章學誠（1738～1801）《校讎通義》卷三曰：「或疑伊尹、太公皆古聖賢，何以遂爲道家所宗，以是疑爲後人假託。其說亦自合理。惟是古人著書，援引稱說，不拘於方。道家源委，《莊子・天下》篇所敘述者，略可見矣。是則伊尹、太公，莊老之徒未必引以爲祖。意其著書稱述，以及假說問對，偶及其人，而後人不辨，則以爲其人自著。及察其不類，又以爲後人依託。今其書不存，殆亦難以考正也。且如儒家之《魏

文侯》、《平原君》，未必非儒者之徒，篇名偶用其人，如《孟子》之有〈梁惠王〉、〈滕文公〉之類耳。不然，則劉、班篇次雖疏，何至以戰國諸侯公子稱爲儒家之書歟？」清周濟（1781～1839）《味雋齋史義》卷一〈齊太公世家〉曰：「自太公以陰謀開業，其子孫大臣遂多權詐用事。然而得民者得，失民者失，蓋取或可逆，守必用順，自古強霸之君未之有易也。太史本齊變至魯、魯變至道，以明齊不能守周禮，徒尚權詐，是以苟收人心於一時，雖或得之，而無以固結其親上死長之意。景公踴貴，陳氏厚施，轉移之間，國祚中絕，反不如魯之弱而久存。黃老之不足恃，固若此哉！」清王仁俊（1866～1913）《漢藝文志考證校補》引《淮南・要略》曰：「文王欲以卑弱制強暴，以爲天下去殘除賊而成王道，故太公之謀生焉。」陳朝爵（1876～1939）《漢書藝文志約說》卷二曰：「《隋》、《唐志》、《通志》著錄太公書多種，《（文獻）通考》僅餘《六韜》而已。又《隋志》有《三官兵法》、《禁忌立成集》、《枕中記》等名，今流俗新年貼語有所謂『姜太公在此，百無禁忌』者，殆即本此。又案：班氏云『或有近世又以爲太公術者所增加也』，小說《鬻子》注亦云後世所加。顧實云：『俱明原書而有後之傳學者附益。』爵謂六藝諸子往往有此。《孟子》書中所云『有爲神農之言者』，即是言其依託神農爲名號。儒言堯、舜，道言黃、老，後世言孔明、劉伯溫，一也。」葉長青（1902～1948）《漢書藝文志問答》：「問：『《太公》二百三十七篇，先《謀》，次《言》，次《兵》，何義？』答：『孫子・謀攻》篇曰：「上兵伐謀，其次伐交，其次伐兵」，即其義也。』」

【出土文獻】

與《太公》有關之出土文獻有銀雀山出土漢墓竹簡本《六韜》，見《銀雀山漢墓竹簡（壹）》（文物出版社，1985 年版），分圖版、摹本、釋文注釋三類，共十四節，內容見於《文韜》之〈文師〉、〈六守〉、〈守土〉、〈守國〉四篇，《武韜》之〈發啓〉、〈文啓〉、〈三疑〉三篇，以及《群書治要》、《太平御覽》等引《六韜》佚文。又有八角廊漢簡都有《六韜》書，見《定州西漢中山懷王墓竹簡〈六韜〉釋文及校注》（《文物》2001 年第 5 期），有簡 144 枚，1402字，有十三篇題，有見於今本者，但大多爲佚文。又有敦煌本《六韜》（P3454），王重民《敦煌古籍敍錄》曰：「原本《六韜》殘卷，存者恰二百行。卷端上截斷裂，故闕九半行。其篇目曰〈舉賢〉，曰〈利人〉，曰〈趨舍〉，曰〈禮義〉，曰〈大失〉，曰〈動應〉，曰〈守國〉，曰〈守土〉，曰〈六守〉，曰〈事君〉，

曰〈用人〉，曰〈主用〉，曰〈大禮〉，曰〈啓明〉，曰〈達視〉，曰〈明傳〉，
曰〈大誅〉，曰〈美女破國〉，曰〈假權〉，曰〈距諫〉，共二十篇，多爲今本
所無。蓋今本非完書，乃宋元豐間所刪定者。然校以《群書治要》卷三十一
所載，則大致相同，持以讀《治要》，其原書本來面目可明；持以讀今本，其
改竄之跡可得而知也。」

《辛甲》二十九篇。紂臣，七十五諫而去，周封之。

【存佚著錄】

今亡佚。《隋書・經籍志》、《舊唐書・經籍志》、《新唐書・藝文志》等已
不著錄，早已亡佚。《辛甲》之輯本有二種：其一爲嚴可均所輯《辛甲》，見
《全上古三代文》卷二〈虞箴〉，其辭曰：「茫茫禹跡，畫爲九州，經啓九道。
民有寢廟，獸有茂草，各有攸處，德用不擾。在帝夷羿，冒于原獸，亡其國
恤，而思其麀牡。武不可重，用不恢于夏家。獸臣司原，敢告僕夫。」其二
爲馬國翰所輯《辛甲書》一卷，見《玉函山房輯佚書》子編道家類，馬國翰
序曰：「考《左氏傳》魏絳述其〈虞人之箴〉，《韓非子・說林》引其與周公議
伐商蓋之語，是佚說之僅存者，據輯，並附考爲卷。」孫啓治等曰：「馬國翰
從《左傳》、《韓非子》各採得辛甲言一節，嚴可均缺採一節。」〔註15〕

【作者情況】

《左傳・襄公四年》：「昔周辛甲之爲太史也，命百官，官箴王闕。」
〔註16〕《韓非子・說林》作「辛公甲」。《史記・周本紀》裴駰《集解》引劉
向《別錄》曰：「辛甲，故殷之臣，事紂。蓋七十五諫而不聽，去。至周，召
公與語，賢之，告文王。文王親自迎之，以爲公卿。封長子。長子，今上黨
所治縣是也。」明楊慎（1488～1559）《升菴集》卷五十「辛甲」亦曰：「辛
甲爲商紂太史，七十五諫而去，其後周人封之，著書一篇，其事不傳，見於
《漢書・藝文志》，其後代有辛有，見《左傳》。」又孫啓治曰：「《漢志》注
本《別錄》（見《史記・周本紀》集解引），據《左傳・襄公四年》，則辛甲爲

〔註15〕孫啓治、陳建華：《中國古佚書輯本目錄解題》，上海古籍出版社，2009年版，
　　　　第209頁。
〔註16〕梁啓超《漢書藝文志諸子略考釋》據此推論：「此殆史官所傳故書。」

周太史，與《別錄》說異，蓋去商而事周，爲周之太史歟？」〔註17〕

【學術源流】

馬國翰（1794～1857）曰：「〈虞箴〉似《太公兵法》、《陰謀》所載武王諸銘，其言兵亦略似。班〈志〉以辛甲與太公同列道家，知非課虛而叩寂也。」羅焌（1874～1932）《諸子學述》曰：「辛公與周公議伐商奄，勸其服小以劫大，此即周之陰權。〈虞箴〉謂民不可擾、武不可重，尤合道家宗旨。惜乎二十九篇之僅遺鱗爪也。」〔註18〕

《鬻子》二十二篇。名熊，爲周師，自文王以下問焉，周封爲楚祖。

（師古曰：「鬻音弋六反。」）

【存佚著錄】

今存唐逢行珪注本十四篇，即〈撰吏五帝三王傳政乙第五〉、〈大道文王問第八〉、〈貴道五帝三王周政乙第五〉、〈守道五帝三王周政甲第四〉、〈撰吏五帝三王傳政乙第三〉、〈曲阜魯周公政甲第十四〉、〈道符五帝三王傳政甲第二〉、〈數始五帝治天下第七〉、〈禹政第六〉、〈湯政天下至紂第七〉、〈上禹政第六〉、〈道符五帝三王傳政甲第五〉、〈湯政湯治天下理第七〉、〈愼誅魯周公第六〉，在明《正統道藏》太清部中，爲唐永徽四年逢行珪表進，然已非原書卷次，且每篇極爲簡短，恐亦非完篇。《隋書・經籍志》子部道家著錄《鬻子》一卷，《舊唐書・經籍志》子部小說家著錄《鬻子》一卷，《新唐書・藝文志》子部道家著錄逢行珪注《鬻子》一卷。宋王應麟（1223～1296）《漢藝文志考證》卷六曰：「又小說有《鬻子說》十九篇，後世所加。」清嚴可均（1762～1843）《鐵橋漫稿》卷三〈鬻子敘〉曰：「《漢志》道家：《鬻子》二十二篇，名熊，爲周師，自文王已下問焉，周封爲楚祖。又小說家：《鬻子說》十九篇，後世所加。《隋志》道家《鬻子》一卷，《舊唐志》改入小說家。案：隋、唐人所見皆道家殘本，其小說家本梁時已佚失。劉昫移道家本當之，非也。《新唐志》仍歸道家。今世流傳僅唐永徽中華州鄭縣尉逢行珪注本，凡十四篇，爲一卷。《道藏》作二卷，在顚字號，注甚疏蔓，又分篇瑣碎，所題甲乙，故

〔註17〕 孫啓治、陳建華：《中國古佚書輯本目錄解題》，上海古籍出版社，2009年版，第209頁。

〔註18〕 羅焌：《諸子學述》，嶽麓書社，1995年版，第291頁。

作偽倒屬亂，以瞀惑後人。宋又有陸佃校本，分行珪十四篇爲十五篇，瑣碎尤甚。又棼其次第，不足存。案，《群書治要》所載起迄如行珪，而第二篇至第十三篇聯爲一篇，則行珪十四篇僅當三篇。《意林》稱今一卷六篇，末後所載多出『昔文王見鬻子』一條，則行珪十四篇未足六篇。行珪姓名不他見，其人爲唐人與否，其本爲唐本與否，未敢知之。」羅焌（1874～1932）《諸子學述》：「近儒亦多輯佚本，何者爲道家，何者爲小說，不能辨也。」〔註 19〕顧實（1878～1956）《漢書藝文志講疏》三〈諸子略〉曰：「小說家亦有《鬻子》。《隋志》道家《鬻子》一卷，小說家無。《舊唐志》小說家《鬻子》一卷，道家無。《新唐書》仍歸道家，蓋本一書而轉輾相隸，今斷從《隋志》。」姚明煇（1881～1961）《漢書藝文志注解》卷三曰：「今所傳《鬻子》一卷，有篇十四，首尾不完，中皆雜亂不成章，非必原本。」孫啓治等曰：「今存舊本爲唐逢行珪注，凡十四篇，實即《群書治要》所載之三篇，而強爲分章，妄擬篇目。」〔註 20〕

《鬻子》之輯本有四種：其一爲明楊之森所輯《鬻子補》一卷，見《養素軒叢錄》第三集；其二爲清錢熙祚所輯《鬻子逸文》，附見《守山閣叢書》子部《鬻子》；其三爲清嚴可均所輯《鬻子佚文》，見《全上古三代文》卷九；其四爲葉德輝所輯《鬻子》二卷，見《觀古堂所著書》第二集。孫啓治等曰：「明楊森之從賈誼《新書》輯出佚文七節以補舊本，錢熙祚則從《太平御覽》採得二節，二家所補均未備。嚴可均以《治要》現存，故不採，別從《列子》、《新書》、《意林》及《太平御覽》採得佚文十四節。葉德輝輯本二卷，前卷仍存舊本而刪去逢注，以《治要》所載校其文字。後卷所採與嚴輯同，蓋即據嚴輯轉錄。唯《御覽》引『昔者黃帝十歲』一節，嚴氏謂乃今本〈數始五帝治天下〉篇篇首佚文，葉氏蓋依其說移入該篇之首。」〔註 21〕鍾肇鵬《鬻子校理》由中華書局 2010 年出版。

【真偽考辨】

劉勰《文心雕龍・諸子》曰：「至鬻熊知道，而文王諮謀。餘文遺事，錄爲《鬻子》。子之肇始，莫先於斯。」陳朝爵（1876～1939）《漢書藝文志約

〔註 19〕 羅焌：《諸子學述》，嶽麓書社，1995 年版，第 292 頁。
〔註 20〕 孫啓治、陳建華：《中國古佚書輯本目錄解題》，上海古籍出版社，2009 年版，第 209 頁。
〔註 21〕 孫啓治、陳建華：《中國古佚書輯本目錄解題》，上海古籍出版社，2009 年版，第 209 頁。

說》卷二引申曰：「此梁代論《鬻子》語，未知當時所存幾卷，今所傳一卷。《隋志》在道家，《舊唐書》在小說家，《新唐書》仍歸道家。自葉正則、高似孫輩皆疑之。嚴可均曰：『《史記》鬻熊三傳至熊繹，蓋文王師爲熊，成王問爲繹。《鬻子》非專記鬻熊語，古書不必手著，《鬻子》蓋後世史臣所錄，或子孫所記。今世傳唐逢行珪注本，分十五篇，瑣碎尤甚。』案，嚴說極通，與劉勰『餘文遺事錄爲《鬻子》』說合，蓋自孔、孟之書，亦非手著，世之以此而疑古書之僞者，多未達耳。」宋葉夢得（1077～1148）曰：「世傳《鬻子》一卷，出祖無擇家。《漢·藝文志》本二十二篇，載之道家。鬻熊，文王所師，不知何以名道家？而小說家亦別出十九卷，亦莫知孰是，又何以名小說？今一卷，止十四篇，本唐永徽中逢行珪所獻。其文大略，古人著書不應爾。庾仲容《子鈔》云六篇，馬總《意林》亦然。其所載辭略，與行珪先後差不倫，恐行珪書或有附益云。」（見《文獻通考》卷二百十一）宋高似孫（1158～1231）《子略》卷一「鬻子」條曰：「其書辭意大略淆雜，若《大誥》、《洛誥》之所以爲書者，亦是漢儒之所綴輯者乎？」宋黃震（1213～1280）《黃氏日鈔》卷五十五〈讀諸子〉「鬻子」條曰：「書首之以〈文王問〉。此必戰國處士假託之辭，蓋自《漢·藝文志》已有其篇目，其語亦多可採。如以『知其身之惡而不改』爲大忌，如以『自謂賢者』爲不肖，如曰『察吏於民』，皆足以警世。其餘則載五帝、禹、湯之政，皆主得人。文亦不煩『異乎諸子之寓言虛誕者矣。然每篇多以『政曰』起語，而以『昔者』追述文王之問。既託文王，而下又曰魯周公，且亦未知自稱『政曰』者爲誰，逢行珪既不能明言，而反釋以爲政術之間，則非辭矣。」明宋濂《諸子辨》曰：「熊爲周文王師，封爲楚祖。書二十二篇，蓋子書之始也。〈藝文志〉屬之道家，而小說家又別出十九卷。今世所傳者出祖無擇所藏，止十四篇。《崇文總目》謂其八篇已亡，信矣。其文質，其義弘，實爲古書無疑。第年代久邈，篇章舛錯，而經漢儒補綴之手，要不得爲完書。黃氏擬爲戰國處士所託，則非也。其書蓋非熊自著，或者其徒之所記歟？不然，何有稱昔者文王有問於鬻子云？」明楊愼（1488～1559）《丹鉛總錄》卷十二：「鬻子，文王時人，著書二十二篇，子書莫先焉。今其存者十四篇，皆無可取，後人贗本無疑也。按賈誼《新書》引《鬻子》七條，如云：『和可以守，而嚴可以守，而嚴不若和之固也。和可以攻，而嚴可以攻，而嚴不若和之德也。和可以戰，而嚴可以戰，而嚴不若和之勝也。』又云：『治國之道，上忠於主，而中敬其士，而下愛其民。故上

為文王師云。余按書中所載問答之言，皆淺無深意，義亦近黃老，明係後人所偽託。且熊繹之事康王，楚靈王當述之矣。靈王好為誇張大言者，若其祖果為文、武師，何容默而不述乎？」清石韞玉（1756～1837）《獨學廬初稿》初稿卷三〈讀鬻子〉曰：「鬻子者，名熊，楚之先世也。年九十而見文王。文王曰：『老矣！』鬻子曰：『使臣捕獸逐麋，已老矣，使臣坐策國事，尚少也。』於是文王師之。著書二十二篇，今存者十四篇而已。然讀其書載魯周公使康叔守殷之文，可異焉。夫史稱鬻子見文王時年九十矣，豈有更閱數十年，當周公命康叔之時其人尚在，且著書傳其事之理？則今之十四篇亦非真本也。意者古有其書，久而散亡，好事者從編殘簡斷之餘，思欲網羅舊聞，求其書而不可得，因竊取其義而為之耳。然邪？否邪？」清嚴可均（1762～1843）《鐵橋漫稿》卷三〈鬻子敘〉曰：「《鬻子》非專記鬻熊之語，故其書於文王、周公、康叔皆曰『昔者』。『昔者』，後乎鬻子言之也。古書不必手著，《鬻子》蓋康王、昭王後周史臣所錄，或鬻子子孫記述先世嘉言馬楚國之令典西）。即《史記‧序傳》所謂『重黎業之，吳回接之，殷之季世，鬻熊牒之，周用熊繹籠一渠是續』者也。……諸子以《鬻子》為最早，神農、黃帝、大禹、伊尹等書疑皆依託，今亦不傳。傳者《本草》有後世地名，《六韜》言騎戰，皆不在《鬻子》前，劉勰曰：『鬻熊知道，而文王咨謀。諸子肇始，莫先於斯。』誠哉是言！」清宋翔鳳（1779～1860）《過庭錄》卷十三「鬻子」條曰：「《鬻子》書已不傳，今傳逢行珪注《鬻子》乃是偽書。惟《新書》修政語二篇，當採自《鬻子》。凡文王以下問者，皆在下篇。其上篇載黃帝、顓頊、帝嚳、堯、舜、禹、湯之言，皆鬻子所述，以告文王以下者也。道家之言，皆託始黃帝，故《七略》列於道家，而以為人君南面之術，固治天下之書也。」清錢熙祚（1800～1844）《逢行珪鬻子注校勘記》曰：「《鬻子》十四篇，篇名冗贅，每篇多不逮二百言，少或止五六句，人皆以贗本疑之。然馬總《意林》其目一遵庾仲容《子鈔》，所引《鬻子》與今本同，則非唐人偽撰明甚。惟《意林》稱一卷六篇，而今本反多於前，由傳寫脫誤，文義不相屬，俗儒遂意為釐析，強立篇名。觀唐人引《鬻子》有出今本外者，知時原本必不爾也。今依舊本付梓，別為札記附後，亦傳疑不敢自信之意云。」清周壽昌（1814～1884）《漢書注校補》卷二十八：「《隋‧經籍志》云：《鬻子》一卷，周文王師鬻熊撰。壽昌案：本注云名熊，為周師，自文王以下問焉，楚後以熊為氏，氏以君名也。漢搖無餘為南粵王，搖之族猶是也。」清譚獻（1832～1901）《復

堂日記》曰：「《鬻子》遺文殘缺，非盡偽造。以逢注本較賈生所引，不至有武夫魚目之歎。」清張之洞（1837～1909）《書目答問・子部・周秦諸子》：「《鬻子》、《子華子》皆偽書。」梁啓超（1873～1929）《漢書藝文志諸子略考釋》曰：「鬻熊之名，始見《史記・楚世家》。其人容或有之，然謂其有著書，實屬難信。此二十二篇者，當是戰國、秦、漢間人依託耳。今存之一卷本，又偽中出偽，其書爲唐永徽中逢行珪所獻，與庾仲容《子鈔》、馬總《意林》所言篇數不符。《列子》引《鬻子》三條，今本亦無有。《四庫提要》謂唐人勦賈誼《新書》作爲贗本，諒矣。」顧實《漢書藝文志講疏》以爲逢本可信，曰：「今世流傳逢行珪注本……逢本，《道藏》作二卷，以《群書治要》、《文選注》、《意林》等書校對，無甚異同。蓋逢本去其妄爲標題『猶古本殘帙』而非偽作。」顧實（1878～1956）《重考古今偽書考》又曰：「陸佃本與逢本此書甲乙篇次皆不可曉，二本前後亦不同。然嚴可均嘗以《群書治要》等書校對，無甚異同，則猶爲唐以前之古本。」呂思勉（1884～1957）《先秦學術概論》：「道家偽書，又有《鬻子》。案《漢志》道家有《鬻子》二十二篇，注曰：『名熊，爲周師，自文王以下問焉，周封爲楚祖。』小說家又有《鬻子說》十九篇，注曰：『後世所加。』《隋志》道家《鬻子》一卷，小說家無。《舊唐志》小說家有，道家無。《新唐志》同《隋志》。今本凡十四篇，卷首載唐永徽四年華州縣尉逢行珪進表。各篇標題皆冗贅不可解，又每篇皆寥寥數語，絕無精義。《列子》〈天瑞〉、〈黃帝〉、〈力命〉三篇各載鬻子之言一條，《賈子書・修政下》亦載文王等問於鬻子事七章，此書皆未採及，偽書之極劣者也。」陳中凡（1888～1982）《諸子通誼》曰：「其書乃有三監、曲阜事，時代殊不相及，故高似孫疑爲漢儒綴輯，李仁父以爲後世依託，王弇州疑其七大夫之名，楊用修歷引賈誼書及《文選》注所引《鬻子》今皆無之，姚際恒《古今偽書考》、畢沅（原文如此——引者注）《四庫提要》乃斷其爲偽書。今按漢、隋《志》並著此書，其文與偽《列子》所引三則不合，而視《賈子》所引六條相符，則其出於漢儒綴輯，說或可信，非必後人偽作也。」蔣伯潛（1892～1956）《諸子通考》曰：「《漢志》道家又有《鬻子》二十二篇，自注曰：『名熊，爲周師，自文王以下問焉，周封爲楚祖。』鬻熊勳業雖不逮太公，要亦周初之名臣，則其書當亦戰國時好事者所掇拾增附而成，與《太公》同。至於今存之本，則又非《漢志》所錄之舊矣。……今存《鬻子》蓋出六朝以後人所偽造，非《漢志》所錄之原書。故葉德輝嘗另輯《鬻子》云。」劉咸炘

（1896～1932）《校讎述林‧子書原論》：「嚴鐵橋謂《鬻子》『乃周史臣所錄，或子孫記述嘉言，爲楚國令典』，其說至確。《鬻子》多稱述上世人君之政訓。《賈子新書‧修政語》皆載上世人君之政訓，而引《鬻子》，其書亦名爲『語』，蓋亦存錄古書。」劉咸炘《學略‧諸子略》：「《鬻子》不盡僞。唐逢行珪注。」劉咸炘《子疏》定本卷上〈老徒裔第三〉：「今本短節蓋後人妄分，篇目亦出後加，其文則不見爲附益。譚獻《復堂日記》謂以賈子《新書》所載校之，不至有砥砆之歎。是也。按：鬻熊時無子書，此乃後人追述。」楊伯峻（1909～1992）《列子集釋》：「今本《鬻子》一卷，自宋人葉夢得以來多疑其僞，而《四庫全書提要》疑其爲『唐以來好事之流，依仿賈誼所引，撰爲贋本』，蓋可信。」張京華《鬻子箋證‧前言》曰：「自疑古說起，學者讀書弗能深思古人之心，欲以數千年後之殘篇，而求二十二篇之眞僞，既不知好古，復不安闕疑，甚者則以爲《鬻子》一書曾經『前後二次作僞』，及有『僞中之僞』之說。陸心源《儀頓堂文集》云：『《漢志》所載當爲戰國人所僞爲，今所傳本又必魏、晉以後掇拾而成。《列子》、賈誼《新書》本非秦、漢之舊，其所引亦不足信，僞中之僞，故其言淺陋如此也。』黃雲眉《古今僞書考補證》云：『今賈誼《新書》記鬻子對成王者凡五條，顯由讀《漢書‧藝文志》自注：「鬻子爲周師，自文王以下問焉」之語而依傍爲之。《列子》則任意自撰道家語，分屬古道家，非必有據。蓋《新書》、《列子》皆僞書，本《鬻子》不見《新書》及《列子》所引文，不足證今本《鬻子》之僞。《漢志》著錄之《鬻子》，當爲戰國時所依託，而今本《鬻子》，如《四庫提要》所言，唐以來依仿賈誼所引，撰爲贋本，則毋寧謂今本《鬻子》，與今本《新書》，皆唐以來人所依託，而其有心相避，或者竟出於一手，亦未可知也。』其所猜疑，固全無根據，然其風氣乃乘時而起。迄今百年之間，學者泛論周、秦諸子，率皆擯不著錄，遑論潛心通闡。以故鬻子之學不明久矣，可勝歎哉！」又曰：「鬻子居諸子之首，而諸子皆出於王官。近代以來疑古派否認王官之學，以諸子學爲我國學術之源，余近年極論其弊，以爲源流不可以顛倒，正反不可以倒置。諸子學術雖美，而其所以爲美正在於能上承王官餘緒。抑更有進者。王官之學，即所謂三代群經多諸子藝學，即所謂晚周百家。學者慣常稱先秦諸子者子，即於三代、晚周含混無別。又自疑古派羅根澤諸人提出孔子以前無私人著述，遂謂戰國以前無諸子，則所謂『先秦諸子』即『戰國諸子』，此亦可疑。按《莊子‧天下篇》自『古之道術』以下，學術流衍於三途。所謂

『明而在』、『其在於』、『其數散於』云云，意謂以『舊法世傳之，史尙多有之』爲一途，以『《詩》、《書》、《禮》、《樂》者，鄒魯之士、搢紳先生多能明之』爲一途，以『百家之學時或稱而道之』爲一途。又〈刻意〉篇言山谷之士、平世之士、朝廷之士、江海之士、導引之士五派，〈徐无鬼〉篇言知士、辯士、察士三派，又言招世之士、中民之士、筋力之士、勇敢之士、兵革之士、枯槁之士、法律之士、禮教之士、仁義之士九派，略可窺見當時學術流衍紛繁，其範圍實超出今日所論清一色『思想家』之外。按我國上古禮樂典章層級細密，漸近漸遠，體現爲逐漸過渡，甚至循環往復、相剋相生之性質，而不作二元對立結構。譬如論君臣，則天王爲君，諸侯、大夫亦各自爲君，公侯伯子男各有等差；臣亦然，諸侯對天王爲臣，大夫對諸侯爲臣。爲君爲臣，隨『時義』而常變。故余頗疑自王官至於諸子，其間亦多有等差。管仲、呂不韋，相也，鬻熊、劉安，諸侯也。對天王只可謂之私人，對布衣之士則差可謂之官家。要之，所謂『先秦諸子』、『晚周諸子』似尙不可籠統而論。換言之，自王官至於諸子，中間亦頗有逐漸蔓延之過程綿密相接。故而其學爲有根抵，其書爲可信據。」

【校讎源流】

葉德輝（1864～1927）《校輯鬻子序》曰：「曩者南皮張孝達制軍闢兩湖書院於湖北，其崇祀鄉賢，以楚祖鬻子居首，獨《鬻子》一書，自逄行珪注本盛行，世無由別其眞僞。湖北官局所刻《百子》中有此書，校讎未爲精善。余見日本所刻《群書治要》多引唐以前經史子部，乃知今世傳本即由其中抄撮而成，其強分章名，則沿《道藏》本之陋，自餘他書所引，出於《治要》以外者，概未採錄，甚非所以飫讀者之心而張楚軍之幟也。爰據舊本，刪去逄注，存其章名，復以《列子》、賈誼《新書》、《意林》、《文選》注、《太平御覽》所載佚文附之，釐爲二卷。欲使楚之人家有其書，吾之之宗世守其學，則以鬻子之學治楚，其效必速於黃、老之治漢，申、韓之治蜀焉。而屈、宋之徒賡起相接，以存中原之文獻，立終古之強國，不亦懿歟？」

【作者情況】

《史記·楚世家》曰：「周文王之時，季連之苗裔曰鬻熊。鬻熊子事文王，蚤卒。……三十七年，楚熊通怒曰：『吾先鬻熊，文王之師也，蚤終。成王舉我先公，乃以子男田令居楚，蠻夷皆率服，而王不加位，我自尊耳。』乃自

立爲武王。」裴駰《史記集解》引劉向《別錄》云：「鬻子名熊，封於楚。」
劉勰《文心雕龍‧諸子》曰：「鬻熊知道，而文王咨謀。諸子肇始，莫先於斯。」
賈誼《新書》引文王、武王、成王問鬻子。《列子》〈天瑞〉篇引鬻熊曰：「運
轉無已，天地密移，疇覺之哉。」〈力命〉篇引鬻熊語文王曰：「自長非所增，
自短非所損。」《漢書‧古今人表》列粥熊於第三等智人。清梁玉繩（1744～
1819）《人表考》曰：「粥熊始見《列子‧天瑞》，本作鬻熊。祝融十二世孫。
楚先封鬻，夏、商間因爲姓。名熊，亦曰鬻熊子，亦曰鬻子。年九十見文王，
爲文、武師，周封爲楚祖。」

【學術源流】

宋王應麟（1223～1296）《漢藝文志考證》卷：「太史公序〈楚世家〉曰：
『重黎業之，吳回接之。殷之季世，粥子牒之。』劉向《別錄》云：『鬻子，
名熊，封於楚。』劉勰曰：『鬻熊知道，而文王諮謀。諸子肇始，莫先於斯。』
唐逢行珪注一卷十四篇〈序〉云：『卷軸不全，而其門可見。』）賈誼《新書》
引文王、武王，成王問粥子。《列子》〈天瑞〉篇引粥熊曰：『運轉無已，天地
密移，疇覺之哉？』〈力命〉篇引鬻熊語文王曰：『自長非所增，自短非所
損。』（陸佃曰：『《列子》所稱，即《南華》藏舟、梟鶴之義也。今其書無
之，則熊之嘉言要旨亡者多矣。』）又小說有《鬻子說》十九篇，後世所加。」
〔註22〕明胡應麟（1551～1602）《少室山房集》卷一百三〈讀鬻子〉：「今子書
傳於世而最先者，惟《鬻子》。其書概舉修身治國之術，實雜家言也，與柱下、
漆園宗旨迥異，而《漢志》列於道家，諸史《藝文》及諸家目錄靡不因之，
雖或以爲疑，而迄莫能定。余謂班氏義例咸規歆、向，不應謬誤若斯。載讀
《漢志》，小說家有《鬻子說》一十九篇，乃釋然悟曰：此今所傳《鬻子》一
乎！蓋《鬻子》道家言者，漢末已亡，而小說家尚傳於後，後人不能精竅，
遂以道家所列當之，故歷世紛紛，名實咸爽，《漢志》故灼然明也。輒記於此，
俟博洽君子定焉。……《鬻子》章次篇名，前人論者咸以殘缺不可曉。余初
讀，尤漫然載閱之，覺其詞頗質奧，雖非真出熊手，要爲秦、漢前書，及反

〔註22〕 今按：所謂「小說有《鬻子說》十九篇，後世所加」，或與後來之歷史演義小
說體裁相近。「後世所加」者，後世作者在歷史的基礎之上，加以虛構，進行
了再創造。這種文學性質的虛構固然與歷史各行其道，但也不能認爲就是僞
造。《三國志》爲歷史，《三國演義》爲歷史小說，二者均有其存在的價值，
前者有歷史價值，後者有文學價值。

人依託無疑也。《漢志》所載當爲戰國人所僞爲，今所傳本又必魏、晉以後掇拾而成。《列子》、賈誼《新書》本非秦、漢之舊，其所引亦不足信，僞中之僞，故其言淺陋如此也。」陳朝爵（1876～1939）《漢書藝文志約說》卷二曰：「《隋志》在道家，《舊唐書》在小說家，《新唐書》仍歸道家。自葉正則、高似孫輩皆疑之。嚴可均曰：『《史記》鬻熊三傳至熊繹，蓋文王師爲熊，成王問爲繹。《鬻子》非專記鬻熊語，古書不必手著，《鬻子》蓋後世史臣所錄，或子孫所記。今世傳唐逢行珪注本，分十五篇，瑣碎尤甚。』案，嚴說極通，與劉勰『餘文遺事錄爲《鬻子》』說合，蓋自孔、孟之書，亦非手著，世之以此而疑古書之僞者，多未達耳。」顧實（1878～1956）《漢書藝文志講疏》三〈諸子略〉曰：「嚴說是也。蓋逢本去其妄爲題，猶古本殘帙，而非僞作，故與僞《列子》所引三條不類，而與《賈子》所引六條甚相類也。」劉咸炘（1896～1932）《子疏定本》卷上〈老徒裔第三〉：「《鬻子》……其書所說純正，無悖義，蓋皆述先王之緒論，稱引五帝，從黃帝以下，舜、禹以上。其謂『君子非人不出之於辭，而施之於行，非非者行是，惡惡者行善，而道諭矣。』又曰：『民者，吏之程也。民者至卑也，而使之取吏焉。』皆精。至其逸文，若《列子》引『天地密移，損益成虧，欲剛必以柔守之，欲強必弱保之』諸條，頗類老經，但不深耳。《七略》入之道家，蓋以此。《提要》謂『《列子》所引乃道家說，今本乃小說家之《鬻子》』，非也。陸心源謂『熊爲文王師，其言宜足與謨、誥相發明，乃多泛然無當之言，蓋出於後人依託』，此乃後人過高之論。又謂『《列子》、賈誼書非秦、漢之舊，所引不足信』，尤過矣。嚴可均謂『《鬻子》非鬻子一人之語，文王師爲鬻熊，成王問爲熊繹，中間隔熊麗、熊狂兩世，非專記鬻熊之語，故其書於文王、周公、康叔皆曰昔者。昔者，後乎鬻子言之也。古書不必手著，蓋康王、昭王後周史臣所錄，或子孫記述先世嘉言爲楚國令典，即《史記·序傳》所謂『重黎業之，吳回接之，殷之季世，鬻熊牒之』。周用熊繹，熊渠是續者也』。此說甚確。是書本《國語》之流。道家者流，出於史官。楚多道家，蓋始於鬻子歟？雖爲官書，亦私書之濫觴矣。故論列於首，可以見道家之源焉。」張舜徽（1911～1992）《漢書藝文志通釋》卷三曰：「周、秦諸子之書，不皆出自己手，大率由其門生故吏或時人之服膺其說者裒錄其言論行事以爲之。此乃古書通例，無足怪者。《文心雕龍·諸子》篇云：『鬻熊知道，而文王諮詢。餘文遺事，錄爲《鬻子》。子之肇始，莫先於茲。』考周、秦諸子之書，著錄於《漢

志》者，在《鬻子》之前，尚有《伊尹》、《黃帝》、《孔甲》、《大禹》、《神農》、《力牧》諸書，是不得謂《鬻子》爲子書之始也。特直名其書爲某子，則以此爲最早耳。觀《列子》中三引《鬻子》，如云：『物損於此者盈於彼，成於此者虧於彼。損盈成虧，隨世隨死。』又云：『欲剛必以柔守之，欲強必以弱保之。積於柔必剛，積於弱必強。觀其所積，以知禍福之鄉。』若此所論，實有合於『清虛自守、卑弱自持』之旨，《漢志》列之道家，是矣。至於《新書·修政語》下篇所引鬻子論治國之道，則亦道義禮節忠信爲尚，又似乎與儒學宗旨無殊，故明刊《子彙》，逕以《鬻子》列入儒家也。」王錦民《古學經子》曰：「道家之尊鬻子，足見道家之興與楚有密切關係，《鬻子》一書或即楚之道家所撰集。《漢志》將《伊尹》、《太公》、《辛甲》、《鬻子》四書著錄在道家之前，其在學術上別有深意。按此四書雖均出後世道家依託，但不能將此四書簡單地視爲諸子書。此四書是道家所整理新編的道家的《書》，猶如儒家、墨家均取前代舊籍以爲《書》一樣。明此可知，《伊尹》、《太公》、《辛甲》、《鬻子》在道家學術中的地位，亦可知四書不是憑空杜撰，均當有舊典或傳說作基礎。在《鬻子》之後，《漢志》著錄《管子》八十六篇，此一書的情況頗爲特殊，道家重管子，並非將其視爲道家諸子，而是同尊伊尹、太公、辛甲、鬻子一樣，將傳出於管子的著作視爲前代經典，但《管子》書中明顯有後世道家附益的作品，這些附益的作品是諸子，故劉向整理《管子》書，特分『經言』及以下各類，即是表明《管子》之『經言』是和《伊尹》等四書一樣是道家的《書》，而《經言》以下則屬諸子，後世將《管子》純視爲子書並移入法家，是昧於學術源流。由此推測，道家的產生有齊、楚雙重背景，而其尊奉之前聖，多爲殷之賢人和周文王、武王之師，此亦略別於儒家之尊文、武、周公，道家所尊者都在儒家所尊者之前。」又曰：「儒家與道家均承三代傳統；並同出於周。其差別不在道家本殷，儒家本周，道家重天道，儒家重人文，云云。儒家與道家的關係，或可以按施賓格勒在《西方的沒落》中所定義之『貴族與僧侶』模式來理解，儒家近於貴族傳統，道家則近於僧侶傳統。儒家所尊聖人都是古代聖帝明王，爲天命主體及血緣所繫，以仁爲本；道家尊賢人則主要是帝王之師，爲其輔翼，以智爲用。二者相輔而成。這樣的類比當然是在一種啓發的意義上的，並非要照搬施氏的理論。」〔註23〕

〔註23〕 王錦民：《古學經子》，華夏出版社，2008 年版，第 314 頁。

《筦子》八十六篇。名夷吾，相齊恒公，九合諸侯，不以兵車也。有《列傳》。（師古曰：「筦讀與管同。」）

【存佚著錄】

今存，題曰《管子》。漢劉向《別錄》曰：「所校讎中《管子書》三百八十九篇、大中大夫卜圭書二十七篇、臣富參書四十一篇、射聲校尉立書十一篇、太史書九十六篇，凡中外書五百六十四，以校，除複重四百八十四篇，定著八十六篇，殺青而書可繕寫也。」今按其八十六篇篇目為：〈牧民第一〉、〈形勢第二〉、〈權脩第三〉、〈立政第四〉、〈乘馬第五〉、〈七法第六〉、〈版法第七〉、〈幼官第八〉、〈幼官圖第九〉、〈五輔第十〉、〈宙闔第十一〉、〈樞言第十二〉、〈八觀第十三〉、〈法禁第十四〉、〈重令第十五〉、〈法法第十六〉、〈兵法第十七〉、〈匡君大匡第十八〉、〈匡君中匡第十九〉、〈匡君小匡第二十〉、〈王言第二十一（闕）〉、〈霸形第二十二〉、〈霸言第二十三〉、〈問第二十四〉、〈謀失第二十五（闕）〉、〈戒第二十六〉、〈地圖第二十七〉、〈參患第二十八〉、〈制分第二十九〉、〈君臣上第三十〉、〈君臣下第三十一〉、〈小稱第三十二〉、〈四稱第三十三〉、〈正言第三十四（闕）〉、〈侈靡第三十五〉、〈心術上第三十六〉、〈心術下第三十七〉、〈白心第三十八〉、〈水地第三十九〉、〈四時第四十〉、〈五行第四十一〉、〈勢第四十二〉、〈正第四十三〉、〈九變第四十四〉、〈任法第四十五〉、〈明法第四十六〉、〈正世第四十七〉、〈治國第四十八〉、〈內業第四十九〉、〈封禪第五十〉、〈小問第五十一〉、〈七主七臣第五十二〉、〈禁藏第五十三〉、〈入國第五十四〉、〈九守第五十五〉、〈桓公問第五十六〉、〈度地第五十七〉、〈地員第五十八〉、〈弟子職第五十九〉、〈言昭第六十（闕）〉、〈脩身第六十一（闕）〉、〈問霸第六十二（闕）〉、〈牧民解第六十三（闕）〉、〈形勢解第六十四〉、〈立政九敗第六十五〉、〈版法解第六十六〉、〈明法解第六十七〉、〈臣乘馬第六十八〉、〈乘馬數第六十九〉、〈問乘馬第七十（闕）〉、〈事語第七十一〉、〈海王第七十二〉、〈國蓄第七十三〉、〈山國軌第七十四〉、〈山權數第七十五〉、〈山至數第七十六〉、〈地數第七十七〉、〈揆度第七十八〉、〈國準第七十九〉、〈輕重甲第八十〉、〈輕重乙第八十一〉、〈輕重丙第八十二（闕）〉、〈輕重丁第八十三〉、〈輕重戊第八十四〉、〈輕重己第八十五〉、〈輕重庚第八十六（闕）〉。其中〈王言第二十一〉、〈謀失第二十五〉、〈正言第三十四〉、〈言昭第六十〉、〈脩身第六十一〉、〈問霸第六十二〉、〈牧民解第六十三〉、〈問乘馬第七十〉、

〈輕重丙第八十二〉、〈輕重庚第八十六〉十篇有目無書，實存七十六篇。而劉歆《七略》云：「《管子》十八篇，在法家。」故《漢志》以後，自《隋書‧經籍志》至《四庫全書總目》，均將《管子》著錄於子部法家類。

【作者情況】

《史記‧管晏列傳》：「管仲夷吾者，穎上人也。少時常與鮑叔牙遊，鮑叔知其賢。管仲貧困，常欺鮑叔，鮑叔終善遇之，不以為言。已而鮑叔事齊公子小白，管仲事公子糾。及小白立為桓公，公子糾死，管仲囚焉。鮑叔遂進管仲。管仲既用，任政於齊，齊桓公以霸，九合諸侯，一匡天下，管仲之謀也。……鮑叔既進管仲，以身下之。子孫世祿於齊，有封邑者十餘世，常為名大夫。天下不多管仲之賢而多鮑叔能知人也。管仲既任政相齊，以區區之齊在海濱，通貨積財，富國強兵，與俗同好惡。故其稱曰：『倉廩實而知禮節，衣食足而知榮辱，上服度則六親固。四維不張，國乃滅亡。下令如流水之原，令順民心。』故論卑而易行。俗之所欲，因而予之；俗之所否，因而去之。其為政也，善因禍而為福，轉敗而為功。貴輕重，慎權衡。桓公實怒少姬，南襲蔡，管仲因而伐楚，責包茅不入貢於周室。桓公實北征山戎，而管仲因而令燕修召公之政。於柯之會，桓公欲背曹沫之約，管仲因而信之，諸侯由是歸齊。故曰：『知與之為取，政之寶也。』管仲富擬於公室，有三歸、反坫，齊人不以為侈。管仲卒，齊國遵其政，常強於諸侯。」《古今人表》列管仲於第二等上中仁人，梁玉繩（1744～1819）《人表考》曰：「管仲，始見《左‧莊九》、《齊語》、《管子》。管，氏；仲，字。謚敬，名夷吾。又作筦，又作菅。管氏出自周穆王，莊仲山之子，穎上人，齊桓公號為仲父，亦作仲甫，亦曰管氏，亦曰管子，亦曰管叔，亦曰管生，亦曰管敬子，亦曰管敬仲，亦曰管夷吾，亦單稱管。葬臨淄南牛山上。宋徽宗宣和五年封為涿水侯。」

【校讎源流】

清王念孫（1744～1832）《王石臞先生遺文》卷三〈讀管子雜志敘〉曰：「《管子》書八十六篇，見存者七十六篇。中多古字、古義，而流傳既久，訛誤滋多。自唐尹知章作注，已據訛誤之本，強為解釋，動輒牴牾。明劉氏績頗有糾正，惜其古訓未聞，讎校猶略。曩余撰《廣雅疏證》成，則於家藏趙用賢本《管子》，詳為稽核，既又博考諸書所引，每條為之訂正。長子引之亦婁以所見質疑，因取其說附焉。余官山東運河兵備道時，孫氏淵如探宋本與今不同者，錄以見示。余乃就曩所訂諸條，擇其要者商之淵如氏。淵如見而

韄之，而又與洪氏筠軒稽合異同，廣爲考證，誠此書之幸也。及余《淮南子》校畢，又取《管子》書而尋繹之，所校之條差增於舊歲，在己卯乃手錄前後諸條，並載劉氏及孫、洪二君之說之最要者，凡六百四十餘條，編爲十二卷。學識淺陋，討論多疏，補而正之，以竢來哲。」王叔岷（1914～2008）《管子斠證序》曰：「《管子》一書，古奧駁雜，向稱難讀。唐尹知章注雖以疏謬見識，然創始之功不可沒也。明劉績《增注》續之，頗有發明。清乾、嘉以來，討治者漸多，讎斠之精，當推高郵王氏。戴望《校正》，博採眾說，附益己見，則頗便初學焉。次如孫詒讓《札迻》、劉師培《斠補》、陶鴻慶《札記》、于省吾《新證》，續有創獲，足費撫拾。而張佩綸之《管子學》，考證繁富，用力尤勤。岷於是書，粗加涉獵，亦時有弋獲，足補諸家未備。」

【真偽考辨】

《傅子》曰：「《管子》書過半是後之好事者所加，〈輕重〉篇尤鄙俗。」宋葉夢得曰：「其間頗多與《鬼谷子》相亂。管子自序其事，亦泛濫不切。疑皆戰國策士相附益。」宋張嵲（1096～1148）《紫微集》卷三十二〈讀管子〉曰：「余讀《管子》，然後知莊生、晁錯、董生之語，時出於《管子》也。不獨此耳，凡《漢書》語之雅馴者，率多本《管子》。《管子》，天下之奇文也。所以著見於天下後世者，豈徒其功烈哉？及讀〈心術〉上下、〈白心〉、〈內業〉諸篇，則未嘗不廢書而歎，益知其功業之所本，然後知世之知《管子》者殊淺也。」宋韓元吉（1118～1187）《南澗甲乙稿》卷十六〈讀管子〉：「《管子》之書，戰國遊士之術也。孟子曰：『齊桓公之於管仲，學焉而後臣之，故不勞而霸。』則仲之與桓公平日謀國議政者，其亦詳矣。然舉而著之書者，則齊國之士也。當是時齊有稷下之邑，蓋亦是堯舜、非桀紂，談道德而言仁義，雖仲之作內政以寓軍令，在於強兵富國而霸齊。今其書則尚權術，務籠絡，要以愚其民而用其力，駁雜爲甚，已有戰國之風，不知仲之說果若是乎？故吾意其爲遊士之術也。莊周之言曰：『道術爲天下裂。』蓋六經未經聖人之手，則士之談道者不能淳且正。漢興，賈誼、晁錯之流莫不推尊管氏之書，使是書而得盡用，則亦猶之乎申、韓之刑名，商鞅、李斯之慘刻，豈復先王愛民養人之政哉？嗚呼！孔子之後猶有孟子，其言王政，皆本於仁義，粹然一出於正，後世推之以爲孔孟，非虛語也。孟子之論管仲，止於以其君霸，而未嘗議其治齊之政，夫是以疑之。」宋葉適（1150～1223）《習學記言》卷四十五曰：「《管子》非一人之筆，亦非一時之書，莫知誰所爲。以其言毛嬙、西

施、吳王好劍推之，當是春秋末年。又持滿定傾，不爲人容等語，亦種、蠡所遵用也。其時固有師傳，而漢初學者講習尤著。賈誼、晁錯以爲經本，故司馬遷謂『讀管氏書，詳哉其言之也。』篇目次第最爲整比，乃漢世行書。至成、哀間，向、歆論定群籍，古文大盛，學者疑信未明，而管氏、申、韓由此稍絀矣。」《朱子語類》卷一百三十七曰：「《管子》之書雜。管子以功業著者，恐未必曾著書。如〈弟子職〉之篇，全似〈曲禮〉；他篇有似《莊》、《老》；其內政分鄉之制，《國語》載之卻詳。」又曰：「《管子》非管仲所著。仲當時任齊國之政，事甚多，稍閒時又有三歸之溺，決不是閒工夫著書底人。著書者是不見用之人也。其書想只是戰國時人收拾仲當時行事、言語之類著之，並附以他書。」宋黃震（1213～1280）《黃氏日鈔》卷五十五「管子」曰：「大抵《管子》之書，其別有五。〈心術〉、〈內業〉等篇，皆影附道家以爲高。〈侈靡〉、〈宙合〉等篇，皆刻斷隱語以爲怪。《管子》責實之政，安有虛浮之語，使果出於管子，則亦謬爲之以欺世，殆權術之施於文字間者爾，非管子之情也。管子之情見於〈牧民〉、〈大匡〉、〈輕重〉之篇。然〈牧民〉之篇最簡明，〈大匡〉之篇頗粉飾，〈輕重〉之篇殆傅會。〈牧民〉之要曰：『倉廩實則知禮節，衣食足則知榮辱。禮義廉恥，國之四維。四維不張，國乃滅亡。』此《管子》政經之綱，苟得王者之心以行之，雖歷世可以無弊。秦、漢以來，未有能踐其實者也。其說豈不簡明乎？」元馬端臨（1254～1323）《文獻通考》引《周氏涉筆》曰：「《管子》一書，雜說所叢，予嘗愛其統理道理、名法處，過於餘子。然他篇自語道論法，如〈內業〉、〈法禁〉諸篇，又偏駁不相麗。雖然，觀物必於其聚。《文子》、《淮南》徒聚眾詞，雖成一家，無所收採。《管子》聚其意者也，粹羽錯色，純玉間聲，時有可味者焉。」明宋濂《諸子辨》曰：「是書非仲自著也。其中有絕似《曲禮》者，有近似《老》、《莊》者，有論霸術而極精微者，或小智自私，而其言至卑污者。疑戰國時人採掇仲之言行，附以他書成之。不然，『毛嬙、西施』，『吳王好劍』，『威公之死』，『五公子之亂』，事皆出仲後，不應豫載之也。朱子謂仲任齊國之政，又有三歸之溺，奚暇著書，其說是矣。」《四庫全書總目》卷一百一〈管子提要〉曰：「舊本題管仲撰。劉恕《通鑑外紀》引《傅子》曰：『管仲之書，過半便是後之好事所加，乃說管仲死後事，〈輕重〉篇尤復鄙俗。』葉適《水心集》亦曰：『《管子》非一人之筆，亦非一時之書，以其言毛嬙、西施、吳王好劍推之，當是春秋末年。』今考其文，大抵後人附會多於仲之本書。其他姑無論，即仲卒

於桓公之前，而篇中處處稱桓公，其不出仲手，已無疑義矣。書中稱『經言』者九篇，稱『外言』者八篇，稱『內言』者九篇，稱『短語』者十九篇，稱『區言』者五篇，稱『雜篇』者十一篇。稱『管子解』者五篇，稱『管子輕重者』十九篇。意其中孰爲手撰，孰爲記其緒言如語錄之類，孰爲述其逸事如家傳之類，孰爲推其義旨如箋疏之類，當時必有分別。觀其五篇明題管子解者，可以類推，必由後人混而一之，致滋疑竇耳。」清嚴可均（1762～1843）《鐵橋漫稿》卷八〈書管子後〉曰：「至近人編書目者〔註24〕，謂此書多言管子後事，蓋後人附益者多。余不謂然。先秦諸子皆門弟子或賓客或子孫撰定，不必手著。」梁啓超（1873～1929）《飲冰室專集·管子傳》：「徒讀《史記·管子傳》，必不足以見管子之眞面目。欲求眞面目，必於《管子》。《管子》一書，後儒多謂戰國時人依託之言，非管子自作。雖然，若〈牧民〉、〈山高〉、〈乘馬〉、〈輕重〉、〈九府〉，則史公固稱焉。謂其著書世多有之，是固未嘗以爲僞也。」梁啓超《漢書藝文志諸子略考釋》曰：「此諸論皆切中其病。要之，此書決非管仲所作，無待深辨。其中一小部分當爲春秋末年傳說，其大部分則戰國至漢初遞爲增益，一種無系統的類書而已。〈志〉以入道家，殆因〈心術〉、〈內業〉等篇其語有近老、莊者。阮孝緒《七錄》以入法家，《史記》本傳正義引。《隋》、《唐志》以下皆因之，實則援《呂氏春秋》例入雜家，或較適耳。」劉咸炘（1896～1932）《學略·諸子略》曰：「《管子》，考據家或以爲道家祖，非也。要非自著，諸子書大都如此，皆其徒爲之，讀章實齋書，則明其故矣。〈內業〉言養神，〈弟子職〉乃古禮，皆後人屬入《管子》書。」劉咸炘《子疏》定本卷下〈法家第八〉：「管仲時尚無聚徒養客之事，此乃道、法、權、術諸家稱述管子。稱管者，以其霸功也。《孟子》曰：齊人知管仲、晏子而已。管、晏皆有書，是齊人所爲也。戰國風氣在開於齊，別有專論。」張舜徽（1911～1992）《漢書藝文志通釋》卷三曰：「此書在劉向前，乃雜亂無章之文獻資料。經劉向去其複重，訂其訛謬，寫定爲八十六篇，仍爲一部包羅甚廣之叢編，固非紀錄管子一人之言行也。古人記事纂言，率資簡策。積之既多，每取其相近者聚而束之。大抵河平校書以前之古代遺文，多屬此類，不獨《管子》然也。劉向區而別之，諸書始粲然可觀。然於刪除繁重之際，不可謂其所割棄者，皆全無足取者也。若其校錄《管子》，竟除去複重至四百

〔註24〕 浙江文叢本《嚴可均集》第 269 頁注釋一：「劉咸炘於此葉抬頭批曰：『指《提要》。』」可見嚴可均曾經公開批評《四庫提要》。

八十四篇之多。如此豐贍舊文，豈盡不足採掇乎？」

【學術大旨】

漢司馬遷《史記・管晏列傳》曰：「余讀管氏〈牧民〉、〈山高〉、〈乘馬〉、〈輕重〉、〈九府〉，詳哉言之也。」宋蘇轍（1039～1112）《古史》卷二十五曰：「管仲既沒，齊國田其遺業常強於諸侯。至戰國之際，諸子著書，因管子之說而益增之，其廢情任法，遠於仁義者，多申、韓之言，非管子之正也。至其甚者，言治國則以智欺其民，言治外則以術傾鄰國，於是有不貲之寶、石璧菁茅之謀。使管仲而信然，則天下亦將以欺奪報之，尚何以霸哉？」明王世貞（1526～1590）《讀書後》卷五〈讀管子〉：「及讀《管子》一書，自定兵制、興魚鹽諸大策外，往往擇卑而易行，博小以圖大，轉敗以爲績，巧取而不匱，愚其君，遂愚其民以愚天下之諸侯，使翕然用於吾術，而不敢背。竊以爲戰國之策士術史傅會而增益之者，晚而信其然不謬妄也。夫齊積狙之國也，戎與楚積強之虜也，驟而用齊以王，齊必不信，驟而加戎楚以王，楚必不紲。管子善因時者也。時至三代人猶純如也，及周之衰，而人斷斷如也。……得王而王者，周公也。得伯而伯者，管子也。能王而不得王者，孔子也。不能王而欲王者，孟氏也。」清方苞（1668～1749）《望溪文集》卷二〈讀管子〉：「管子之用《周禮》也，體式之繁重，一變而爲徑捷焉；氣象之寬平，一變而爲嚴急焉。非故欲爲此也，勢也。蓋周公之時，四海一家，制禮於治定功成之後，故紀綱民物，可一循其自然之節，以俟其遲久而成。管子承亂，用區區之齊，將以合勢之散，正時之傾，非及其身，不能用也，非及其君之身，不能用也，而豈可俟哉？惟欲速而苦其難成，故其行之也，亦不得不嚴且急焉。是管子之不得已也。然《周官》之作，依乎天理，以盡萬物之性，而管子之整齊其民也，則將時用以取所求，是則其根源之異也。而讀其書，尚知令行禁勝之必本於君身，聰明思慮當付之眾人，而不自用，則又非諸法家之所能及矣。」清嚴可均（1762～1843）《鐵橋漫稿》卷八〈書管子後〉曰：「《七略》，《管子》在法家，引見《史記・管晏傳》正義。《隋》、《唐志》以下，著錄皆同，惟《漢志》在道家。余觀〈內業〉篇，蓋《參同契》所自出，實是道家。餘篇則儒家、陰陽家、法家、名家、農家、兵家，無所不賅。今若改入雜家，尚爲允當。不然，寧從《漢志》。其書八十六篇，至梁、隋時，亡〈謀失〉、〈正言〉、〈封禪〉、〈言昭〉、〈修身〉、〈問霸〉、〈牧民解〉、〈問乘馬〉、〈輕重丙〉、〈輕重庚〉十篇。宋時又亡〈王言〉篇。」蔡元培（1868～1940）《中

國倫理學史・管子》曰：「管子學說，所以不同於儒家者，歷史、地理皆與有其影響。周之興也，武王有亂臣十人，而以周公旦、太公望爲首選。周公守賢之態度，好古尙文，以道德爲政治之本。太公挾豪傑作用，長法兵，用權謀。故周公封魯，太公封齊，而齊、魯兩國之政俗，大有徑庭。……魯以親親上恩爲施政之主義，齊以尊賢上功爲立法之精神，歷史傳演，學者不能不受其影響。是以魯國學者持道德說，而齊國學者持功利說。而齊爲東方魚鹽之國，是時吳、楚二國，尙被擯爲夷。中國富源，齊而已。管子學說之行於齊，豈偶然耶？」「欲固結其人民奈何？曰養其道德。然管子之意，以爲人民之所以不道德，非徒失教之故，而物質之匱乏，實爲其大原因。欲教之，必先富之。故曰：『倉廩實而知禮節，衣食足而知榮辱。』又曰：『治國之道，必先富民。民富易治，民貧難治。何以知其然也？民富則安鄉重家，而敬上畏罪，故易治。民貧則反之，故難治。故治國常富，而亂國常貧。』」〔註25〕孫德謙（1869～1935）《諸子通考》卷三曰：「《管子》之言曰：『明主之治天下，靜其民而不擾，佚其民而不勞，不擾則民自循不勞，則民自試，故曰上無事而民自試。』又曰：『法立而民樂之，令出而民衛之，法令之合於民心如符節之相得也，則主尊顯。故曰衛令者君之尊也。』然則《志》以《管子》列道家，而《七略》並次法家，特爲孟堅所省耳。蓋《管子》本爲道家，其出而治世，作用則在法矣。」又曰：「道、法二家，其學相通，余已詳論之矣。今《（隋）志》以管子》一書冠諸法家之首，則編次未得其當也，何則？《管子》者，《七略》兼入法家，而《班志》則廁道家之中。雖於同源異流之故，不能以互著而見，然《管子》實爲道家也。夫道家者，君人南面之術，自有《管子》，乃足徵古之道家未有不長於治道者。若僅列法家，則失其眞矣。昔陳振孫作《書錄解題》，謂《管子》似非法家，此言誠得之，然卒疑置之道家，以爲不類，彼蓋未明道家之旨，非專任清虛而不足治世也。顧其誤，則始於《隋志》，余故急爲辨正之。」〔註26〕羅焌（1874～1932）《諸子學述》曰：「管子當春秋初期，道術未甚分裂，故其所著，囊括大道，包舉百家。後之學者，又各加以說解，輯其言行而附益之。太史公讀管氏書，稱其言之詳；朱子則謂管子之書雜。皆篤論也。近人以孔子嘗言管仲之器小，孟子述曾西言，管

〔註25〕 今按：倉廩實未必知禮節，衣食足未必知榮辱。以今視之，先富之人，富可敵國，貪得無厭，荒淫無恥，不缺錢，只缺德！

〔註26〕 今按：孫德謙深諳諸子相通之理，所論極有啓發意義。

仲功烈如彼其卑，遂謂『管子言道德不及老、莊，言功利不及晏、墨，言法律不及申、韓，言兵略不及孫、吳，但爲實行之政治家耳』（謝无量《中國哲學史》）。然則管子實能坐言、起行者，其所以不及諸家，正其能兼綜諸家也，則管子道術之博大，從可見矣。昔者孔子當自謂『仁不如回，辨不如賜，勇不如由，莊不如師』，而四子皆爲孔子役。此孟子所謂『孔子兼之』也。管子之不及諸子，殆猶是歟？」〔註27〕陳朝爵（1876～1939）《漢書藝文志約說》卷二曰：「《七略》：《管子》十八篇，在法家。班氏以入道家。李大防曰：「筦子蓋續太公之業者也，其〈心術〉、〈白心〉諸篇所言無爲之道、靜因之理，皆道家御世應變之方。至〈內業篇〉，則言道術尤備。班氏列之道家，明其與太公相承，其識卓矣。」呂思勉（1884～1957）《經子解題·管子》：「《管子》一書，最爲難解，而亦最錯雜。此書《漢志》列道家，《隋志》列法家。今通觀全書，自以道、法家言爲最多。然亦多兵家、縱橫家之言，又雜儒家及陰陽家之語。此外又有農家言。〈輕重〉諸篇論生計學理，大率重農抑商，蓋亦農家者流也。……予按某子之標題，本只取表明其爲某派學術，非謂書即其人所著。《管子》之非出仲手，可以勿論。古書存者，大抵出於叢殘綴輯之餘，原有分別，爲後人所混，亦理所可有。然古代學術，多由口耳相傳。一家之學，本未必有首尾完具之書。而此書錯雜特甚，與其隸之道法，毋寧稱爲雜家；則謂其必本有條理，亦尙未必然也。今此書〈戒〉篇有流連荒亡之語，與孟子述晏子之言同。又其書述制度多與《周官》合；制度非可虛造；即或著書者意存改革，不盡與故事相符，亦必有所原本。此書所述制度，固不能斷爲《管子》之舊，亦不能決其非原本《管子》；然則此書蓋齊地學者之言，後人彙輯成書者耳。〈法法〉篇有『臣度之先王』云云，蓋治此學者奏議，而後人直錄之（尹注以臣爲管子自稱，恐非），亦可見其雜也。此書多古字古言；又其述制度處頗多，不能以空言解釋；故極難治。」劉咸炘（1896～1932）《子疏》定本卷下〈法家第八〉：「是書文太雜亂，諸篇互有複重，本篇自有顛倒，以致義駁不純，或前言愛民，而後言重罰，前言侈靡，而後言尙儉。若以諸子派別理之，其上下首尾自相矛盾者尤多，誠所謂眾爲聚斂以威之者，不能章章而鉥之，句句而析之也。是書《七略》入道家，後世目錄則入法家。嚴可均曰：『〈內業〉實是道家，餘篇則儒家、陰陽家、法家、名家、農家、兵家無所不賅，若改入雜家，尙爲允當。』譚獻曰：『道家初

祖，周禮大宗。』二人之說，皆未細也。秉要執虛，古聖所同，不得謂爲初祖。春秋時無上法皇帝之說，沿用周法，乃其常也，且王霸異術，但外法多同耳，不得謂爲大宗。禮義、廉恥、仁政、愛民，諸子皆言之，不得以爲儒家。道家本法天，古政本順時，與鄒衍之說似同實異，不得以爲陰陽家。名、法相連，道家、法家之正名，與施、龍之辯殊，不得以爲名家。務地貴粟，古之政要，李悝、商鞅亦與許行、白圭異趣，不得以爲農家。要之，管子時無著書之事，亦無道家、法家之名。〈牧民〉之張四維，〈大匡〉之處四民，誠管氏之可稱者。變執虛而爲俟動，假禮義以求富強，霸者之道，固當爲管氏之本術。霸功既爲時所重，學術亦流衍而失眞。既變執虛，則陰行之說自必同於計、范，既盡富強，則耕戰之說自必同於李、商。既變執虛，盡富強，則法術之說自必同於愼、申，故聖道之降爲諸子，霸術實爲之戶樞。學既流衍，學者遂託管仲爲始祖，而推衍其說，多非仲之本旨。今讀其書，視爲道家、法家而已，不必問是仲非仲也。爲是書者，其於申、商、孫、范，或先或後，其所師耶，其所傳耶，皆不可斷言也。若夫〈四時〉、〈伍行〉，則沿法天之義而入，〈水地〉、〈地員〉，則沿務地之義而入，《弟子職》則沿崇禮而入，古書賴以僅存，斯可珍耳。」葉長青（1902～1948）《漢書藝文志問答》：「問：『管子何以爲道家？』答：『《史記》本傳言其治齊曰：「俗之所欲，因而予之；俗之所否，因而去之。」「因禍而爲福，能敗而爲功。」蓋本道家因循之旨。班氏自注云：「九合諸侯，不以兵車。」亦云因循而已。』」張舜徽（1911～1992）《漢書藝文志通釋》卷三曰：「今觀《管子》書中，多言無爲之理，詳於人君南面之術，班〈志〉列之於道家，即以此耳。自〈隋志〉改列法家之首，後世學者咸以管子爲申、商之前驅，非、斯之先導，謂爲刻薄寡恩。不悟道家之旨，施諸後世，其流必爲刑名、法術之學，此史公所爲以老、莊與申、韓合傳，而謂申、韓皆原於道德之意也。或謂《史記·管晏列傳》正義引《七略》云：『《管子》十八篇，在法家。』是《七略》原文本不在道家也。愚則以爲《七略》所云十八篇之書，乃昔人從八十六篇中選錄論法之文十八篇以裁篇別出者。班氏爲〈藝文志〉時，以此十八篇已在八十六篇中，故但列八十六篇於道家，不復列十八家於法家也。要之，道、法二家，相須爲用。惟任大道，始以法治國；惟明法令，始能無爲而成。相濟相生，似二而實一耳。今本《管子》存七十六篇，文字多有訛脫。近人聞一多、許維遹、郭沫若均有校本。又裒錄前人所校，刊爲《管子集校》。」王叔岷

（1914～2008）《先秦道法思想講稿》曰：「胡適之先生《中國哲學史大綱》、梁啓超《漢志諸子略考釋》並以爲《管子》書乃戰國末至漢初人編纂增益而成。羅根澤《管子探源》更指明〈七法〉，戰國末爲孫、吳、申、韓之學者所作；〈封禪〉，司馬遷所作；〈輕重〉十九篇，漢武、昭時理財家作。諸說似尚可商榷。岷以爲，《管子》書乃戰國中期至晚期各家學說之總匯，可歸入雜家。王應麟《困學紀聞》十云：『《管子》有申、韓、老、莊說。』其內容實不止包括道、法兩家。《韓非子‧五蠹》篇已以商、管並稱，是韓非曾讀《管子》書。不能謂《管子》中有《韓非子》說。乃《韓非子》用《管子》說耳。昔年岷撰《黃老考》，以爲黃帝在《莊子》書中，並非最高境界之人，尚不足與老子並稱。而《管子》中之黃帝，極受尊崇，已有可與老子比擬之趨勢。〈漢志〉道家有《黃帝君臣十篇》，原注：『六國時，與老子相似。』是黃、老並稱，已漸形成。《韓非子》〈揚權（権）〉篇已引黃帝書之文，而〈有度〉篇又多本於《管子‧明法》篇。是黃帝書及管子書，蓋並出於《莊子》之後，《韓非子》之前與？」〔註28〕郭齊勇、吳根友《諸子學通論》曰：「沿著文子、《黃老帛書》政治論派的思想路線，《管子》與稷下道家充分地採擷儒、法、名、陰陽、墨等各派思想，形成了稷下黃老道家學派。《管子》的『道論』，一方面繼承前期道家的思想，另一方面又將『道』與『精（氣）』結合起來。並反覆地說『道』『卒乎乃在於心』，『心靜氣理，道乃可止』，使『道論』與『人道論』的關係更加密切。其政治論突出地強調了『因民之心，因物之性，因天時地利』的『靜因』說，要求人主任法、任數、任公、任大道。至於愼到、彭蒙、田駢、接子、環淵、宋鈃、尹文之屬，或強調任法，或強調禁兵寢攻，或強調『仁義禮樂、名法刑賞』並用，然皆把『道』看作是超越法律、法規之上的規律、法則，要求用理性化的成文法則管理社會，使社會更加符合人們追求富裕安定的願望。」〔註29〕又曰：「其具體內容大抵借道家之道論以言政治方針與策略。其書中所謂『心論』，實乃講如何守道持德，任法因民，知天時、地利、民情而去君主私心、臣民私心，使天下大治，民富國強。時有儒家仁義禮治思想摻於其中；又包涵著『物極必反』的辯證法思想在其中，如〈白心〉篇云：『日極則仄，月滿則虧，極之徒仄，滿之徒虧，巨之徒滅。』看到了事物運動達到一定極限時朝相反方向運動的

〔註28〕 王叔岷：《先秦道法思想講稿》，中華書局，2007 年版，第 151～152 頁。
〔註29〕 郭齊勇、吳根友：《諸子學通論》，商務印書館，2015 年版，第 144～145 頁。

特徵。因而〈白心〉篇作者主張『守中』和『功成身退』，故又說：『持而滿之，乃其殆也。名滿於天下不若其已也。名進而身退，天之道也。滿盛之國，不可以仕任；滿盛之家，不可以嫁子（女）；驕倨傲暴之人，不可與交。』此實乃老子『反者道之動』思想之申述。《管子》一書，實爲道、法、形名、儒四者之兼綜，而以道、法爲主的雜家著作。」〔註30〕王錦民《古學經子》曰：「《管子》書中的思想以法家、道家爲主，二家思想有分有合，從分而言可選擇篇什，分別排列爲道家和法家，從合而言則二家已融貫爲一，有學者稱之爲『道法家』。從學術先後來看，管子之學終未成一家，其影響主要是後世的黃老學。漢初黃老屬道家，故〈漢志〉將《管子》全書著錄在道家亦有其根據。」〔註31〕今按：《管子》一書文本特別複雜，竊以爲此書實爲雜家之複合體。稷下學宮在經過百家爭鳴之後最終形成了這一複雜文本，故朱子稱其書雜。

【出土文獻】

一九七二年四月山東臨沂銀雀山發掘西漢前期（武帝初）墓葬，出墳物有竹簡古書《管子》、《墨子》、《晏子》、《六韜》、《尉繚子》、《孫臏兵法》、《孫子兵法》等。出土之《管子·七法》篇，存「爲兵之數」及「選陳」兩節，據今傳本有一千字左右。大陸學者謂「《管子》一書之出土，推翻後人疑僞之結論」。王叔岷（1914～2008）《先秦道法思想講稿》曰：「後人疑全書爲僞，固不足據。據少數出土數據，以證全書非僞，亦太大膽。孔子以前，蓋無私人著述。《管子》書決非管仲作。」〔註32〕

《老子鄰氏經傳》四篇。姓李，名耳，鄰氏傳其學。

【存佚著錄】

今存《老子經》八十一章，而《鄰氏傳》已亡。南宋董思靖《道德經集

〔註30〕 郭齊勇、吳根友：《諸子學通論》，商務印書館，2015 年版，第 238～239 頁。今按：把《管子》一書定爲以道、法爲主的雜家著作，這是一個相當準確的學術判斷。

〔註31〕 王錦民：《古學經子》，華夏出版社，2008 年，第 297～298 頁。按：「道法家」之稱是由裘錫圭先生首先提出來的，參見裘氏《馬王堆〈老子〉甲乙本卷前後佚書與「道法家」——兼論〈心術上〉〈白心〉爲愼道田駢學派作品》。

〔註32〕 王叔岷：《先秦道法思想講稿》，中華書局，2007 年版，第 151 頁。

解序說》引《七略》曰：「劉向定著二篇八十一章，上經三十四章，下經四十七章。」宋王應麟（1223～1296）《漢藝文志考證》卷六曰：「薛氏曰：『古文《老子道德上下經》無八十一章之辨，今文有。河上公注，分八十一章。』〈志〉無《河上公章句》，王弼題曰《道德經》，不析《道》、《德》而上、下之，猶近古。」清章學誠（1738～1801）《校讎通義》卷三曰：「今傳《道德》上、下二篇，共八十一章，〈漢志〉不載本書篇次，則劉、班之疏也。凡書有傳注解義諸家，離析篇次，則著錄者必以本書篇章原數登於首條，使讀者可以考具原委，如〈六藝略〉之諸經篇目是矣。」顧實（1878～1956）《漢書藝文志講疏》三〈諸子略〉曰：「今本《老子道德經》八十一章，猶《七略》、《別錄》之舊。惟分上經三十七章，下經四十四章，則又異矣。今存王弼注本最古，河上公本更在王後，次之。陸游曰：『晁以道謂王輔嗣本《老子》曰《道德經》，不析乎道德而上下之，猶近於古。今此本久已離析。』（《放翁題跋》）是在宋季已失王注定本也。僞河上公注本，上篇首章曰〈體道〉，下篇首章曰〈論德〉，惟尙無《道經》、《德經》之標目。」

【成書過程】

　　王錦民《古學經子》曰：「《老子》一書的演變可能經歷了幾個階段：首先是春秋末老子傳其學說；弟子口誦老子之言。其次是自戰國中期至戰國末，陸續將傳誦的老子之言記於竹帛，因此出現了《老子》書，但是因為弟子記誦不同，齊楚地域之差，故而最初的《老子》書有很多本，相互之間有同有異，並行流傳，從楚簡《老子》到韓非所見，都是這樣的《老子》書，這些《老子》書有些是採取分篇本的形式的，但字數均未足五千言。最後到了秦、漢之際，《老子》以諸子傳記得立學官，這時整理出了最完整《老子》，合併為上下兩篇，字數已達五千言，馬王堆帛書《老子》就是整理過的五千言《老子》。至於將《老子》分為八十一章，則主要是在漢代進行的，直到劉向定本。」〔註33〕

【成書年代】

　　《老子》一書，大抵為老子總結其老氏家族累世之言編著而成。其成書年代大約在春秋末、戰國初，其中夾有戰國中後期語句。學術界對《老子》成書亦有三派意見：第一派認為成書於春秋末戰國初，代表人物是馬敘倫、唐蘭、郭沫若、呂振羽。第二派認為成書在戰國後期，代表人物有清代汪中，

〔註33〕 王錦民：《古學經子》，華夏出版社，2008 年版，第 296 頁。

近現代梁啓超、錢穆〔註34〕、馮友蘭、范文瀾、羅根澤、侯外廬、楊榮國。
第三派認爲成書於西漢初年，代表人物是顧頡剛、劉節。〔註35〕「五四」之
後，疑古思潮對老學研究的衝擊巨大，對老子其人其書的眞僞及其年代做了
廣泛地考辨。主要問題集中在對《史記·老子韓非列傳》中的老子與太史儋、
老萊子的關係及老子與孔子孰先孰後，《老子》一書的著作年代的考辨上面。
具體內容詳見羅根澤主編的《古史辨》第四冊、第六冊。詹劍峰（1902～1982）
《老子其人其書及其道論》一書對此階段「疑老」思潮做了較好的總結。

【作者情況】

《史記·老莊申韓列傳》：「老子者，楚苦縣厲鄉曲仁里人也。姓李，名
耳，字伯陽，諡曰聃，周守藏室之史也。孔子適周，將問禮於老子。老子曰：
『子所言者，其人與骨皆已朽矣；獨其言在耳。』……孔子去，謂弟子曰：『鳥，
吾知其能飛；魚，吾知其能遊；獸，吾知其能走；……至於龍，吾不能知……
吾今日見老子，其猶龍邪？』老子修道德，其學以自隱無名爲務。居周久之，
見周之衰，迺遂去。至關，關令尹喜曰：『子將隱矣，強爲我著書。』於是老
子迺著書上下篇，言道德之意五千餘言而去，莫知其所終。或曰老萊子亦楚
人也；著書十五篇，言道家之用，與孔子同時云。蓋老子百有六十餘歲；或
言二百餘歲……自孔子死之後百二十有九年，而史記周太史儋見秦獻公曰：
始秦與周合……或曰儋即老子，或曰非也。世莫知其然否。老子，隱君子也。
老子之子名宗，宗爲魏將，封於段干；宗子注，注子宮，宮玄孫假；假仕於
漢孝文帝，而假之子解，爲膠西王印太傅，因家於齊焉。世之學老子者則黜
儒學。儒學亦黜老子。『道不同不相爲謀』，豈謂是邪？李耳無爲自化，清靜
自正。」《漢書·古今人表》列老子於第四等中上，清梁玉繩（1744～1819）
《人表考》曰：「老子屢見諸子，是爲老聃，陳國苦縣厲鄉曲仁里人。生即皓
然，故號老子。名耳，字聃，李氏。李出嬴姓，爲伯益子恩成之胄。老子父
乾，字元杲，周上御史大夫，娶益壽氏女嬰敷，生聃。母感飛星，震十有二
年，以二月十五日，剖左腋而出，白首能言，形長九尺，黃色，鳥喙，耳長

〔註34〕 錢穆《中國思想史》認爲：「《老子》是戰國一部晚出書，不僅在《論語》後，
還應在《莊子》後。《老子》書中許多重要觀點，幾乎全從《莊子》引申而來。
只因其文辭簡賅，故使人更覺很像是義蘊深玄。大概《老子》書出在荀子稍
前一個不知名人之手。」見九州出版社，2012年版，第77～82頁。今按：錢
穆此說完全憑感覺，缺少文獻根據。

〔註35〕 郭齊勇、吳根友：《諸子學通論》，商務印書館，2015年版，第147頁。

七寸，三門無輪，眉長五寸，如北斗，色綠，鼻雙柱，齒六八，額有三理，方瞳龍顏，身綠毛，白血，足有八卦，始名玄祿，亦曰老君，亦曰李叟，亦曰李老，亦曰柱下翁，亦曰摩訶迦葉，死葬槐里。唐乾封元年，追號太上玄元皇帝；天寶二年，加號大聖祖，尊聖祖父爲先天太上皇，母爲先天太后；天寶八年，加號聖祖大道玄元皇帝。宋大中祥符六年，加號太上老君混元上德皇帝。案：馬遷作傳，疑老萊子、太史儋即老子，《路史》附會之。高誘注《呂子》〈當染〉、〈重言〉，以舜所友之伯陽，周幽王時之伯陽父，並指爲老子，故《隸釋·老子銘》、《神仙傳》、《抱朴子》、《唐·表》、《通志略》四、《路史》皆謂老子字伯陽。甚且如葛玄，謂老子爲國師，代代不休。《酉陽·玉格》言老君具三十六號、七十二名，又有九名，別有九天，上皇等號。而其生或云先天地出，或云從開辟以來，身一千二百變，或云生於殷王陽甲之世，或云在周三百餘年，爲文王、武王史，或云生於昭王二十四年，或云生於宣王四十二年，平王時爲太史，或云生於莊王十年，或云生於桓王丁卯歲，終景王壬午，或云生定王三年乙卯九月十四子時，至敬王元年庚辰，年八十五化胡。其壽或云不知其所終，或云二百餘歲，或云百六十餘，或云百九十六歲，或云二百七十，或云孔子沒九年而聘入秦，西曆流沙，化胡成佛，壽四百有四十。凡此眾說，緣世人多以老子爲神靈異類，復因釋、道兩家競相依託，妖妄怪幻，當存而不論。至今本，老子有列在第一等者，考《舊唐書·禮儀志》：天寶元年詔：《史記》、《古今人表》玄元皇帝升入上聖。宋趙希弁《讀書附志》言：徽宗詔：《史記·老子傳》升列傳之首，自爲一帙。《前漢·古今人表》列於上聖，是唐宋人改刊，非班氏元本也。而《隸釋·漢邊韶老子銘》詆《人表》抑老子與楚子西同科爲失，張晏注亦然，殊非通論。」羅焌（1874～1932）《諸子學述》曰：「近世考老子行實者，言人人殊，引據小書，未足憑信，轉不若史公列傳之一言。蓋兩言『莫知』、四言『或曰』，既合『多聞闕疑』之義，尤足傳老子『猶龍』之神也。……至於是否即老萊子，或太史儋，或老彭，姑置弗論，但就其書靜心讀之可已。」〔註36〕勞思光（1927～2012）《新編中國哲學史》曰：「老子應姓『老』名『聃』。『名耳』及『字伯陽』等說則難定眞僞。『李』姓由『老』姓轉出，因『李』與『老』古音同。孔子可能曾與一號『老聃』（非姓名）之習禮者同主喪葬之事，但此非『道家之老聃』。『道家之老聃』大約在孔子之後。『問禮』之故事，乃莊子後爲道家

〔註36〕羅焌：《諸子學述》，嶽麓書社，1995 年版，第 323 頁。

言者據莊子稱道老聃之詞而逐步編造以成者。此一編造之故事，至《史記》乃完全定型。但年代與史實乖違，今猶可考知其僞。『出關及著書』之傳說亦爲僞作。年齡不可考。《史記》所載必誤。老萊子可能亦姓『老』，與『老聃』同姓，但與『老聃』無大關係。太史儋之姓名可能爲『李儋』，司馬遷所得之世系由『李儋』供給。因『李儋』音同『老聃』遂誤以爲一人。《史記》未明書太史儋姓『李』，蓋以爲不必重說。倘太史儋別有姓氏，則不能被司馬遷疑爲『即老子』。世系應爲太史儋之世系。依其年代考之，唯有作太史儋世系不悖情理。關於老子其人之問題，聚訟久矣。上所論者亦未敢以爲最後斷定。論據則力求其簡，然以牽涉太多之故，所說仍苦繁雜。」〔註37〕

【學術源流】

韋政通《中國思想史》第五章〈老子〉曰：「老子《道德經》與以往的思想傳統，惟一的一條若隱若現的線索是它與《周易》之間的關係。《周易》經的部分最早可追溯到周初，傳的部分，像〈序卦〉和〈雜卦〉，近人有推斷可晚到漢中葉的，《周易》在將近千年中相繼形成，我們又如何探討它與《周易》的關係？我們認爲有兩種可能：（1）《老子》與《易傳》一些相同的觀念和類似的思想，是它們《周易》經的部分的影響，各自發展出來的。（2）《易傳》中這些相同和相似的部分，本早於《老子》出現，因《易傳》既非一時一人所作，其中有一部分是可能早於《老子》的。即使這兩種可能都不存在，老子與《周易》的關係，仍是十分肯定的。這些關係是：（1）二者都有『陰陽』、『剛柔』的觀念。（2）二者都喜用『復』和『生』的觀念。這兩個觀念，完全是因爲《易傳》和《老子》的使用，才在思想史上有了重要的意義。（3）老子的天大、地大、人大的觀念，可能來自《易傳》天、地、人三才的觀念。（4）『無極』可能來自《易傳》的『太極』。（5）二者『天』『地』連言者甚多。（6）《老子》『道生一，二生二，二生三，三生萬物』；和《易傳》『《易》有太極，是生兩儀，兩儀生四象，四象生八卦』，在宇宙論上的意義相通，也可能《老子》就是對卦象的一種解釋。（7）《老子》所說的『無』，似乎與《易傳》所說的『萬物資始』的『始』相當。『有』似乎與『萬物資生』的『生』相當。（8）《老子》說『道生之，德畜之』，道與德的關係與《易傳》所說乾與坤的關係極相似；《易傳》說『坤厚載物，德合無疆』；正可以說明

〔註37〕勞思光：《新編中國哲學史》，廣西師範大學出版社，2005年版，第170～171頁。

『畜之』的意義及老子這個觀念之所本。（9）《老子》『周行而不殆』的宇宙
論的觀念，與《易傳》『反復其道，七日來復，天行也』及『無往不復』之說
相同。（10）老子有無相生的觀念，與《易傳》『天地絪蘊，萬物化醇；男女
媾精，萬物化生』之說相似。（11）老子說：『飄風不終朝，驟雨不終日，孰為
此者？天地。天地尚不能久，而況於人乎？』這種『盈虛消息』之理，與《易
傳》『天地盈虛，與時消息，而況於人乎，況於鬼神乎』相同。（12）老子說：
『聖人後其身，而身先』、『欲先人，必以身後之』以及『不敢為天下先，故
能成器長』。這種『以退為進』之理，與《易傳》『尺蠖之屈以求信（伸）
也，龍蛇之蟄以存身也』之說相同。以上這些例子，縱然《易傳》所有的部
分都比《老子》後出，在《周易》經的部分已有吉凶、復、德、謙讓不爭、
往來、無往不復這些觀念，則《老子》曾受《周易》的影響仍可確定。綜合
來看，對待與變化以及對待中求變化，相對中求統一，乃是《周易》與《老
子》共同遵循的基本原理；《老子》思想的靈感，曾得之於《周易》，這是沒
有疑問的。」〔註38〕

【學術大旨】

　　唐陸德明（約550～630）《經典釋文·序錄》云：「周敬王時西出關，為關
令尹喜說〈道〉、〈德〉二篇，尚虛無、無為。漢文帝時，河上公作章句四篇以
授帝，言治身、治國之要。」宋葉夢得（1077～1148）曰：「老氏之書，其與孔
子異者皆矯世之辭，而所同者皆合於《易》。」宋黃震（1213～1280）《黃氏日
鈔》卷五十五「老子」：「《老子》之書，必隱士嫉亂世而思無事者為之，異端之
士私相推尊，過為誣誕。如序稱葛仙翁所作，謂老子出於無始之劫，以道為天
地萬物母，至周衰，道不行，始西去。不知洪荒未嘗以治稱，黃帝、堯、舜之
治皆以仁義禮樂，初無用乎老子虛無之道。聖王不行而周衰，初非老子之道不
行。使道不能行而去之，則天下於老子之道何賴？而劫者，後世佛氏之說，亦
不當淆入以論老子也。」元胡祇遹（1227～1295）《紫山大全集》卷二十〈讀
老子〉：「《老子》一書，知天道之好還，而每事務從其本。世之所尚，忘本而務
末，忘內而務外，先自盈滿，其勢不久而還。凡物始於柔弱，而終於剛強。始
於拙訥，而終於巧辯。始於素樸，而終於華靡。始於清靜，而終於有為。終者，
氣勢之盡也；始者，氣勢之方興也。以方興而待將盡，老子之謀深矣。」明宋

〔註38〕韋政通：《中國思想史》，上海書店出版社，2003年版，第95～97頁。今按：
　　　韋氏此說深得《易》、《老》相通之精髓，筆者亦深表讚同。

－243－

濂（1310～1381）《諸子辨》曰：「《老子》二卷，〈道經〉、〈德經〉各一，凡八十一章，五千七百四十八言。周柱下史李耳撰。……聃書所言，大抵斂守退藏，不爲物先，而壹返於自然。由其所該者甚廣，故後世多尊之行之。」清方濬頤（1815～1889）《二知軒文存》卷十三〈讀老子〉曰：「世人皆侈言文筆，吾謂千古文筆之妙，無有過於李伯陽者。《道德》五千言，簡之又簡，煉之又煉，他人千百語所不能了，彼以一二語了之。若銘若頌，若贊若偈，開後學無限法門。襲其辭不師其意，可以醫文家繁冗拖沓沉悶滯晦之病，眞所謂特健藥也。至論〈德〉篇謂上德不德，禮爲亂首，則尤爲背道之言，異端之倡，明眼人皆能辨之，存而不論可也。近世有以子名家者，專事排比鋪張，自謂獨樹一幟，令人閱之不能終卷，是眞覆瓿物耳，安得伯陽投之丹鼎中一爲伐毛洗髓也。」羅焌（1874～1932）《諸子學述》曰：「《漢志》載道家之書，老子以前有《伊尹》、《太公》、《辛甲》、《鬻子》、《管子》五家，則道家者流，必不創始於老子，惟老子爲集古來道術之大成者耳。……今考本書常有徵引古人之說者。二十二章云：『古之所謂曲則全者，豈虛言哉？誠全而歸之。』六十二章云：『古之所以貴此道者何也？不曰求以得、有罪以免耶？故爲天下貴。』四十一章云：『故建言有之曰：明道若昧，進道若退，夷道若纇。』五十七章云：『故聖人云：我無爲而民自化，我好靜而民自正，我無事而民自富，我無欲而民自樸。』六十九章云：『用兵者有言曰：吾不敢爲主而爲客，不敢進寸而退尺。』七十八章云：『是以聖人云：受國之垢，是謂社稷主；受國之不祥，是爲天下王。』據此，足證老子學說多本古聖人之遺言，不得謂『老子之思想專爲對於時勢之反動而起者也』。」〔註39〕顧實（1878～1956）《漢書藝文志講疏》三〈諸子略〉曰：「大抵老子本領，盡於首章觀妙、觀徼二事，妙者虛無也，徼者因循也。故司馬談曰：『道家以虛無爲本，因循爲用也。』自王弼陰用佛說『群有以至虛爲宗，萬品以終滅爲驗』，誤解徼曰『歸終也』，不知虛無爲本，則老、佛同也。而因循爲用，則老、佛一積極，一消極，迥殊也。爾後《老子》注家甚眾，大抵疏陋不足觀。畢沅《老子考異》，考眾本異同，猶多未盡。」馮友蘭（1895～1990）《中國哲學簡史》曰：「道家最關心的問題是：人生在世，怎樣才能全生？怎樣才能避禍？他認爲，一個謹慎的人應當溫和、謙虛、知足。溫和就能保持自己的力量強大。謙虛就能使人不斷進步。凡事知足，

〔註39〕 羅焌：《諸子學述》，嶽麓書社，1995 年版，第 323～324 頁。今按：此處旨在批評胡適等人之妄說。

古壽考者之號也。』是其義已。年命長者，知識必廣，見聞必多。是以古之道術，每由老壽之人口傳於世，帝王南面之術，亦其一也。其術傳至戰國，已甚繁穰，於是有老壽者裒錄以爲一書，世即名之爲《老子》云爾。至於其人是否爲楚苦縣人、姓李名耳？是否爲老萊子？或太史儋？或老彭？均宜姑置弗論。但就其書靜心讀之，以窺道論之要，斯亦可矣。若夫史傳所載孔老對語及孔子畏服之狀，則皆道家之徒所虛構，尤不足信也。世之研繹哲學思想者，恒言道家學說爲老子所獨創，斯又大謬不然。《莊子・天下篇》敘述諸子學說之興起，每云『古之道術有在於是者，某某聞其風而說之』。可知每一學派之出現，皆必前有所承。既已明言『古之道術有在於是者，關尹、老聃聞其風而說之』。然則老聃之前，尚有精於此道之老前輩，闡發已多，爲其學之所自出。何可一概抹殺，將創始之功歸諸老聃？〈漢志〉道家著錄《伊尹》、《太公》、《辛甲》、《鬻子》、《筦子》諸書於《老子》前，則道論之興，實源遠而流長矣。即就《老子》本書而論，如十五章云：『古之善爲道者，微妙玄通，深不可識』；二十二章云：『古之所謂曲則全者，豈虛言哉』；六十二章云：『古之所以貴此道者何，不日以求得，有罪以免邪』；六十五章云：『古之善爲道者，非以明民，將以愚之』。若此諸言，足證《老子》之學繼承前人緒論至爲廣泛也。此書二篇，特其緒論之較精要者耳。由於不出於一時，不成於一手，故前後不免有復見字句，且雜入後人附加之辭，學者宜明辨之。」勞思光（1927～2012）《新編中國哲學史》曰：「由於『無爲』及『反』等基本觀念，老子只以『把握萬物所依之道而處萬物』爲其人生主張。如此，一面老子深信如此即能支配經驗界，另一面此支配仍視爲一自然之事，而視勉力以求爲必敗。於是老子不肯定客觀歷史中文化成長之價值。蓋老子視萬有皆爲變逝之事象，不肯定任何特殊規範，亦不肯定經驗知識，由此，對政治秩序亦持一斂退之觀點。關於老子對文化之全面見解，乃依其肯定『情意我』（或生命我）之基本哲學立場生出。」〔註41〕郭齊勇、吳根友《諸子學通論》曰：「《老子》一書，大抵以道論爲理論基礎，以德論爲治世修身之根基，泛言政治、人生、社會與歷史諸現象，其中包涵有豐富而深邃的辯證法思想。其『道論』以自然無爲而無不爲爲宗旨，其『德論』實即『道論』在人世社會、政治生活中之延伸，生而不有，爲而不恃，長而不宰之『玄德』，實即『孔德之容，惟道是從』之『孔德』。其道德論多有暗合今人所珍視的遵循客觀規律的

〔註41〕勞思光：《新編中國哲學史》，廣西師範大學出版社，2005 年版，第 184 頁。

認識論和放任、寬容的政治哲學思想。其政治論、人生論，皆以道論爲其本體論，而實爲德論之進一步延伸。政治論以損刑罰、減政令、泯滅差別、遵道任民自主爲宗旨，以富民弱智、安土厭遷爲策略，反對社會的商品交往，反對戰爭，尤其反對歌頌戰爭的勝利，體現了博大的尊生情懷。人生論以清心寡欲、無名自守爲核心，重個體生命和自然而健康的日常生活，反對追逐名利地位而喪身失性。其辯證法思想大抵揭示了事物變化發展的道理，事物內部包含有陰陽對立的因素，並告誡人們要善於從事物相反的一面入手，去獲得所要追求的正面價值。」〔註42〕楊國榮《中國哲學史》曰：「從總體上看，以道爲總綱，通過終極之道與人的存在、道與德、道法自然、爲學與爲道等問題的論論析，《老子》一書展示了深層的哲學思考。」〔註43〕

【文本校讎】

　　陳鼓應的《老子今注今譯》、劉笑敢的《老子古今》（五種對勘與評析引論）、丁四新的《郭店楚竹書〈老子〉校注》，均是《老子》文本校勘方面的力作。

【出土文獻】

　　《老子》之出土文獻有戰國中期郭店楚簡本《老子》甲、乙、丙三種，見《郭店楚墓竹簡》（文物出版社，2005 年版），分圖版、釋文注釋兩類。甲本有簡三十九枚，包括今本《老子》之十九章、六十六章、四十六章中段和下段、三十章上段和中段、十五章、六十四章下段、三十七章、六十三章、二章、三十二章，二十五章、五章中段，十六章上段，六十四章上段、五十六章、五十七章，五十五章、四十四章、四十章、九章。乙本有簡十八枚，包括今本之五十九章、四十八章上段、二十章上段、十三章，四十一章，五十二章中段、四十五章、五十四章。丙組有簡十四枚，包括今本之十七章、十八章，三十五章、三十一章中段和下段，六十四章下段。三本所存，約占今本《老子》之五分之二，章序、文字均有差異。又有西漢早期馬王堆帛書本《老子》甲、乙二種，見《馬王堆漢墓帛書》（文物出版社，1980 年版），分圖版、釋文兩類。甲本共一百六十九行（其中第 44、45 已完全殘失），每行三十二字左右，共五千四百字上下。乙本共七十八行，每行七十字左右，

〔註42〕 郭齊勇、吳根友：《諸子學通論》，商務印書館，2015 年版，第 148〜149 頁。
〔註43〕 楊國榮：《中國哲學史》，中國人民大學出版社，2012 年版，第 39 頁。

共五千四百六十七字。張舜徽（1911～1992）《漢書藝文志通釋》卷三曰：「《道藏》宋謝守灝《混元聖紀》引《七略》云：『劉向讎校中《老子》書二篇，太史書一篇，臣向書二篇，凡中外書五篇，一百四十二章。除複重三篇六十二章，定著八十二章。上經第一，三十七章；下經第二，四十四章。』可知今本《老子》兩篇之敘次及章數，自漢以來然矣。顧自一九七三年十二月，帛書《老子》甲乙本出土於長沙漢墓，兩千餘年前舊寫本復見今日。其敘次則與今本相反，而是〈德經〉在前，〈道經〉在後。適與《韓非子》〈解老〉、〈喻老〉二篇證說老子之文，先〈德〉而後〈道〉，敘次相合，斯固《老子》一書之原貌也。且甲乙本帛書皆不分章，後世分章，皆出於注家所爲耳。」

又有北京大學所藏西漢晚期簡本《老子》，見《北京大學藏西漢竹書（貳）》（上海古籍出版社，2012 年版），分圖版、釋文注釋兩類。有簡 218 枚，5300多字，有《老子上經》、《老子下經》篇題，較爲完整。今按：2013 年 2 月，北京大學出土文獻研究所編《北京大學藏西漢竹書〔貳〕》（即北大《老子》卷），由上海古籍出版社正式出版發行。首發式上，北大《老子》不僅被稱作「迄今保存最爲完整的簡帛《老子》古本」，而且被譽作「完整而精善的《老子》古本」，爲《老子》研究「提供了寶貴資料」（見《光明日報》2013 年 2 月 25 日第 7 版等）。2013 年 4 月，第四批《國家珍貴古籍名錄》公佈，北大《老子》赫然名列其中。同年 10 月，北京大學主辦「簡帛《老子》與道家思想」國際研討會，邀集海內外部分知名學者，研討北大《老子》的學術價值。12 月，《道家文化研究》（第 27 輯）編輯出版北大《老子》研究專欄。至此，北大《老子》作爲眞實可信的珍貴善本古籍，得到了有關部門與學界名流的權威背書，而北大《老子》的眞偽問題，似乎根本不曾存在。但邢文教授認爲，在已經公佈的北大《老子》材料中，有確鑿證據表明：北大《老子》不僅是今人僞造、書法拙劣的漢簡贗品，而且整理者在整理、發表材料的過程中，對整理時發現的僞簡特徵，有意識地作有技術調整，蓄意誤導讀者，涉嫌二次作僞。〔註44〕

《老子傅氏經說》三十七篇。述老子學。

【存佚著錄】

今亡佚。《隋書·經籍志》、《舊唐書·經籍志》、《新唐書·藝文志》皆不

〔註44〕詳見《光明日報》2016 年 8 月 8 日。

著錄，早已亡佚。顧實（1878～1956）《漢書藝文志講疏》三〈諸子略〉曰：「《傅氏說》亡。今《老子經》不詳何本。牟融曰：『吾覽佛經之要有三十七品，老氏《道經》亦三十七篇。』（《理惑論》）則東漢之末，《傅氏經》猶存也。或云：『即今《老子》上經三十七章。』（孫詒讓《札迻》）然章篇不侔，蓋非也。」

《老子徐氏經說》六篇。字少季，臨淮人，傳《老子》。

【存佚著錄】

《隋書·經籍志》、《舊唐書·經籍志》、《新唐書·藝文志》皆不著錄，早已亡佚。清姚振宗（1842～1906）《漢書藝文志條理》卷二曰：「本書《外戚傳》：『竇太后好黃老言，景帝及諸竇不得不讀《老子》，尊其術。』是當文、景、武帝之初，黃老之學最盛。此鄰氏、傅氏、徐氏三家，當在其時，蓋蓋公之後、劉向之前有此三家之學，《釋文》及《隋志》皆不著錄。」陳朝爵（1876～1939）《漢書藝文志約說》卷二曰：「顧實於《老子鄰氏經傳》、《傅氏經說》、《徐氏經說》三種，皆著『殘』字，又自注曰鄰、傅、徐說亡，是『亡』而誤爲『殘』也。馬國翰輯道家十七種，三書並無一字。」

劉向《說老子》四篇。

【存佚著錄】

《隋書·經籍志》、《舊唐書·經籍志》、《新唐書·藝文志》皆不著錄，早已亡佚。

【真偽考辨】

梁啟超（1873～1929）《漢書藝文志諸子略考釋》曰：「〈志〉不著錄《老子》本書，而僅錄其傳說四家，殊不可解。四家今皆佚，而〈隋志〉有河上公注《老子》，今存。本志卻無之，可證其僞。」〔註45〕張舜徽（1911～1992）《漢書藝文志通釋》卷三曰：「〈志〉著錄《老子鄰氏經傳》四篇，實包《老

〔註45〕梁啟超的辨僞公例不足爲據，此處證明河上公注《老子》之僞，似亦過於簡單。

子》本書在內。明其中有經二篇、傳二篇，故爲四篇也。班志藝文時，蓋未見《老子》經文單行之本，故合《鄰氏經傳》以著錄之耳。河上公，乃漢文帝時人。史稱其深於老子之學，不必曾注書。後世有河上公注本，乃好事者所依託。唐玄宗開元七年，詔令儒官詳定注《老》諸家得失，劉知幾即議河上公注之僞。且言王弼所注義旨爲優（見《唐會要》）。故自唐以下，王注盛行，而河上注黜矣。」

【學術源流】

南宋董思靖《道德經集解・序說》曰：「《老子》，劉向定著二篇八十一章，上經三十四章，下經四十七章。葛洪等又加損益，乃云天以四時成，故上經四九三十六章；地以五行成，故下經五九四十五章，通應九九之數。而從此分章，遂失中壘舊制矣。」清梁章鉅（1775～1849）《退庵隨筆》卷十七曰：「唐玄宗《御注道德經》分『老子道經卷上』、『德經卷下』，陸放翁題跋云：晁以道謂王輔嗣本《老子》曰：『《道德經》不析乎道德而上下之，猶近於古，今此本已久離析。』然則在宋時已失輔嗣定本矣。」顧實（1878～1956）《漢書藝文志講疏》三〈諸子略〉曰：「今《說苑》、《新序》有述老子語，當即其說。」葉長青（1902～1948）《漢書藝文志問答》：「問：『劉向儒家也，而說《老子》，何故？』答：『《荀子》曰：「人心之危，道心之微。」荀子，儒家也，亦引《道經》。夫道本天下所共由。道，道；儒，亦道，也。當時儒、道之限未嚴，故儒家得以稱引劉向之說，《老子》亦猶是也。劉勰曰：「鬻爲文友，李實孔師。聖賢並世，而經子異流。」蓋講子之分，由於道術之裂，往而不返，亦足悲矣。』張舜徽（1911～1992）《漢書藝文志通釋》卷三曰：「西漢諸儒，深通老子之學者，劉向自是不廢大家。蓋其父德，史稱其少修黃老術，有智略。然則向精於道論之要，亦寅承其家學耳。觀向所爲《列子敘錄》有云：『道家者，秉要執本，清虛無爲。及其持身接物，務崇不競，合於六經。』此與〈漢志〉所云：『道家者流，蓋出於史官。歷記成敗、存亡、禍福、古今之道，然後知秉要執本，清虛以自守，卑弱以自持，此君人南面之術也。合於堯之克攘，《易》之嗛嗛。一謙而四益，此其所長也。』語意全同，其必同出向手無疑。蓋《漢志》以《七略》爲底本，而《七略》之文，多存向之緒論，故二者密合無間如此。向於道家之學，可謂得其本柢矣。向所爲《說苑》二十篇，以〈君道〉冠首。開宗明義，即假晉平公與師曠問答之辭，以明人君清靜無爲之意。而他篇相互發明者，尤爲繁夥，綜其所論，連於致治

之源，直入老聃之室。惜其所撰《說老子》四篇，著錄於《漢志》而早亡，莫由盡窺其蘊奧耳。」

《文子》九篇。老子弟子，與孔子並時，而稱周平王問，似依託者也。

【存佚著錄】

今存《文子》十二篇，又稱《通玄真經》，其篇目依次為：〈道原〉、〈精誠〉、〈九守〉、〈符言〉、〈道德〉、〈上德〉、〈微明〉、〈自然〉、〈下德〉、〈上仁〉、〈上義〉、〈上禮〉。《隋書·經籍志》、《舊唐書·經籍志》、《新唐書·藝文志》、《宋史·藝文志》皆著錄「《文子》十二卷」。

【作者情況】

《漢書·古今人表》列文子於第五等中中。清梁玉繩（1744～1819）《人表考》曰：「文子始見《文子》書。唐天寶元年號為通玄真人，元至元三年加封通玄光暢升元敏秀真君。案：文子不傳其名字，本書〈藝文志〉但云老子弟子，《通考》二百十一載魏李暹、唐徐靈府《文子注》，謂即辛文子計然，非也。〈志〉又云：『文子與孔子同時，而稱周平王問，似依託者。』然則〈表〉何以列文子在幽、平之間乎？宜敘於老子後方合。《困學紀聞》十辨文子非周平王時人。宋晁公武《郡齋讀書志》言：三代之書，經秦火，錯亂類如此，是皆仍〈藝文志〉之誤。檢《文子·道德》篇平王問一條，無『周』字，末云寡人敬聞命，其非周王甚審。《通考》引《周氏涉筆》以為楚平王，極確。（〈士仁〉篇有王良，更足驗為楚平王時人。）班氏所見之《文子》，或是誤本，遂疑《文子》書有依託，而於此表仍列周平時，蓋疑以傳疑之意也。」江瑔（1888～1917）《讀子卮言》第十三章〈論文子即文種〉：「道家之學，老子而外，以文子為最盛，莊子非其敵也。秦、漢以前，不稱『黃、老』則稱『老、文』，無有稱『老、莊』者。『老、文』之稱比之於『孔、顏』，故王充《論衡·自然篇》曰：『以孔子為君、顏淵為臣，尚不能譴告，況以老子為君、文子為臣乎？老子、文子，似天地者也。』以『老、文』比天地，且加乎『孔、顏』之上，其尊崇之也若此，則其學之盛亦可想見。而《淮南子》內外篇多道家言，尤喜援引《文子》，增損其詞，其多不可悉數。想其時《文子》一書為人人所必習。魏、晉以後，莊氏頓盛，於是不稱『老、文』而稱『老、莊』。然唐代猶以老、文、莊、列並重，俱尊之曰『真經』，是尚未甚衰也。自唐中葉以後，文子遂衰。柳宗元，文士不學，斥之為『駁

書』。自是學者益束其書而不觀，無人談及之者。歷宋、元、明，不絕如線。今幸《道藏》中尚存原書，得以再顯於世。考其所言，蓋得老子之正傳者也。惟《文子》中經衰絕，學者闕而弗習，其姓氏名字及爲何國何時人，均言人人殊，未足以爲據。《漢書·藝文志》道家於《老子》後有《文子》九篇，班固自注曰：『老子弟子，與孔子同時，而稱周平王語，似依託。』則以文子爲春秋時人。《道藏》中又有徐靈府本，靈府以書有周平王問答語，直以文子爲周平王時人，又與班氏之說異。李暹曰：『文子姓辛，葵丘濮上人，號曰計然，范蠡師事之。』……文子爲道家之學，道家所貴在於抱樸而守眞，黜文而崇質，則更無號曰文子之理。於後例既不合，必合於前例，然則文子之文必爲姓無疑矣。《唐志》既錄《文子》於農家，別有計然，孫星衍謂計然別爲一人，其說甚通。惟孫氏之意，疑古之計然有二人，而余之意則疑文子與計然亦並非一人也。《史記》敘計然，皆詳其貨殖之事，而不涉於道家。班固〈賓戲〉云『研桑心計於無恨』，以之比桑弘，似皆與道家之文子無涉。《漢志》錄《文子》，亦不言其即計然，則文子與計然斷非一人矣。……老、文之學，漢時最盛，班氏生於漢代，當必知其詳。且於鬻子、管子、老子、蜎子、關尹子、莊子諸人，皆爲注以舉其名，倘文子名計然，必當言之，今乃無一言及此，則文子非計然，班氏固知之矣。然班氏謂《文子》『似依託』，若以《文子》爲不足信者，何耶？曰：非也。班氏固深信《文子》者也，觀其既曰『老子弟子』；又曰『與孔子同時』，絕無遊豫之詞，可以想見。至其曰『稱周平王語，似依託者』，蓋謂文子生不與周平王同時，而書中稱之，乃詫爲問答之詞，《莊》、《列》諸家素多此體，非謂其書由後人僞託也，『班氏生於《文子》盛行之漢代，既信之最深，斯知之最詳，則其云文子與孔子同時』，當必可信。惟不言其爲何國人，致令後起之說紛挐莫定，斯爲讀史者之大憾。然李暹謂葵丘濮上人，絕無根據，無俟置辯。裴駰謂其先爲晉國公子，亦爲揣測之詞，其意蓋謂稱曰文子，當爲晉文公之後，未知究有所本否？果如其說，是以王父諡爲氏，則文子之文當爲姓，而非字，不能又云姓辛，以矛陷盾，其說亦不足以自完矣。至若徐靈府以爲周平王時人，則爲班氏所誤。班氏以《文子》書中有周平王語，而以詫爲問答釋之，靈府誤會班氏之舊，遂直以爲周平王時人，靈府固誤，而班氏亦誤。今考《文子》原書所稱平王，並無周字，何以知其爲周平王？班氏誤讀《文子》書，疑爲周之之平王，靈府爲注，竟緣班氏之誤，更無所考，而不知所謂平王者，實楚之平王也。蓋文子姓文，故稱文子，其初生於楚而官於楚，其後仕於越而死於越。杜道堅謂爲楚人，

就其初言之；孟康謂爲越臣，就其後言之，此余所以謂即越之大夫種也。」

【辨僞源流】

　　關於《文子》一書的眞僞問題，歷史上大抵有三種意見：其一是僞書說，代表人物是宋代黃震，清代陶方琦、錢熙祚，近代姚振宗、章太炎、梁啓超。宋黃震（1213～1280）《黃氏日鈔》卷五十五「文子」條曰：「文子者，云周平王時辛銒之字，即范蠡之師計然，嘗師老子，而作此書。其爲之注與序者，唐人默希子，而號其書曰《通玄眞經》，然僞書爾。孔子後於周平王幾百年，及見老子，安有生於平王之時，老先能帥老子耶？范蠡戰國人，又安得尙師平王時之文子耶？此僞一也。老子所談者清虛，而計然之所事者財利，此僞二也。其書述皇王帝霸，而霸乃伯字，後世轉聲爲霸耳。平王時未有霸之名，此僞三也。相坐之法，咸爵之令，皆秦之事，而書以爲老子之言，此僞四也。僞爲之者，殆即所謂默希子，而乃自匿其姓名歟？」清陶方琦（1845～1884）《漢孳室文鈔》卷二〈文子非古書說〉曰：「《文子》非古書。今屬於雜家之《文子》，與《漢志》屬道家之《文子》不同。《文子》雖冠以『老子曰』，中間有『故曰』，實引《淮南》作爲老子之語。又《淮南》作爲戰國時人問答者，《文子》亦作爲《老子》之語。詳細考之，《文子》首章之〈道原〉，即《淮南》之〈原道〉；〈精誠〉即〈精神〉；〈上德〉即〈說林〉；〈上義〉即〈兵略〉；實相一致。而割裂矛盾之跡顯然。」章太炎（1869～1936）《菿漢微言》云：「今之《文子》，半襲《淮南》，所引《老子》亦多怪異，其爲依託甚明。據《文選》〈奏彈曹景宗〉、〈天監三年策秀才文〉注並引《文子》張湛說，今本疑即張湛僞造，與《列子》同出一手。」梁啓超（1873～1929）《漢書藝文志諸子略考釋》曰：「此書自班氏已疑其依託，今本蓋並非班舊，實僞中出僞也，其中大半勦《淮南子》。」孫德謙（1869～1935）《漢志藝文略・僞造略》曰：「自漢以來，書之假託者夥矣。《易》之子夏《傳》，張弧作也；關朗《傳》，阮逸作也。《書》則安國《書傳》，出於晉之梅頤。《詩》則申培《詩說》，造於明之豐坊。向序《子華》，多用《字說》。郭注《穆傳》，半襲《山經》。黃石《素書》，實商英之自撰，王通《文中》，即阮氏之僞爲。凡若此者，幾更僕難終矣。乃不謂《漢志》所列，已有是弊。幸班能明其依託，後人尙得辨別眞僞也。」顧實（1878～1956）《漢書藝文志講疏》三〈諸子略〉曰：「豈《七略》本亡，而十二卷僞本行耶？」蔣伯潛（1892～1956）《諸子通考・諸子著述考・道家之書四・文子考》：「其書當亦戰國時好事者所編造。至於今

存之本，則文原書亡後，六朝人偽撰，故更駁雜不足觀耳。……故今存之《文子》，雖未能考定其偽造之人為誰，其為偽造書已無可疑。江瑔乃以為文種所著，且推崇之以比《老子》，誤矣。」〔註46〕劉咸炘（1896～1932）《子疏》定本卷上〈老徒裔第三〉：「漢世多以《老子》、《文子》並稱，而今書十二篇，非《七略》之舊，柳宗元首疑為駁書，謂其渾而類者少，竊取他書以合之者多，凡孟子輩數家，皆見剽竊。其意緒文詞，查牙相抵而不合，不知人之增益之歟？或者眾為聚斂以成其書歟？馬驌、沈欽韓則信為真，謂為《淮南》所襲取。陶方琦謂是魏、晉以後人勒《淮南書》而成，舉五可疑，章首多冠《老子》語，不應章末引《道德經》語，復加故曰。且所引《道德經》語皆不外《淮南》所援，又用《淮南》文顛倒割裂，自相矛盾。《淮南》〈道應〉篇多先引舊事，末係老言，此悉刪舊事，並傳為老語。又文子既與孔子同時，而〈自然〉篇言孔、墨，〈精誠〉篇引六國地名，要之全取材於《淮南》，中不無《文子》舊說，然依傳成書，則《淮南》異詞者第十之一。況《淮南書》採群籍，斷不盡出《文子》。西漢時《文子》書具在，而子政、孟堅皆不言《淮南》出此。按：此辨最明。今人章炳麟謂是張湛所偽造，與《列子》同，此則無以定之。若李暹謂計然受業老子，錄其遺言，則大謬也。其稱周平王問文子與《漢志》合者僅一條，餘稱文子曰者少，稱老子曰者最多，皆《淮南》衍說老語者也。其義多純正，詳於仁義，無權詐之說，以自然為順性守義，以無為為正己，以下仁義為不外飾仁義，皆不偏放。亦偶見放辭，故柳以為相牴，然純美者多，可見道、儒二家相同之處。陳澧乃謂以仁義禮申老為遁辭，又謂文子子夏弟子，故依違二者之間，謬也。漢世多言黃、老，少言老、莊，蓋不宗莊周，可知其時老學之不放。漢世黃老學甚盛，而大旨全具於《淮南書》，其專說《老子》者又具此，故雖偽本，亦錄而論之。」

其二是非全偽說（即駁書說），代表人物是唐代柳宗元、明代胡應麟、清代姚際恒以及近人羅焌、陳朝爵、張舜徽。唐柳宗元（773～819）《柳河東集》卷四〈辨文子〉曰：「其辭時有若可取，其指意皆本《老子》。然考其書，蓋駁書也。其渾而類者少，其竊他書以合之者多。凡《孟子》等數家，皆見剽竊，嶢然而出其類；其意緒文辭又互相牴牾而不合。不知人之增益之歟？或者眾為聚斂以成其書歟？」元馬端臨（1254～1323）《文獻通考》引《周氏涉筆》曰：「《文子》一書，誠如柳子厚所云駁書也。然不獨其文聚斂而成，亦

〔註46〕 蔣伯潛：《諸子通考》，上海古籍出版社，2013 年版，第 321～322 頁。

黃、老、名、法、儒、墨諸家，各以其說入之，氣脈皆不相應。」明胡應麟
（1551～1602）《四部正訛中》曰：「余以柳謂駁書是也，黃謂徐靈府撰，則
失於深考。……余以不直文子非計然，即計然名文子吾敢信也。《漢志》惟兵
家有《范子》二篇，而農、雜、道家並亡，稱計然者，今《意林》所錄乃陰
陽曆數之書，必魏、晉處士因班傳依託爲此，其姓名率烏有類，惡足據哉？」
清陳澧（1810～1882）《東塾讀書記》曰：「老子云：『失道而后德，失德而後
仁，失仁而後義，失義而後禮。夫禮者，忠信之薄而亂之首。』文子述老子
之言則云：『德者民之所貴也，仁者民之所懷也，義者民之所畏也，禮者民之
所敬也。此四者，文之順也，聖人之所以御萬物也。君子無德則下怨，無仁
則下爭，無義則下暴，無禮則下亂。四經不立，謂之無道，無道不亡者，未
之有也。』此非老子之言也。老子之徒，知仁、義、禮之不可無，而爲是言
耳。然又恐背老子之旨，故又云：『深行之謂之道德，淺行之謂之仁義，薄行
之謂之禮智。』此所謂遁辭也。」羅焌（1874～1932）《諸子學述》曰：「據
周、陳二氏之說，則今所傳之《文子》十二篇，當係隋、唐間雜家者流所纂
輯，決非老子弟子文子之原書也。」〔註47〕陳朝爵（1876～1939）《漢書藝文
志約說》卷二引李大防曰：「《文子》乃魏、晉人掇拾諸子爲之者，柳子厚已
辨之。然其書亦往往有精義，不能概指爲僞作。」張舜徽（1911～1992）《漢
書藝文志通釋》卷三曰：「此蓋漢人雜抄道家之言以爲一編，欲以疏釋《老子》
者。雜而不醇，故柳宗元直斥之爲駁書也。自後世尊之爲《通玄眞經》，始成
爲道觀之祕笈，而儒者罕習。宋季當塗杜道堅撰《文子纘義》十二卷，暢發
其旨，道堅亦道士也。」

　　其三是眞書說，代表人物是清代孫星衍、沈欽韓。清孫星衍（1753～1818）
《問字堂集》卷四〈文子序〉曰：「今《文子》十二卷，實《七錄》舊本。班
固《藝文志》稱九篇者，疑古以〈上仁〉、〈上義〉、〈上禮〉三篇爲一篇，以
配〈下德〉耳。〈藝文志〉注……蓋謂文子生不與周平王同時，而書中稱之，
乃託爲問答，非謂其書由後人僞託。宋人誤會其言，遂疑此書出於後世也。」
清沈欽韓（1775～1831）《漢書藝文志疏證》卷二曰：「書爲《淮南》襲取殆
盡，《莊》、《列》亦時與之同。十二篇並引老子之言而推衍之。」

　　今按：依1973年河北定縣40號漢墓出土的殘簡來看，《文子》一書並非
僞書，是《淮南子》抄襲《文子》一書而非相反。《文子》書在韓非子之前或

同時就存在，乃先秦古籍，《韓非子・內儲說上》云：「賞譽薄而漫者下不用，賞譽厚而信者下輕死。其說在《文子》，稱若獸鹿。」其中有漢初人語，或北魏李暹輩所增。張岱年認爲是漢初作品，參見張岱年：《試談〈文子〉的年代與思想》，見《道家文化研究》第五輯，上海古籍出版社，1994 年版。

【校讎源流】

王叔岷（1914～2008）《文子斠證序》曰：「今聽見最早之本，有敦煌唐寫本，惜僅存《道德》篇百五十六行；蔣鳳藻《鐵華館叢書》有景宋本徐靈府注十二卷，靈府號默希子，惟與《道藏》本默希子注十二卷勘驗，《道藏》本實優於景宋本（景宋本有極繁之錯簡）。因據《道藏》本參覈群籍，成《斠證》一卷云。」〔註48〕

【學術源流】

元馬端臨（1254～1323）《文獻通考》卷二百十一〈經籍考〉三十八曰：「《周氏涉筆》曰：《文子》一書，誠如柳子厚所云駁書也。然不獨其文聚斂而成，亦黃、老、名、法、儒、墨諸家各以其說入之，氣脈皆不相應。其稱平王者，往往是楚平王。序者以爲周平王時人，非也。」明沈堯中《沈氏學弢》卷十三：「《文子》九篇，元魏李暹、唐徐靈府注，俱十二篇。暹謂文子姓辛名鈃，葵丘濮上人，其辭一本老氏，蓋《道德經》之義疏，又雜以名、法、儒、墨諸家，故柳子厚以爲駁書，後人眾斂而成，其或然歟？」明胡應麟（1551～1602）《四部正訛》曰：「柳宗元以爲駁書，而黃東發直以爲注者唐人徐靈府所撰。余以爲柳謂駁書是也；黃謂徐靈府撰，則失於深考。……惟中有漢後字面，而篇數屢增，則或李暹輩潤益於散亂之後歟？」清孫星衍（1753～1818）《問字堂集》卷四〈文子序〉曰：「《文子》書既稱黃帝之言、神農之教，則其學有本。孔子聖人，禮傳多稱聞諸老聃。漢庭諸儒，賈生而已，其稱『日中必㸞』及〈鵩鳥賦〉多用黃老之書，是道家之學通於儒術者矣。」清方濬頤（1815～1889）《二知軒文存》卷十三〈讀文子〉曰：「計然爲老聃之徒。其論精神意氣，得養生之道；其論義禮貴和，得處世之道；其論應事行己，得治心之道；其論仁義而參以世權，得知人全身之道；其論御相而譏其受制，得以佚代勞之道。所言雖雜，入於名、法、儒、墨諸家，而大旨則以清靜無爲爲主。文亦脩飾簡潔，脈絡分明，《淮南》本之，後儒多採書中之語，可謂善學其師，而能自成一家者已。」王錦民《古

〔註48〕 王叔岷《諸子斠證》所撰各序言簡意賅，確爲斫輪老手。

學經子》曰：「定縣漢中山王墓出土了簡本《文子》，可知《文子》至遲出於漢初。簡本《文子》中文子答平王問，並未確指是『周平王』，孫星衍《文子序》說當是楚平王，楚平王在位始於公元前五百二十八年，終於公元前五百一十六年；正與孔子同時。在《文子》一書中，頗多『道德』、『精神』等複合詞，並論及王霸問題，可知其書之作成時間不會早於戰國末期。粗略言之，老子後學有文子一脈與庚桑楚一脈，文子一脈秉承老子之道論，又將之演化成王霸之術，《淮南子》嘗引取其說；而庚桑楚一脈亦承老子之學，但尚道隱出世，化生出莊子之學。」〔註49〕

【學術大旨】

　　文子的政治思想可簡括為四條基本原則：一是執政者要「天人皆知」；二是執政者要內存「精誠」，以利天下；三是執政者要「因民情、性、材、智」，而勿擅其利，奮其私智；四是要依法治國，賞不遺下，罰不避貴。其辯證法思想，十分重視「時論」與「條件論」，認為「得在時，不在爭」，聖人要「應時權變」，「隨時舉事」。要把矛盾轉化的普遍性與特殊性區分開來，土能勝水，水能勝火，然一掬土不能塞江河，三杯水不足以救輿薪。無魚無鳥，要創造條件獲得魚鳥，通谷以致魚，樹木以來鳥。〔註50〕其書思想駁雜，語多重複之處。然其要乃據道以論政治，兼及辯證法、人生論、人性論。其仁、義、禮、法之論，亦以道家思想為內容，徒借仁、義、禮、法之名而已，書中多有莊子及其後學之言，蓋為其弟子或再傳弟子中靠近莊學一派的言論集，依託文子編纂而成。〔註51〕

【出土文獻】

　　與《文子》有關之出土文獻有河北定縣八角廊漢簡本《文子》，見《定州西漢中山懷王墓竹簡〈文子〉釋文》（見《文物》1995 年第 12 期），有簡 277 枚，約存 2790 字，無篇題，其中 87 枚屬於今本中《道德》文字，1000 餘字，另有少量文字與〈道原〉、〈精誠〉、〈微明〉、〈自然〉相似，以及佚文。今按：八角廊漢簡本《文子》的出土，證明在西漢時期《文子》已在社會上傳播，今傳世本《文子》不偽，但也並非古本《文子》之原貌，曾經後人竄改。又

〔註49〕 王錦民：《古學經子》，華夏出版社，2008 年版，第 316 頁。
〔註50〕 郭齊勇、吳根友：《諸子學通論》，商務印書館，2015 年版，第 144 頁。
〔註51〕 郭齊勇、吳根友：《諸子學通論》，商務印書館，2015 年版，第 182 頁。

有敦煌本《文子》（P3768），王重民《敦煌古籍敍錄》曰：「此卷子本僅存《道德》第五，共百五十六行，爲天寶十載所寫。持校今書，凡《淮南》、《呂覽》舊文，原書未誤而《文子》誤者，此卷猶多未誤，則顧氏所勘驗者，爲尤有徵矣。……唯書中『則』字，卷子本均作『即』，蓋以古同聲故。」

《蜎子》十三篇。名淵，楚人，老子弟子。（師古曰：「蜎，姓也，音一元反。」）

【存佚著錄】

今亡佚。《隋書‧經籍志》、《舊唐書‧經籍志》、《新唐書‧藝文志》皆不著錄，早已亡佚。張舜徽（1911～1992）《漢書藝文志通釋》卷三曰：「史言『著上下篇』，著之言猶注也，謂爲《老子》上下篇解說，使其義著明也。其解說之文有十三篇，故《漢志》如實以著錄之。」

【作者情況】

《史記‧田敬仲完世家》曰：「（齊）宣王喜文學遊說之士，自如騶衍、淳于髡、田駢、接子、愼到、環淵之徒七十六人，皆賜列第，爲上大夫，不治而議論。是以齊稷下學士復盛，且數百千人。」《史記‧孟子荀卿列傳》曰：「自騶衍與齊之稷下先生，如淳于髡、愼到、環淵、接子、田駢、騶奭之徒，各著書言治亂之事，以干世主，豈可勝道哉！淳于髡，齊人也。博聞強記，學無所主。……愼到，趙人。田駢、接子，齊人。環淵，楚人。皆學黃老道德之術，因發明序其指意。故愼到著十二論，環淵著上下篇，而田駢、接子皆有所論焉。」《史記正義》曰：「楚人。《孟子傳》云：『環淵著書上下篇也。』」東漢應劭《風俗通‧姓氏篇》曰：「環氏出楚環列之尹，後以爲氏。楚有賢者環淵，著書上下篇。」《漢書‧古今人表》列蜎子於第六等中下。清梁玉繩《人表考》曰：「蜎子亦見本書〈藝文志〉，即楚人環淵，老子弟子，蜎姓。案班氏本劉歆《七略》，以淵爲老子弟子，故置魯昭公世。然史稱淵在稷下先生之列，當齊宣王時，未知孰信。又《淮南‧原道》有娟嬛，《文選‧七發》作便蜎，李善注引《淮南》作蜎嬛，引《宋玉集》作玄淵，謂與蜎子是一人。考高誘云：『蜎嬛，古善釣人名，故同詹何並舉。』善以爲一人，恐誤。」又唐李善（630～689）《文選注》引劉歆《七略》曰：「蜎子，

名淵，楚人也。」宋王應麟（1223～1296）《漢藝文志考證》卷六曰：「《史記》『環淵，楚人，學黃老道德之術，著上下篇』，《索隱》、《正義》皆無注。今案《文選》枚乘《七發》『便蜎、詹何之倫』，注云：『《淮南子》雖有鈎鍼芳餌，加以詹何、蜎蠉之數，猶不能與罔罟爭得也，宋玉與登徒子偕受鈎於玄淵，《七略》：蜎子，名淵。三文雖殊，其人一也。』」陳朝爵（1876～1939）《漢書藝文志約說》卷二釋之曰：「蜎淵、環淵、便蜎、娟蠉、玄淵五名，皆迭韻，故可互通。蜎字本同昌，水中小蟲名，與環爲一字，引申之爲蟲動貌。娟淵之名，義取水蟲。《廣韻》有涓姓。」王仁俊《漢藝文志考證校補》亦云：「環、蜎同音，通假字。」張舜徽（1911～1992）《漢書藝文志通釋》卷三亦曰：「環、蜎古字通。《楚策》范環，《史記・甘茂傳》作范蜎，可證也。《史記・孟軻荀卿列傳》云：『環淵，楚人。學黃老道德之術，著上下篇。』即其人也。」然沈欽韓（1775～1831）《漢書藝文志疏證》卷二對此說曾經有所質疑：「愚謂玄淵似非人名，李善蓋誤。」今按：環淵之所以又被稱作蜎子、蜎蠉、便蜎等，凡名字中帶「蜎」、「娟」、「涓」字者，便是因爲其字所從的「昌」與「環」字的繁體「環」右邊所從之「睘」音近而互相通假。環淵是齊宣王時期遊學於齊稷下學宮的文學之士。他是楚人，但遊學於稷下，「學黃老道德之術」，「以干世主」，著上下篇。而蜎子（蜎淵、蜎蠉、便蜎）、玄淵（涓子）則是另外兩位早於或晚於環氏的楚國道家學者。三人的共同點是他們都屬於戰國時代的道家人物，與先秦道家有密切的關係；但其生活的具體年代各異，不容混淆。〔註 52〕郭沫若（1892～1978）在其《老聃、關尹、環淵》一文中，以爲「關尹即是環淵，關尹、環淵均一聲之轉」。因而《史記・老子列傳》中所謂「老子著上下篇」，其實就是環淵的「上下篇」；因爲環淵是老子弟子，「上下篇」乃「是他所錄的師說」，所以此書實際就是今存老子的「《道德經》上下篇」。而高華平認爲郭沫若之說不能成立，又進而認爲長久亡佚的環淵的「上下篇」，應該就是近年在湖北荊門郭店一號楚墓中出土的簡書《性自命出》。〔註53〕王錦民《古學經子》曰：「我以爲關於蜎淵其人，當以班固、高誘說爲是。」〔註 54〕

〔註 52〕 高華平：《先秦諸子與楚國諸子學》，北京師範大學版社，2016 年，第 91～92 頁。
〔註 53〕 高華平：《先秦諸子與楚國諸子學》，北京師範大學版社，2016 年版，第 97～98 頁。
〔註 54〕 王錦民：《古學經子》，華夏出版社，2008 年版，第 316 頁。

【出土文獻】

饒宗頤（1917～）《涓子〈琴心〉考——由郭店雅琴談老子門人的琴書》曰：「劉向《七略》及《漢書·藝文志》告訴我們，著書有十三篇的環淵是楚人，為老子弟子，其說必有根據。他後來到齊國稷下，又隱釣於菏澤，故被目為齊人。」〔註55〕

《關尹子》九篇。名喜，為關吏，老子過關，喜去吏而從之。

【存佚著錄】

今存，或題《文始真經》。劉向《關尹子敘錄》云：「所校中秘書《關尹子》九篇，臣向校讎，太常存七篇，臣向本九篇。臣向輒除錯不可考、增闕斷續者九篇，成，皆殺青，可繕寫。……篇皆寓名，有章，章首皆『關尹子曰』四字。篇篇敘異，章章義異，其旨同，辭與《老》、《列》、《莊》異，其歸同。渾質崖戾，汪洋大肆，然有式則，使人冷冷輕輕，不使人狂。蓋公授曹相國參，曹相國薨，書葬。至孝武皇帝時，有方士來，以七篇上，上以仙處之。淮南王安好道聚書，有此不出。臣向父德因治淮南王事得之，臣向幼好焉。寂士清人，能重愛黃老清靜，不可闕。」〔註56〕其九篇篇目為：〈一宇〉、〈二柱〉、〈三極〉、〈四符〉、〈五鑒〉、〈六七〉、〈七釜〉、〈八籌〉、〈九藥〉。然《隋書·經籍志》、《舊唐書·經籍志》、《新唐書·藝文志》等均不著錄，宋陳振孫（1179～1262）《直齋書錄解題》、《宋史·藝文志》著錄「《關尹子》九卷」。《四庫全書總目》著錄「《關尹子》一卷」。陳朝爵（1876～1939）《漢書藝文志約說》卷二引李大防曰：「其精語『在已無居，形物自著』十一句，已在〈天下〉篇。」

【作者情況】

劉向《列仙傳》云：「關令尹喜者，周大夫也。善內學星宿，服精華，隱德行仁，時人莫知。老子西遊，喜先見其氣，知真人當過，候物色而跡之，

〔註55〕原載《中國學術》第一輯，商務印書館，2001年版；又見沈建華：《饒宗頤新出土文獻論證》，上海古籍出版社，2005年版，第161～174頁。饒氏之文廣引各種史料，對蜎子（蜎淵、蜎環、便蜎、娟嬛）、玄淵、涓子事跡均有說，可參閱其文。

〔註56〕嚴可均《全漢文編》曰：「《關尹子敘錄》疑宋人依記。」

果得老子。老子亦知其奇，爲著書。與老子俱至流沙之西，服具勝實，莫知其所終。亦著書九篇，名《關令子》。」陳朝爵（1876～1939）《漢書藝文志約說》卷二曰：「舊說皆以爲關令尹喜。《莊子・天下篇》言『關尹、老聃，古之博大眞人』。姚鼐云：『關尹，古有道者，在列子前。列子又在老子前。』王闓運云：『《莊子》稱板尹在老聃前，別有書。蓋老子前人也。班《志》九篇，《隋》、《唐志》皆不著錄。今所傳本，出於南宋孫定家，疑其僞作。』」劉咸炘（1896～1932）《子疏》定本卷上《老徒裔第三》：「姚鼐據《莊子》、《列子》問於關尹，及〈天下篇〉稱關尹、老聃，謂關尹在列、老前，非從老子之尹喜，以喜當之者，後人之謬說。《列子》引《莊子》關尹之說爲尹喜，乃張湛加入。按：關令尹喜見《史記・老子傳》，著書者即喜，見《漢書・藝文志》注，語本《七略》。劉向親見其書，爲得謬說？莊年輩後列，列後於尹，尹後於老，於年無不合。《莊子》偶先言關尹，不足爲疑。下文前言田駢、愼到，而後又先愼後田，足知先後非定。」

【辨僞源流】

宋陳振孫（1179～1262）《直齋書錄解題》卷九云：「徐藏子禮得之於永嘉孫定，首載劉向校定序篇，末有葛洪後序。未知孫定從何傳授，殆皆依託也。序亦不類向文。」宋黃震（1213～1281）《黃氏日鈔》卷五十五曰：「序以爲關尹喜之書，漢有方士來上，則其僞可知矣。且其文陋弱，其言道皆歸之於無，果無則又安有所謂道，而爲是費辭哉？如曰爲者必敗，執者必失，故聞道於朝，可死於夕，此爲粗可曉者，然與《老子》、《論語》本旨不合，此襲之而不善用者也。」明宋濂《諸子辨》曰：「今所傳者，以〈一宇〉、〈二柱〉、〈三極〉、〈四符〉、〈五鑒〉、〈六七〉、〈七釜〉、〈八籌〉、〈九藥〉爲名，蓋徐藏子禮得於永嘉孫定，未知定又果從何而得也。前有劉向序，稱蓋公授曹參，參薨，書葬。孝武帝時，有方士來上，淮南王安秘而不出。向父德治淮南王事，得之。文既與向不類，事亦無據，疑即定之所爲也。間讀其書，多法釋氏及神仙方技家，而藉吾儒書文之。如『變識爲智』，『一息得道』，『嬰兒蕊女，金樓絳宮，青蛟白虎，寶鼎紅爐』，『誦咒土偶』之類，聃之時無是言也。其爲假託蓋無疑者。」明胡應麟（1551～1602）《少室山房筆叢・四部正訛中》曰：「今所傳云徐藏子禮得於永嘉孫定者，陳振孫疑定所受不知何人，宋景濂以即定撰，皆有理。余則以藏、定二子尙非如阮逸、宋咸輩，實有其人，或俱子墨、烏有未可知也。篇首

劉向序稱『渾質崖戾，汪洋大肆，然有式則，使人冷冷輕輕，不使人狂』等語，蓋晚唐人學昌黎聲口，亡論西京，即東漢至開元，亡有也。至篇中字句體法，全仿釋典成文。如若人有超生死心、厭生死心等語，亡論《莊》、《列》，即《鶡冠》至《亢倉》亡有也。且《隋志》既不載，《新》、《舊唐志》亦夐無聞，而特顯於宋，又頗與齊丘《化書》有相似處，故吾嘗疑五代間方外士掇拾柱下之餘文，傅合竺乾之章旨，以成此書。雖中有絕到之談，似非淺近所辦，第以關尹則萬無斯理。彼藏耶？定耶？眞耶？贋耶？吾何暇辯之哉。」《四庫全書總目》子部道家類〈關尹子提要〉曰：「南宋時徐蕆子禮始得本於永嘉孫定家，前有劉向校定序，後有葛洪序。向序稱蓋公授曹參，參薨，書葬。孝武帝時有方士來上，淮南王秘而不出。向父德治淮南王事得之。其說頗誕。與《漢書》所載得《淮南鴻寶秘書》言作黃金事者不同，疑即假藉此事以附會之。故宋濂《諸子辨》以爲文既與向不類，事亦無據，疑即定之所爲。然定爲南宋人，而《墨莊漫錄》載黃庭堅詩『尋師訪道魚千里』句，已稱用《關尹子》語，則其書未必出於定，或唐、五代間方士解文章者所爲也。……要之，其書雖出於依託，而覈其詞旨，固遠出《天隱》、《無能》諸子上，不可廢也。」《四庫全書簡明目錄》卷十四亦曰：「《漢志》著錄，而《隋》、《唐志》皆不載，知原本久佚。此本出宋人依託。然在僞書之中，頗有理致，有詞采，猶能文者所爲。」清周中孚（1768～1831）《鄭堂讀書記》卷六十九亦曰：「余謂此書在僞書之中頗有理致，有詞采，或唐、五代間方士解文章者所爲也。」梁啓超（1873～1929）《漢書藝文志諸子略考釋》曰：「今存一卷本，僞品也。今本之僞，陳振孫、宋濂及《四庫提要》辨之已詳。文筆頗類唐人所譯佛經，辭理雜勦釋、道皮毛，蓋唐以後作品也。《莊子·天下》篇以關尹與老聃並稱，且名列聃前，似非聃弟子。《呂覽》言：『老聃貴柔，關尹貴清。』其學似亦不與老氏全同也。」顧實（1878～1956）《莊子天下篇講疏》云：「同焉者和，則和光同塵也。得焉者失，則上德不德也，未嘗先人而常隨人，則不敢爲天下先也。《漢志》，《關尹子》九篇亡，今傳者僞書，其眞者蓋僅留此四十四字而已。」蔣伯潛（1892～1956）《諸子通考·諸子著述考·道家之書四·關尹子考》曰：「《史記·老子傳》所載老子過關，爲關尹著書之故事，當出於戰國時《老子》已成書，且已流行之後。關尹名喜，去吏從老子西遊之故事，則由老子過關而增益變化以成；關尹自著《關尹子》之傳

說，則又由老子爲關尹著書而增益變化以成；故《漢志》所錄之《關尹子》，已是秦漢間方士所撰之僞書。僞劉向《敘錄》謂此書由方士上淮南王安。言雖無徵不信，已露蛛絲馬跡矣。是書不見錄於《隋志》，蓋以本無足觀，早已亡佚歟？至於今存之本，則確爲唐五代間方士之所撰，更爲僞中之僞矣。」〔註57〕劉咸炘（1896～1932）《學略·諸子略》曰：「《關尹子》，非眞，而義不淺。」又曰：「諸子中言語往往雜出後代，昔人以此定眞僞，故謂讀子以別僞爲先務。章實齋暢言公之旨，則謂諸子學術授受，其徒附益，本不斤斤識別。此論極通，辯論紛紛，皆可不必矣。其支離悖謬；特主張太過，愼取而已，不必剔除也。」張舜徽（1911～1992）《漢書藝文志通釋》卷三曰：「今本之僞，固眾所周知矣。即著錄於《漢志》之九篇，亦難保其非依託。且『關尹』二字，乃稱其人之職守，而非其姓也。劉向入之《列仙傳》中，又名關令子。彼既爲神仙中人，豈復下筆著書？紀其事最早者，莫如《史記》。但言老子『見周之衰，乃遂去。至關，關令尹喜曰：「子將隱矣，強爲我著書。」於是老子乃著書上下篇，言道德之意，五千餘言而去』。而未嘗言關尹亦著書。況《史記》所云『關令尹喜曰』，乃言關令尹見老子至而心喜悅也。司馬遷以後之人，誤讀《史記》，遽以『喜』爲其名，或直稱之爲『尹喜』，自劉向、劉歆已然，班氏自注，亦沿其誤。他如高誘注《呂覽》，陸氏撰《釋文》，皆謂其人名喜。名之不正，孰甚於此。後世對其人之姓名，不免以訛傳訛，則其人之有無，自難遽加論斷。遑論其著述乎？《漢志》著錄九篇之書，殆秦、漢間人所撰記，託名於關尹耳。」王叔岷（1914～2008）《先秦道法思想講稿》曰：「今傳《關尹子》亦九篇，雜糅儒、道、釋之說，詞凡意誕，可能出於唐、宋之際。……書既出於孫定家，則孫定有所附益，亦未可知。第三《極》篇云：『在己無居，形物自著，其動若水，其靜若鏡，其應若響，芒乎若亡，寂乎若清，同焉者和，得焉者失。未嘗先人，而常隨人。』此抄襲《莊子·天下》篇論關尹道術之文。大抵是書即依託《莊子》此節加以擴充附會而成。（書中抄襲《莊子》者約十六處。）書中有最爲鄙俗晚出之語，如第七《釜》篇所謂『死屍能行，枯木能華，豆中攝鬼，杯中釣魚，畫門可開，土鬼可語』，乃託之先秦關尹子，何其妄邪！」〔註58〕王錦民《古學經子》曰：「高誘所見的九篇，

〔註57〕蔣伯潛：《諸子通考》，上海古籍出版社，2013年版，第323頁。
〔註58〕王叔岷：《先秦道法思想講稿》，中華書局，2007年版，第156頁。

定非關尹之作。這九篇的篇名整齊劃一，不像春秋末、戰國初時的文例，從篇名意指估計或許是秦、漢時方士依託關尹而作。今所見的《關尹子》一卷，更是宋人僞書。」〔註59〕

【學術大旨】

羅焌（1874～1932）《諸子學述》曰：「呂子稱『關尹貴清』，莊子以關尹與老聃並稱爲古之博大眞人，可知關尹之學，全同乎老聃。惜其書久佚，今據莊、列、呂諸家所引述之，亦可窺其大旨矣。」〔註60〕劉咸炘（1896～1932）《子疏》定本卷上〈老徒裔第三〉：「宋濂《諸子辨》謂其書多法釋氏，文頗流於巧刻。譚獻曰：『句意凡謂間有精論，已在唐譯佛經之後。』二說皆當。是書旨多同《列子》，乃以佛理衍《莊》說者。《莊》所引關尹語亦在其中，而與全書不類，然亦依仿其義，所言既多，不盡貴清之本旨矣。」郭齊勇認爲其學術思想大抵以《莊子·天下》記述爲準：「虛己以應物，不先入而常隨人。」〔註61〕

《莊子》五十二篇。名周，宋人。

【存佚著錄】

今存三十三篇。宋晁公武（1105～1180）《郡齋讀書志》卷三曰：「《漢書·志》書本五十二篇，晉向秀、郭象合爲三十三篇，內篇七，外篇十五，雜篇十一。唐世號《南華眞經》。」其篇目依次爲內七篇：〈逍遙遊〉、〈齊物論〉、〈養生主〉、〈人間世〉、〈德充符〉、〈大宗師〉、〈應帝王〉。外十五篇：〈駢拇〉、〈馬蹄〉、〈胠篋〉、〈在宥〉、〈天地〉、〈天道〉、〈天運〉、〈刻意〉、〈繕性〉、〈秋水〉、〈至樂〉、〈達生〉、〈山木〉、〈田子方〉、〈知北遊〉；雜十一篇：〈庚桑楚〉、〈徐无鬼〉、〈則陽〉、〈外物〉、〈寓言〉、〈讓王〉、〈盜跖〉、〈說劍〉、〈漁父〉、〈列禦寇〉、〈天下〉。《隋書·經籍志》、《舊唐書·經籍志》、《新唐書·藝文志》、《宋史·藝文志》、《四庫全書總目》子部道家類皆著錄《莊子》及各家注本，卷次有繁簡。

〔註59〕 王錦民：《古學經子》，華夏出版社，2008年版，第316頁。
〔註60〕 羅焌：《諸子學述》，嶽麓書社，1995年版，第355頁。
〔註61〕 郭齊勇、吳根友：《諸子學通論》，商務印書館，2015年版，第191頁。

【真偽考辨】

馮友蘭（1895～1990）《中國哲學簡史》曰：「現在我們很難斷定《莊子》書中，哪些篇章是莊周本人所著。事實上，《莊子》是一部道家思想彙編。其中，有些篇反映了道家第一階段的思想；有些反映了道家第二階段的思想；有些則反映了道家第三階段的思想。這些反映道家第三階段思想的篇章才稱得上是莊子自己的著作，即便這一部分，也難以斷定其中哪些篇確是莊周本人的手筆，因為雖說莊子的思想代表了道家的第三階段，但莊子思想體系可能是到他的弟子的時代才完成。例如《莊子》書中包含了對公孫龍思想的評論，而公孫龍活動的時代是在莊子之後。」〔註62〕劉咸炘（1896～1932）《子疏》定本卷上〈老徒裔第三〉：「諸子書皆其徒屬所纂集，非自執筆為文。本零條，少完篇。其分篇不過量簡冊以為之，非首尾完整。《莊子》書自〈駢拇〉、〈馬蹄〉、〈胠篋〉、〈刻意〉、〈繕性〉、〈說劍〉、〈漁父〉、〈天下〉八篇外，皆是零條，惟〈達生〉、〈山木〉、〈知北遊〉、〈讓王〉、〈盜跖〉五篇首尾一義，餘皆不然。外、雜諸篇皆取篇首為名，而前篇之末與後篇之首義每相連，正與《荀子》書同。內篇獨以義名篇，〈逍遙遊〉且以篇末語為名，似完整矣，然亦不盡然，如逍遙遊、大瓠、大樹止言大之用，與前半大小各適之義微殊。〈齊物論〉自南郭王慕論莫使之義及因是之義為一長段，道未始有封以下五段，皆各明一義，不相連屬，與外、雜篇同，餘篇皆然。而世之說者昧於古書體例，輒以後世文法強貫說之，誤矣。」王錦民《古學經子》曰：「劉向五十二篇《莊子》，其中多依託之作，已為當時人所知，故注家對於這些依託篇什，以意去取，《經典釋文》云：『其內篇眾家並同，自餘或有外而無雜。』可知注家的去取主要在外篇以下。如崔譔《莊子注》十卷，有內篇七，外篇二十。向秀《莊子注》二十卷，二十六篇，一。作二十七篇，又作二十八篇，只分內、外，亦無雜篇。由此略可推測魏、晉以後曾一度流行一種二十餘篇，只分內、外，亦無雜篇的《莊子》版本，即崔譔、向秀所注之本，與劉向之本比較，有所刪略。今本《莊子》是郭象注本，分內篇七，外篇十五，雜篇十一，共三十三篇。這種本子當也是從劉向本刪略成的，但可能不是郭象刪定，大概在東漢末已有這種本子。高誘《淮南子注》云『莊周作書三十三篇』，可能即是指這一本。從東漢以來注者均保留內篇而每每增刪《莊子》外、雜篇來看，《莊子》的外、雜篇已受到懷疑。今人劉笑敢以『道』、『德』、『精』、

〔註62〕 馮友蘭：《中國哲學簡史》，天津社會科學院出版社，2007年版，第97頁。

『神』這類單詞，與『道德』、『精神』等複合詞比較，單詞在前，複合詞在後這一語文標準，判斷內篇中只有『道』、『德』、『精』、『神』等單詞，而無『道德』、『精神』之類複合詞，而外、雜篇中則多見『道德』、『精神』，足證內篇的作成時間早，可認爲是莊子作，外、雜篇的作成時間晚，是莊子後學所爲。有此一證，《莊子》一書中所包含的學術源流可得以疏通。」〔註63〕

【作者情況】

《史記‧老子韓非列傳》曰：「莊子者，蒙人也，名周。周嘗爲蒙漆園吏，與梁惠王、齊宣王同時。」唐司馬貞《史記索隱》引《別錄》曰：「莊子，宋之蒙人也。」又曰：「作人姓名，使相與語，是寄辭於其人，故有〈寓言〉篇。」《漢書‧古今人表》列「嚴周」（即莊周，避漢明帝諱改「莊」爲「嚴」）於第六等中下。梁玉繩（1744～1819）《人表考》曰：「莊周始見《莊子‧齊物論》。是爲莊子，字子休，蒙人，楚莊王之後。亦曰莊叟，亦曰莊生。墓在濠州東二里。唐天寶元年，號爲南華眞人。宋宣和元年，詔封微妙元通眞君，配享混元皇帝。元至元三年，加封南華至極雄文弘道眞君。案：本書王貢、兩龔、鮑〈傳〉亦云老子、嚴莊，〈敘傳〉云貴老、嚴之術，並避諱改稱。」劉向《七略》曰：「莊子，宋之蒙人。作人姓名，使相與語，寄辭於其人，故有〈寓言〉篇。」韋政通《中國思想史》第六章〈莊子〉曰：「莊子是一個十分通達的人，在他主觀的心境上實已達到無所不通、無所不透的地步，人世間再沒有什麼東西可以繫縛他的心。名利不動，哀樂不入，置生死於度外，實乃精神世界的超人。」〔註64〕

【學術源流】

韋政通《中國思想史》第六章〈莊子〉曰：「莊子與以前思想傳統的關係，雖不像老子幾乎是無跡可尋，但他的思想與殷、周以來的文化傳統很少關聯，這一點老、莊仍相同。《莊子》一書中提到古帝名和古帝事跡的地方很多，除了『堯讓天下於許由』一條之外，其他都在外、雜篇。莊子提這些，有的只是記錄有的是利用來寫寓言，這些素材完全像被耍的木偶一樣，要他們麼就得變什麼，不像墨子是利用古聖王作爲論證的標準。老、莊之間的關係可以

〔註63〕 王錦民：《古學經子》，華夏出版社，2008 年版，第 317 頁。按：劉笑敢之說詳見其《莊子哲學及其演變》第一章《莊子內篇的年代》（中國社會科學出版社，1988 年版）。

〔註64〕 韋政通：《中國思想史》，上海書店出版社，2003 年版，第 119 頁。

從下面幾點看出來：（1）他們的形上學都是以『道』爲基本概念而構成。老子運用的是概念思辨的方法，莊子主要是訴諸主觀的體驗，所以前者的表達是分解的，後者的表達是描述的。（2）由於使用方法的不同，所以老、莊在共同以自然爲宗的形上學基礎上進一步發展的重點也不一樣。老子發展的重點在政治、社會，莊子發展的重點在個體的人生，所以前者思想所表現的客觀傾向較大，後者的思想則表現了強烈的超越性。（3）老、莊之間另一個共同點是他們對現實政治、現實社會的反動態度乙強烈的反抗情緒，使老子嚮往一個原始型的單純社會，使莊子則追求一個超越而又和諧的心靈王國。以上三點大抵能看出老、莊之間的傳承關係，二人合起來恰足以代表道家思想的一個完整體系。」〔註65〕楊國榮《中國哲學史》曰：「從先秦哲學的衍化看，莊子的關注重心首先在天人之辯。在莊子關於天人關係的討論中，一方面可以看到對人自身存在意義的關切，另一方面又將『天』規定爲『人』的眞實形態，以禮義文明的演化爲自然之性（人的天性）失落的歷史根源，從而表現出某種『蔽於天而不知人』的傾向。以齊物立論，強調『道通爲一』，構成了莊子又一哲學趨向，與之相聯繫的是對基於道的眞知與眞人的追求，後者進一步體現於逍遙之境。」〔註66〕

【學術大旨】

　　《史記・老子韓非列傳》曰：「其學無所不窺，然其要本歸於老子之言。故其著書十餘萬言，大抵率寓言也。作〈漁父〉、〈盜跖〉、〈胠篋〉，以詆訿孔子之徒，以明老子之術。〈畏累虛〉、〈亢桑子〉之屬，皆空語無事實。然善屬書離辭，指事類情，用剽剝儒、墨，雖當世宿學不能自解免也。其言汪洋自恣以適己，故自王公大人不能器之。」晉郭象（252～312）《莊子序》曰：「夫莊子者，可謂知本矣。故未始藏其狂言，言雖無會而獨應者也。夫應而非會，則雖當無用。言非物事，則雖高不行。與夫寂然不動，不得已而後起者，固有間矣，斯可謂之無心者也。夫心無爲，則隨感而應，應隨其時，言唯謹爾。故與化爲體，流萬代而冥物，豈曾設對獨遘而遊談乎方外哉？此其所以不經而爲百家之冠也。然莊生雖未體之，言則至矣。通天地之統，序萬物之性，達死生之變，而明內聖外王之道，上知造物無物，下知有物之自造也。其言宏綽，其旨玄妙。至至之道，融微旨雅。泰然遣放，放而不敖。故曰：

〔註65〕　韋政通：《中國思想史》，上海書店出版社，2003年版，第120～121頁。
〔註66〕　楊國榮：《中國哲學史》，中國人民大學出版社，2012年版，第59頁。

不知義之所適，猖狂妄行，而蹈其大方，含哺而熙乎澹泊，鼓腹而遊乎混茫。至人極乎無親，孝慈終于謙忘，禮樂復乎已能，忠信發乎天光。用其光則其樸自成，是以神器獨化於玄冥之境而源流深長也。故其長波之所蕩，高風之所扇，暢乎物宜，適乎民願。弘其鄙，解其懸，灑落之功未加，而矜誇所以散。故觀其書，超然自以爲已當，經崑崙，涉太虛，而遊惚恍之庭矣。」唐陸德明（約 550～630）《經典釋文‧敘錄》曰：「時人皆尚遊說，莊生獨高尚其事，優游自得，依老氏之旨，著書十餘萬言，以逍遙自然無爲齊物而已。大抵皆寓言，歸之於理，不可案文責也。然莊生宏才命世，辭趣華深，正言若反，故莫能暢其弘致。後人增足，漸失其眞。故郭子玄云：『一曲之才，妄竄奇說，若〈閼弈〉、〈意修〉之首，〈危言〉、〈遊鳧〉、〈子胥〉之篇，凡諸巧雜，十分有三。』《漢書‧藝文志》《莊子》五十二篇，即司馬彪、孟氏所注是也。言多詭誕，或似《山海經》，或類占夢書，故注者以意去取。其內篇眾家並同，自餘或有外而無雜。唯子玄所注，特會莊生之旨，故爲世所貴。」又曰：「《莊子》辭趣華深，正言若反。後人增足，漸失其眞，惟郭子玄所注，特會莊生之旨。其內篇眾家並同，自餘注者以意去取。」唐成玄英（608～669）《南華眞經疏序》：「夫《莊子》者，所以申道德之深根，述重玄之妙旨，暢無爲之恬淡，明獨化之窅冥，鉗鍵九流，括囊百氏，諒區中之至教，實象外之微言者也。……當戰國之初，降衰周之末，歎蒼生之業薄，傷道德之陵夷，乃慷慨發憤，爰著斯論。其言大而博，其旨深而遠，非下士之所聞，豈淺識之能究。」（載《全唐文》卷九百二十三）宋程大昌（1123～1195）《考古編》卷六〈莊子論〉曰：「莊周之書，大抵以無爲至，以有爲初。其內篇之首寓意於〈逍遙遊〉者，是其特起一書類例，示化有入無宗本，而人多不察也。夫遊而至於逍遙，則意欲鄉而神已達，了無形跡得爲拘閡矣。其曰遊豈眞遊哉？精神之運，心術之動，念慮所及，莫非遊也。其遊也，與聖人過化之過同也。其不遊也，與聖人存神之存同也。而可求諸足跡踐履間哉？夫遊而得至於此，則既從心不逾矩，而猖狂蹈大方矣。借欲舉以告人，亦將無地可以寄言。則夫託物以喻遊，而絕迹以明無，乃其出意立則與人致覺者也。……若夫談道之極，深見蘊奧，或時假設古人事爲，以發其欲言之心，肖寫世間物象，以達其難言之妙，凡《魯論》、《周易》微見其端者，至周而播敷展暢，煥乎其若有狀可觀而有序可循，何可少也？」宋高似孫（1158～1231）《子略》卷二曰：「莊周則不然，濆濼沉潛，若老於玄者，而泓崢蕭

之標準，周何人，敢掊擊之，又從而狃侮之？自古著書之士雖甚無顧忌，亦不至是也。周縱日見軻，其能幡然改轍乎？不幸其書盛傳，世之樂放肆而憚拘檢者，莫不指周以藉口，遂至禮義陵遲，彝倫斁敗，卒蹈人之家國，不亦悲夫。」明焦竑（1540～1620）《焦氏筆乘》卷二「外篇、雜篇多假託」條云：「內篇斷非莊生不能作，外篇、雜篇則後人竄入者多。之、噲讓國在孟子時，而《莊》文曰『莊子身當其時』。昔者陳恒弒其君，孔子請討。而〈胠篋〉曰：『陳成子弒其君，子孫享國十二世。』即此推之，則秦末漢初之言也。豈其年逾四百歲乎？曾、史、盜跖與孔子同時，楊、墨在孔後孟前，《莊子》內篇三卷，未嘗一及五人，則外篇、雜篇多出後人可知。又『封侯』、『宰相』等語，秦以前無之，且避漢文帝諱，改『田恒』爲『田常』，其爲假託尤明。」明胡應麟（1551～1602）《少室山房筆叢·九流緒論上》：「莊周《南華》，其文辭瑰崛橫放，固獨行天地間，至掊擊聖神、凌侮賢哲，亦生民以來未有之變也。……若戰國之時仲尼雖沒，六經之道燦如日星，周能大聲疾呼以暴其教於天下，若孟軻氏之著七篇，即舉世莫宗，俟之後聖足以不惑，夫奚厄於己而又奚厄於仲尼者，而奚取於陽擠之而陰助之也？周方槌仁提義，廢禮絕樂，欲以一人私臆掃百代名教而空之，爰自神農氏下至堯、舜、禹、湯、文、武，亡弗詆訶，而仲尼當時特巍然爲仁義禮樂之宗，故尤極意訕譏、恣其脣吻，蓋文固弗予，夷考其實，則尤甚焉，眞所謂小人之無忌憚者。……莊子憤世嫉邪之論也，人皆謂其非堯舜，罪湯武，毀孔子，不知莊子矣。莊子未嘗非堯舜也，非彼假堯舜之道而流爲之噲者也。未嘗罪湯武也，罪彼假湯武之道而流爲白公者也。未嘗毀孔子也，毀彼假孔子之道而流爲子夏氏之賤儒、子張氏之賤儒者也。右楊用修之論。夫莊周文章絕奇而理致玄眇，讀之未有不手舞足蹈、心曠神怡者，故古今才士亡弗沈冥其說，第以爲空青水碧、物外奇觀可矣，必爲說文之，是以火濟火也。」清姚鼐（1731～1815）《惜抱軒文集》卷三〈莊子章義序〉：「莊子之書言明於本數及知禮意者，固及所謂達禮樂之原。而配神明、醇天地、與造化爲人，亦志氣塞乎天地之旨。韓退之謂莊周之學出於子夏，殆其然與？周承孔氏之末流，乃有所窺見於道，而不聞中庸之義，不知所以裁之，遂恣其猖狂而無所極，豈非知者過之之爲害乎？……若道之本，則有不離於宗謂之天人者，周蓋以天人自處，故曰上與造物者遊，而序之居至人、聖人之上，其辭若是之不遜也。」梁啓超（1873～1929）《漢書藝文志諸子略考釋》曰：「蓋郭氏（指郭象——引者注）汰蕪，

已具特識，然所汰猶未盡，今傳之外、雜篇，其爲後人聚斂而成者當尙不少，不止蘇軾所斥〈盜跖〉、〈漁父〉等篇而已。」呂思勉（1884～1957）《經子解題・莊子》曰：「《莊子》與《老子》，同屬道家，而學術宗旨實異，前已言之。《莊子》之旨，主於委心任運，頗近頹廢自甘；然其說理實極精深。……先秦諸子中，善言名理，有今純理哲學之意者，則莫《莊子》若矣。章太炎於先秦諸子中最服膺《莊子》，良有由也。今《莊子書》分內篇、外篇及雜篇。昔人多重內篇，然外篇實亦精絕，唯雜篇中有數篇無謂耳。」顧實（1878～1956）《漢書藝文志講疏》三〈諸子略〉引王樹枏語曰：「其書內篇即內聖之道，外篇即外王之道。所謂靜而聖，動而王也。雜篇者，雜述內聖外王之事，篇各爲意，猶今人之雜記也。」劉咸炘（1896～1932）《子疏》定本卷上〈老徒裔第三〉：「古書之言養德反性者，惟《莊子》爲詳復故趙宋儒者之發明莫不資焉。是有五旨誠要而不可越也，一曰清，二曰平，三曰通，四曰大，五曰初。道家言性德每譬於水，〈刻意〉曰：『水之性不雜則清，莫動則平，鬱閉而不流，亦不能清天德之象也。』〈天地〉曰：『性修反德，德至同於初，同乃虛，虛乃大，與天地爲合。』此言最要。……周茂叔始發明儒者養性之義，其形容性德，亦曰明通公溥，是即清通平也。凡此所陳，乃先聖賢共明之大義，不獨《莊子》。以《莊子》言之頗詳也，故舉發之於此。《莊子》之學之所由起，具於〈天下〉篇。其超然而自立者，具於〈齊物論〉篇。」侯外廬等《中國思想通史》第一冊第九章《莊子的主觀唯心主義》曰：「如果說老子的『道』從發展到反發展，從相對到絕對，這理論到了莊子手裏，便發展而爲『似之而非』的相對主義。」〔註67〕張舜徽（1911～1992）《漢書藝文志通釋》卷三曰：「今本定著三十三篇，亦非郭氏所始創。《淮南・修務》篇高誘注云：『莊周作書三十三篇，爲道家之言。』是漢末已有三十三篇之本矣。郭象特據是本作注耳。考《史記・老莊申韓列傳》稱莊周『與梁惠王、齊宣王同時，其學無所不窺，然其要本歸於老子之言。故其著書十餘萬言，大抵率寓言也』。則其人生值戰國之世，實與孟軻同時。特孟軻汲汲皇皇，求用於世；莊周則不事王侯，高尙其事，斯固儒、道二家之異也。《史記》載周之自道有云：『我寧遊戲污瀆之中以自快，無爲有國者所羈。終身不仕，以快吾志焉。』自此以下，實開淸超避世一派。其學雖歸本於老子，而實有廣狹之不同。故戰國、秦、漢以黃、老並稱，實施之於政治；魏、晉以來，始稱老、

〔註67〕侯外廬等：《中國思想通史》第一冊，人民出版社，2011 年版，第 284 頁。

莊，已流於曠達放任，此又二者之殊也。」勞思光（1927～2012）《新編中國哲學史》曰：「莊子代表先秦時代南中國之文化精神，亦猶孟子之代表北中國之文化精神。」〔註68〕又曰：「莊子爲道家之主要代表人，其理論亦爲先秦道家學說中最成熟者。凡老子未及詳論之義，莊子皆推衍而立說。其要旨在於顯現『情意我』之境界，《史記》以爲莊子之說大旨宗老子之言，大體無誤。但展示情意我之境，及破除形軀我、認知我之理論，莊子皆遠勝於老子，故莊子實爲道家學說之完成者，並非僅述老子之學而已。……破除形軀我之理論，在莊子學說中可分兩點：第一爲『破生死』之說，第二爲『通人我』之說。……莊子否定認知我之地位，主要理由在於莊子不承認知識之地位。莊子之學，主旨在於透顯一眞自我（在莊子自己，即以情意我爲此眞自我），故認爲知識既不能接觸自我，便爲無意義。但莊子並非有嚴格系統之理論建構者，故莊子並未提出任何確定理論或論證說明知識何以不能接觸自我，而僅作平鋪之描述，以表明自我不屬於知識對象，及認知活動本身之限制而已。此種理論亦可分爲兩部分：其一爲『泯是非』；其二爲『薄辯議』。」〔註69〕韋政通《中國思想史》在論述莊子的創造力時稱贊其概念的創新能力，並稱《莊子》一書就是一個概念庫：「新的思想往往需要新的概念來表達，這是先秦諸子每一個人都有一套新概念的原因，即使使用舊概念也多能賦予新的意義，如孔子的仁、墨子的天、老子的道，皆爲顯著的例子。莊子似乎特別喜歡創用新概念、新名詞，與老子相同的且不計，書中有：因、機括、眞宰、眞君、芒、成心、天鈞、天倪、天府、葆光、弔詭、物化、天理、人心、師心、神人、天刑、靈府、眞人、天機、六極、獨、天人、造物者、造化、大塊、坐忘、天放、長生、修身、天之經、配天、天氣、地氣、玄天、天難、物物、六合、大同、天德、泰初、生理、玄德、獨志、照曠、人與天同、滑心、玄聖、素王、人樂、天樂、天行、術、天王、天運、五常、五德、太和、天門、憂患、天倫、化育、俗學、俗思、和理、復其初、曲士、大理、道人、襌、理、萬物之理、天地之理、天性、靈臺、人倫、天虛、八極、大聖、天和、精神、衛生、天光、天民、敬中、誠己、業、庸、宇宙、全人、虛空、神與形、六合之內、言默、風俗、大儒、小儒、人道、天成、細人、內省、

〔註68〕 勞思光：《新編中國哲學史》，廣西師範大學出版社，2005 年版，第 188 頁。
〔註69〕 勞思光：《新編中國哲學史》，廣西師範大學出版社，2005 年版，第 190～197頁。

人理、變化、百家、道理、體性、天年。」〔註70〕郭齊勇、吳根友《諸子學通論》曰:「尤其需要特別關注的是,沿著關尹、楊朱、列子的人生論派思想路線而發展出的莊子學派。莊子學派看到現實的混亂狀態:個人生命朝不保夕,生死之權皆操於他人手中,而各家各派皆從自己立場出發,提出各種救世方案,是己而非人,爭名以奪利。故而憤世嫉俗,提出了齊生死,和是非、善惡、美醜、貴賤,追求無用之用,從而擺脫人世糾紛的避世曠達、精神逍遙的人生論。又把道家學派創始人的辯證法思想朝著相對論方向發展開去,形成了多元眞理論和直覺論的認識論;還系統地從心理與生理衛生兩個角度,發展了老子以來的道家養生論思想,對後世道教的形成與發展產生了巨大的影響。」〔註71〕又曰:「司馬遷說莊子『其學無所不窺,然其要本歸於老子之言』。從現存《莊子》一書看,莊子學說在道論、社會觀方面,基本上繼承並發展了老子思想,批評周文之弊,進而更加激進地鄙薄儒家的仁義道德和堯舜的有爲的政治形態。其與老子思想的不同之處,在於他偏重人生的精神自由論。在知識論方面,他把老子的輕視名言之知,重視直覺之知的思想發展成爲多元主義的眞理觀和直覺主義的認識論,否認主體通過名言之知認識世界與認識自我的能力與可能性。又將老子的辯證法思想發展成具有相對主義色彩的價值評價體系,齊生死,泯物我,破彼此、大小之對待,除是非、善惡、美醜之偏見,企圖通過多元主義眞理觀念的確立,來消除人間現實的不平等、差異性以及因此而產生的激憤、攀比、爭奪之心。其人生論中,養生論佔有很大的比重,把『功』的生理衛生與『外物』、『外生死』的心理衛生結合起來,上承老子的『全性保身』思想,下開後漢以降道教養生論之先河。」〔註72〕

《列子》八篇。名圉寇,先莊子,莊子稱之。

【存佚著錄】

今存。漢劉向《列子敍錄》曰:「所校中書《列子》五篇,臣向謹與長社

〔註70〕　韋政通:《中國思想史》,上海書店出版社,2003 年版,第 122 頁。今按:能否提出自具特色的概念是判斷一個思想家創造力的標準。現代思想家李澤厚先生就是一位製造概念的高手。

〔註71〕　郭齊勇、吳根友:《諸子學通論》,商務印書館,2015 年版,第 145 頁。

〔註72〕　郭齊勇、吳根友:《諸子學通論》,商務印書館,2015 年版,第 203 頁。

尉臣參校讎，太常書三篇，太史書四篇，臣向書六篇，臣參書二篇，內外書凡二十篇，以校除複重十二篇，定著八篇。中書多，外書少，章亂佈在諸篇中，或字誤，以盡爲進，以賢爲形，如此者眾。及在《新書》有篆，校讎從中書，已定，皆以殺青，書可繕寫。……其學本於黃帝、老子，號曰道家。道家者，秉要執本，清虛無爲，及其治身接物，務崇不競，合於六經。而〈穆王〉、〈湯問〉二篇，迂誕恢詭，非君子之言也。至於〈力命〉篇一推分命，《楊子》之篇唯貴放逸，二義乖背，不似一家之書。然各有所明，亦有可觀者。孝景皇帝時貴黃老術，此書頗行於世。及後遺落，散在民間，未有傳者，且多寓言，與莊周相類，故太史公司馬遷不爲列傳。」今按：此文眞僞尚存爭議。其八篇篇目爲：〈天瑞第一〉、〈黃帝第二〉、〈周穆王第三〉、〈仲尼第四〉、〈湯問第五〉、〈力命第六〉、〈楊朱第七〉、〈說符第八〉。東晉張湛有注本。《隋書·經籍志》、《舊唐書·經籍志》、《新唐書·藝文志》、《四庫全書總目》子部道家類皆著錄張湛注本「《列子》八卷」。

【作者情況】

晉皇甫謐（215～282）《高士傳》曰：「列禦寇者，鄭人也，隱居不仕。鄭穆公時，子陽爲相，專任刑法。列禦寇乃絕跡窮巷，面有饑色。或告子陽曰：『列禦寇蓋有道之士也，居君之國而窮，君無乃不好士乎？』子陽聞而悟，使官載粟數十乘以與之。禦寇出見使，再拜而辭之。入見其妻，妻望之而拊心曰：妾聞爲有道之妻子，皆得佚樂。今有饑色，君過而遺先生食，先生不受，豈非命也哉？禦寇笑曰：君非自知我也，以人之言而遺我粟，至其罪我也，又且以人之言，此吾所以不受也。居一年，鄭人殺子陽，其黨皆死，禦寇安然獨全，終身不仕。著書八篇，言道家之意，號曰《列子》。」高華平《先秦諸子與楚國諸子學》曰：「如果把列子定在楊朱之前，視爲北方道家之始的話，那麼，將列子視爲鄭子產時代的人物也是有道理的；即使列禦寇眞的生活在戰國時期，那也應當是在春秋末期到戰國初期，在思想上北方道家是把列子當成其始祖而溯源於他的。」〔註73〕

【辨僞源流】

唐柳宗元（773～819）《河東先生集》卷四〈辨列子〉曰：「劉向古稱博極群書，然其錄《列子》獨曰『鄭穆公時人』。穆公在列子前幾百歲，《列子》

〔註73〕 高華平：《先秦諸子與楚國諸子學》，北京師範大學出版社，2016年版，第122頁。

慶《考古質疑》卷三:「劉向校《列子》書,定著八篇,云:列子,鄭人,與穆公同時,蓋有道者也。孝景時,貴黃老術,此書頗行於世,大慶按,繆公立於魯僖三十二年,薨於魯宣三年,正與魯文公並世。列子書〈楊朱〉篇云:『孔子伐木於宋,圍於陳蔡。』夫孔子生於魯襄二十二年,繆公之薨五十五年矣。陳蔡之厄,孔子六十三歲。統而言之,已一百十八年。列子,繆公時人,必不及知陳蔡之事明矣。況其載魏文侯子夏之問答,則又後於孔子者也。不特此爾,第二篇載宋康王之事,第四篇載公孫龍之言,是皆戰國時事,上距鄭繆,三百年矣。晉張湛爲之注,亦覺其非,獨於公孫龍事乃云後人增益,無所乖錯,而足有所明,亦何傷乎?如比皆存而不除,大慶切有疑焉。因觀《莊子‧讓王》篇云:『子列子窮貌,有饑色,客有言於鄭子陽曰,列禦寇,有道之士也。居君之國而窮,君無乃不好士乎?子陽即令官遺之粟,列子再拜而辭。使者去,其妻曰:「妾聞爲有道者之妻子,皆得佚樂,今有饑色,君過而遺先生食,先生不受,豈不命耶?」列子笑曰:「君非自知我也。以人之言而遺我粟;至其罪我也;又且以人之言。此吾所以不受也。」其卒,民果作難而殺子陽。』觀此則列子與鄭子陽同時,及考《史記‧鄭世家》,子陽乃繻公時,二十五年殺其相子陽,即周安王四年癸未歲也。然則列子與子陽乃繻公時人,劉向以爲繆公,意者誤以繻爲繆歟?雖然,大慶未敢遽以向爲誤,姑隱之於心。續見蘇子由《古史‧列子傳》,亦引辭粟之事,以爲禦寇與繻公同時。又觀呂東萊《大事記》云:安王四年,鄭殺其相駟子陽,遂及列禦寇之事。然後因此以自信。蓋列與莊相去不遠,莊乃齊宣梁惠同時,列先於莊,故莊子著書多取其言也。若列子爲鄭公時人,彼公孫龍乃平原之客,赧王十七年,趙王封其弟勝爲平原君,則公孫龍之事,蓋後於子陽之死一百年矣。而宋康王事,又後於公孫龍十餘年,列子烏得而預書之?信乎後人所增,有如張湛之言矣。然則劉向之誤,觀者不可不察;而公孫龍、宋康王之事,爲後人所增益,尤不可以不知。」(見《永樂大典》卷之一萬二百八十六,題爲〈論列子書多後人增益〉)《中峰廣錄‧題列子》:「列禦寇知榮辱之在天,而不知其本乎一念;知生死之由命,而不知其根乎自心。惟欲忘形骸,虛物我,一是非,泯視聽,任天眞於智慮之表,超情思於得失之源,乃鼓舞於老氏絕聖棄智、致虛守靜之門,與莊周相爲表裏,因觀其著書八篇,故筆以曉之,惟同志者擇焉。」(見《永樂大典》卷之一萬二百八十六)葉夢得(1077~1148)《葉石林老人避暑錄》:「列子書稱『子列子』,此是弟子記其師之言,非列子

多設辭，而其『離形去智，泊然虛無，飄然與大化遊』，實道家之要言。至於〈楊朱〉、〈力命〉則『爲我』之意多，疑即古楊朱書，其未亡者勦附於此。禦寇先莊周，周著書多取其說，若書事簡勁宏妙則似勝於周。間嘗熟讀其書，又與浮屠書合。……中國之與西竺相去一二萬里，而其說若合符節，何也？豈其得於心者亦有同然歟？近世大儒謂華梵譯師皆竊莊、列之精微以文西域之卑陋者，恐未爲至論也。」明末清初吳肅公《街南文集》卷十八〈讀列子書後跋〉曰：「《列子》書所稱生死幻化，其皆二氏嚆矢乎？大旨與《莊》略同。《莊》本道德，而極之無爲爲治；《列》本沖虛，而歸之達化自修。《莊子》精深浩蕩，《列》則瞠乎後已……彼何異夢中語也，泥於其說，以誣我夫子。泥書，陋也；誣聖，悖也。」清陸次雲《尙論持平》卷二「列子」條曰：「《莊》、《列》之書同出於老，其高曠一也，其奇誕一也，而章法不一。南華之言，起伏斷續，不可端倪；沖虛之言，長篇之中各爲短篇，而意自貫串。然南華之言近於墨，爲釋氏之宗；沖虛之言近於楊，皆道家之旨。論欲齊物，大秋毫而小泰山，壽殤子而夭彭祖，夢爲蝴蝶，誰蝶誰周，幾欲空諸所有矣；若夫笑杞人之憂天，多引楊朱之說，謂矜一時之毀譽，焦苦神形，要數百年之餘名，豈足潤枯骨哉？獨善獨修，期於清靜，異委同源，兩家之所至不昭然見乎？」清姚際恒（1647～約 1715）《古今僞書考》曰：「戰國時或有其書，爲莊子之徒所依託，但自無多；其餘盡後人所附益。至其言西方聖人，則直指佛氏，殆屬東漢明帝後人所附益無疑。劉向博極群書，不應有鄭繻公之誤，則序亦非向作。中有《莊子》，實《列子》襲《莊子》，非《莊子》用《列子》。《莊子》之書，洸洋自恣，獨有千古；其爲文，舒徐曼衍中仍寓拗折，奇變不可方物。《列子》則明媚近人，氣脈降矣。又《莊子》敍事，迴環鬱勃，故爲眞古文。《列子》敍事，簡淨有法，直是名作家耳。」清沈欽韓（1775～1831）《漢書藝文志疏證》卷二曰：「若然，高麗所得本傳在向校書之前邪？其妄明矣。」清鄭光祖（1776～1866）《一斑錄》雜述七「列子」條曰：「列子鄭人，學本老氏，著《沖虛經》八篇，主清虛無爲，其思幻，其言誕，其識偏，多寓言，近似莊生，號道家。即小有可取，終非君子之言也。」梁啓超（1873～1929）《漢書藝文志諸子略考釋》曰：「柳宗元〈列子辨〉首疑今本卷首所列劉向敍錄謂烈子爲鄭穆公時人，年代相去懸絕，蓋於向敍已不置信矣。又云：『其書亦多增竄，非其實。其言魏牟、孔穿，皆出列子後，不可信。』是並其本書亦疑之矣。高似孫《子略》遂疑《列子》爲鴻蒙、雲將之流，並無

其人。然《尸子‧廣澤》篇、《呂氏春秋‧不二》篇皆有『列子貴虛』語，與當時諸家並提。然則固實有其人，非出莊周寓名也。《漢志》八篇，是否禦寇自著，抑戰國、秦、漢間人所依託，今無從懸斷。惟今存之張湛注本，決非《漢志》之舊，殆無可疑。除柳子厚所舉魏牟、孔穿外，《四庫提要》更舉〈湯問〉篇『鄒衍吹律』語以證其非禦寇作，然《提要》又因〈周穆王〉篇記西王母瑤池等語，與《穆天子傳》合。《穆傳》晉太康中始出，非劉向時所能偽造，因謂『可確信為秦以前書』。殊不知今本正由晉人偽造，襲新出之《穆傳》，此愈可為贗鼎之一證耳。其書又勸佛理，亦足為東漢末佛經輸入後作品之據。張湛自序言其書南渡時保存流佈之始末，事涉誕詭，或即湛所手偽也。」陳朝爵（1876～1939）《漢書藝文志約說》卷二曰：「劉向校定八篇，稱為鄭繆公時人，柳子厚考辨疑其時代舛誤，高似孫以太史公不傳列子，疑並無其人。《四庫提要》據《尸子》言『列子貴虛』，是當時實有列子，信其確為秦以前書。張湛注序自述其學出於王弼，近儒遂疑其為王弼之徒偽作，或即湛所偽作。案：《列子》書真偽未可遽斷，顧實直注曰『亡』，非也。以其例當曰『疑』。」呂思勉（1884～1957）《經子解題‧列子》曰：「此書前列張湛序，述得書源流，殊不可信。而云『所明往往與佛經相參，大同歸於老、莊』；『屬辭引類，特與《莊子》相似。莊子、慎到、韓非、尸子、淮南子，玄示指歸，多稱其言』；則不啻自寫供招。佛經初入中國時，原有以其言與老、莊相參者；一以為同，一以為異，兩派頗有爭論。湛蓋亦以佛與老、莊之道為可通，乃偽造此書，以通兩者之郵也。其云莊子、慎到等多稱其言，蓋即湛造此書時所取材。汪繼培謂『後人依採諸子而稍附益之』，最得其實。然此固不獨《列子》。凡先秦諸子，大都不自著書；其書皆後人採綴而成；採綴時豈能略無附益，特其書出有早晚耳。故此書中除思想與佛經相同，非中國所固有者外，仍可認為古書也。篇首劉向校語，更不可信。凡古書劉向序，大都偽物。姚姬傳唯信《戰國策》序為真，予則並此而疑之。……此書大旨與《莊子》相類。精義不逮《莊子》之多，而其文較《莊子》易解，殊足與《莊子》相參證。讀《莊子》不能解者，先讀此書最好。其陳義有視前人為有進者，如……已深入認識論之堂奧矣。蓋佛學輸入後始有之義也。」馬敘倫（1885～1870）《列子偽書考》曰：「世傳《列子》書八篇，非《漢志》著錄之舊，較然可知。況其文不出前書者，率不似周、秦人詞氣，頗綴裂不條貫。汪繼培謂其『會萃補綴之跡，諸書具在，可覆按也』。知言哉！蓋《列子》書出晚而亡早，故不

甚稱於作者。魏、晉以來，好事之徒，聚斂《管子》、《晏子》、《論語》、《山海經》、《墨子》、《莊子》、《尸佼》、《韓非》、《呂氏春秋》、《韓詩外傳》、《淮南》、《說苑》、《新序》、《新論》之言，附益晚說，成此八篇，假爲向敘以見重。」蔣伯潛（1892～1956）《諸子通考·諸子著述考·道家之書四·列子考》：「今存《列子》，確如姚氏所言。」〔註74〕劉咸炘（1896～1932）《子疏》定本卷上〈老徒裔第三〉：「《七略》書八篇，今書亦八篇，自來多疑其僞。今人馬敍倫《列子僞書考》詳辨之，以爲《敘錄》亦僞。其所舉十六事，或舉一事一言見他古書。古書晚出，謂此剿之。或舉其所載之事與言爲列子所不及見。斯皆不足以相難。他書所載，安知非古說本有，不必爲此剿竊？晚出之書，舊本有之，安知列子不見？若疑事、言非列子所及見，則又未知諸子書成於徒裔，非所自著也。惟汪繼培謂其於《尸子》、《呂氏春秋》所稱貴虛之旨持之不堅，會萃補綴之跡，諸書見在，可覆按。此說最中。張湛序曰：大略明群有以至虛爲宗，萬品以終滅爲驗，神惠以凝寂常全，想念以著物自喪，往往與佛經相參云云。宋濂、陳澧皆嘗舉其與釋氏同旨者，蓋亦依仿貴虛之義。自〈湯問〉以下則義無循準，雜亂支離。汪氏之說允矣。若謂即張湛所僞爲，則又無稽。按湛序云：所存僅〈楊朱〉、〈說符〉目錄三卷，後在劉正輿家得四卷，趙季子家得六卷，參校有無，始得全備。據此，則數本參合，未必原書，湛蓋無深識，不覺其僞。若湛僞爲，則何不整之使順，而任其淆雜邪？今傳古子書，如《鄧析》、《尹文》皆此類，其文多眞。古書，但非此書耳，是不可以僞託論而全置之也。吾疑《列子》眞書亦在此中，但多增衍耳。如楊朱之說不見他書，朱必盡僞造也。雖或眞書，亦有與他書同者，不足致疑也。……宋林希逸謂其間有絕到語，非漢後所可及。此書晚出，或者因其散佚不完，故雜出己意以附益之。此說與吾說同，書成乃知之。」嚴北溟、嚴捷《列子譯注·前言》曰：「從《列子》文氣簡勁宏妙、內容首尾呼應自成一體的特點看，似乎不可能在這樣一個長時期內經過多人多次的增竄而成，而只能出於一家之手筆。倘此說成立，便可將成書時間縮到一個小的範圍。根據〈周穆王〉篇本自《穆天子傳》，而後者係西晉太康二年與《竹書紀年》等冊簡同出於魏襄王或魏安釐王冢，可定其成書最早不會超過公元二八一年，至遲不晚於永嘉南渡（公元三一五年）前後。至於僞作者誰，在沒有可靠資料證明之前，最好不要捕風捉影。」王叔岷（1914～2008）《先秦道法

〔註74〕 蔣伯潛：《諸子通考》，上海古籍出版社，2013年版，第324頁。

思想講稿》曰：「今傳張湛注本列子，雖後人有所增益，而各篇之文，實多出自先秦，與《莊子》關係尤巨，此治先秦道家思想所不可忽者也。」〔註75〕日本武內義雄，近人與今人岑仲勉、嚴靈峰、許抗生、陳鼓應、馬達等人認爲《列子》不偽。許抗生著《列子考辯》（見《道家文化研究》第一輯，上海古籍出版社，1992年版）。馬達著《列子眞偽考辨》一書。馬氏之說得到北京大學孫欽善、王錦民等人支持，而南昌大學程水金、馮一鳴等人堅持以《列子》爲偽書。今按：《列子》一書，基本上爲先秦道家典籍，其書中雖雜有楊朱派的思想，甚至還有漢及魏晉時的一些故事，但全書基本上是列子及其後學思想與行蹤的彙集。八篇文章時間不一，〈湯問〉、〈黃帝〉兩篇時間最早，比《莊子》內篇早。〈天瑞〉篇則與《莊子》外、雜篇同時或稍晚，其他諸篇大抵亦作於戰國中後期。〔註76〕

【學術大旨】

　　《尸子·廣澤》：「列子貴虛。」《戰國策·韓策》：「史疾爲韓使楚。王問曰：『客何方所循？』曰：『治列子圉寇之言。』曰：『何貴？』曰：『貴正。』」晉張湛《列子序》曰：「其書大略明群有以至虛爲宗，萬品以終滅爲驗，神惠以凝寂常全，想念以著物自喪，生覺與化夢等情，鉅細不限一域，窮達無假智力，治身貴於肆任，順性則所之皆適，水火可蹈，忘懷則無幽不照，此其旨也。然所明往往與佛經相參，大歸同於老、莊，屬辭引類特與《莊子》相似。莊子、愼到、韓非、尸子、淮南子、《玄示》、《旨歸》多稱其言，遂注之云爾。」宋李石（1108～？）《方舟集》卷十三〈列子辯上〉：「劉向以《列子》〈湯問〉、〈穆王〉二篇非君子之言，〈湯問〉則《莊子》湯之問棘以大椿，鯤鵬變化，《列子》作夏革，晉張湛注《莊子》以革作棘。〈穆王〉篇論西極有化人來。又〈仲尼〉篇稱孔子答商太宰稱西方之聖意，其說佛也。然佛出漢明帝時，湛乃謂列子語與佛相參，蓋指其幻學也。豈西方之佛幻已肇於列子時，爲穆王化人事乎？必有能辯之者。」《列子辯下》：「孟子距楊、墨，以楊近墨遠爲序於儒，以楊爲爲我之學，一毫不拔，於天下可也。如禽滑釐對朱之言，則以墨翟、大禹爲爲人之學，老聃、關尹爲爲己之學，似以朱況於黃帝、關尹，此列子之有取也。劉向云〈楊子〉之篇唯貴放逸，與〈力命〉篇乖背，豈放逸近道乎？其何以近於儒？不然，力命自力命，放逸自放逸耳，

〔註75〕　王叔岷：《先秦道法思想講稿》，中華書局，2007年版，第162頁。
〔註76〕　郭齊勇、吳根友：《諸子學通論》，商務印書館，2015年版，第193頁。

必有能辯之者。」宋黃震（1213～1280）《黃氏日鈔》卷五十五曰：「列子才穎逸而性沖澹，生亂離而思寂寞，默察造化消息之運，於是乎輕死生。輕視人間死生之常，於是乎遺世事。其靜退似老聃，而實不爲老聃。老聃用陰術，而列子無之。其誕謾似莊周，而亦不爲莊周。莊周侮前聖，而列子無之。不過愛身自利，其學全類楊朱，故其書有〈楊朱〉篇，凡楊朱之言論備焉。」明王世貞（1526～1590）《讀書後》卷一〈讀列子〉曰：「最後稍熟《莊子》，始知《列子》之不如《莊子》遠甚。凡《列子》之談理，引喻皆明淺，僅得其虛泊無爲以幻破（中闕）於膚膜之間，而《莊子》則往往深入，而探得其髓，其出世、處世之精妙，有超於揣摩意見之表者。至其措句琢字，出鬼入神，固非《列子》之所敢望也。」清黃中堅《蓄齋二集》卷三〈讀列子〉：「《列子》書八篇，其閎肆飄逸，不如《莊子》而潔淨精巧過之。要其大旨未嘗不同也。獨怪列子飄風騎氣，有遺世獨立之思，而晚年乃仕於衛，何耶？毋亦以身家之累故耶？夫抱關擊柝，爲貧而仕，固君子所時有，然世之君子因此遂喪其所守者，亦多矣，可慨也夫！」黃侃（1886～1935）《漢唐玄學論》稱僞《古文尚書》、〈孔叢子〉、《列子》三書爲魏、晉間最大之玄學著作，稱贊《列子》「建理立論，乃以融通佛、老之爲，陳義極其宏遠」。劉咸炘（1896～1932）《子疏》定本卷上〈老徒裔第三〉：「尹、列二家，承老而開莊，老、莊之間嬗變之跡，必於二家求之，而其書既亡佚，僅有《莊子》所述，亦甚簡略，貴清、貴虛究爲何說，不可知矣。以意度之，殆老子言虛渾，而傳者誤以和光同塵爲眞同於濁，故尹以清正之，列則又因虛之說而更求超越，故下啓莊周形容道體多過甚麗失純靜歟？儒門曾、思、孟子遞變相發之跡，今猶粲然，獨道家以二家書缺，不可考見，惜哉！」張舜徽（1911～1992）《漢書藝文志通釋》卷三曰：「列子之學，與莊周近，而不顯於當時。故《莊子‧天下》篇論及墨翟、宋銒、尹文、田駢、愼到、惠施諸家，復贊許關尹、老聃，獨不及列禦寇。《荀子‧非十二子》篇亦不提列子。司馬遷撰《史記》時，不特不爲之列傳，且無一字語及之。是以後之論者，多疑其人之有無，更不論其書之眞僞矣。顧其名數數見於莊周書中，甚至尊之爲子列子，且有《列禦寇》專篇以紀之。《爾雅‧釋詁》邢昺《疏》引《尸子‧廣澤》篇及《呂氏春秋‧不二》篇皆云『列子貴虛』，與《莊子‧應帝王》篇所言相合。則當時實有其人，特非世之顯學耳。顧其書非自著，亡佚亦早。今天之八篇，又後人之僞作也。自東晉張湛爲之注，唐殷敬順撰《釋文》，晚出《列子》，得傳至

今。吾友楊伯峻爲《列子集釋》，疏證而條理之，遠勝舊注。」郭齊勇、吳根友《諸子學通論》曰：「列子的學術思想大抵是「清虛自守」，以道論爲基礎，論人生的處世原則，兼及政治論、社會理想，而以人生論爲核心。全書多由寓言故事構成，其中許多故事含蓄雋永，至今仍有啓發意義。列子的道論基本上繼承了老子的思想。……列子的人生論思想的核心部分主要有以下四個方面的內容：第一是順其自然的生死觀；第二是安命論；第三是重柔弱、貴持後、寡欲知足，保持謙虛的人生態度；四是泯是非，齊對待，等成敗，最後達到忘我而與道相合的境界。」〔註77〕今按：列子的思想特點確實是「貴虛」。而根據文獻的記載，當時鄭國也確實存在這種崇尙虛無的思想。《韓非子‧外儲說右上》記鄭長者評田子方論倉廩曰：「田子方知欲爲廩，而未得所以爲廩。夫虛無無見者，廩也。」又記唐易子對齊宣王而引「鄭長者之言」曰：『夫虛靜無爲而無見也，其可以爲此廩乎！「同書〈難二〉亦云：「鄭長者有言：『體道，無爲無見也』。」〔註78〕

【出土文獻】

與《列子》有關之出土文獻有敦煌本《列子》殘卷 4 種：其中〈黃帝〉篇 1 種（S6134），〈楊朱〉篇 2 種（S777、S10799），《說符》篇 1 種（P2495）。王重民《敦煌古籍敘錄》著錄 S777，曰：「《列子‧楊朱》篇，始『有生之最靈者人也』，訖『可殺可活，制命在外』，共十八行。『民』字不諱，當是六朝寫本。」

《老成子》十八篇。

【存佚著錄】

今亡佚。《隋書‧經籍志》、《舊唐書‧經籍志》、《新唐書‧藝文志》等已不著錄，早已亡佚。

【作者情況】

《列子‧周穆王》篇曰：「老成子學幻於尹文先生。冬起雷，夏造冰。」

〔註77〕郭齊勇、吳根友：《諸子學通論》，商務印書館，2015 年版，第 193～194 頁。
〔註78〕高華平：《先秦諸子與楚國諸子學》，北京師範大學出版社，2016 年版，第 123 頁。

陳朝爵（1876～1939）《漢書藝文志約說》卷二釋之曰：「幻者，蓋道家幻形之術。《說文》『眞』字說云：『僊人變形登天也』，後世道書幻說尤多。」宋胡氏《致知編》曰：「老成子，未知其姓氏，著書一十八篇。」（見《永樂大典》卷一萬二百八十七）清姚振宗（1842～1906）《漢書藝文志條理》卷二曰：「《姓纂》及《廣韻》、《氏族略》別出老成氏，並言老成方仕宋，爲大夫，著書十篇，言黃老之道。豈著書者即爲老成方乎？其言十篇與此十八篇不合，不可知已。」梁啓超（1873～1929）《漢書藝文志諸子略考釋》曰：「《莊子·天下》篇言尹文『接萬物以別宥爲始』。《尸子·廣澤》篇言：『料子貴別囿。』料、老音近，豈老成子即料子耶？」顧實（1878～1956）《漢書藝文志講疏》三《諸子略》曰：「老、考古字通，今本《列子·周穆王》篇、《釋文》作考成子。」張舜徽（1911～1992）《漢書藝文志通釋》卷三曰：「老成，乃複姓也。《通志·氏族略》有老成氏一條云：『古賢人老成子之裔孫也。老成方爲宋大夫，著書十篇，言黃老之道。』又別出考成子一條云：『古有考成子，著書述黃老之道。《列子》有考成子，幼學於尹先生。』《通志》所言，蓋據《世本·氏姓》篇、《元和姓纂》諸書。老成方著書十篇，未知即著錄於《漢志》之十八篇否？篇數不符，殆非一書。」王錦民《古學經子》曰：「此是戰國之世言黃老最早者。」〔註79〕

《長盧子》九篇。楚人。

【存佚著錄】

今亡佚。《隋書·經籍志》、《舊唐書·經籍志》、《新唐書·藝文志》皆不著錄，早已亡佚。

【作者情況】

《史記·孟荀列傳》：「楚有尸子、長盧，世多有其書，故不論其傳。」司馬貞《史記索隱》云：「長盧，未詳。」張守節《正義》云：「《長盧》九篇，楚人。」《太平御覽》三十七引《呂氏春秋》有稱道長盧子語。張舜徽（1911～1992）《漢書藝文志通釋》卷三曰：「《史記·孟荀列傳》云：『楚有尸子、長盧……』《正義》之言，蓋本《漢志》。《通志·氏族略》有長盧氏，列

〔註79〕 王錦民：《古學經子》，華夏出版社，2008年版，第318頁。

於複姓不知其詳本者之類云：『《列子》楚賢者長盧氏著書。』蓋已不能盡考矣。」

《王狄子》一篇。

【存佚著錄】

今亡佚。《隋書・經籍志》、《舊唐書・經籍志》、《新唐書・藝文志》皆不著錄，早已亡佚。

【作者情況】

清姚振宗（1842～1906）《漢書藝文志條理》卷二曰：「王狄子未詳。按氏姓諸書亦無王狄氏，豈姓王名狄，如韓非、鄧析之稱子者歟？」

《公子牟》四篇。**魏之公子也。先莊子，莊子稱之。**

【存佚著錄】

今亡佚。《隋書・經籍志》、《舊唐書・經籍志》、《新唐書・藝文志》皆不著錄，早已亡佚。《公子牟》之輯本有二種：其一爲馬國翰所輯《公子牟子》一卷（見《玉函山房輯佚書》子編道家類，馬國翰序曰：「茲從《莊子》、《戰國策》、《呂氏春秋》、《說苑》所引捃摭，粗可補四篇之缺。理見其大，清辯滔滔，宜乎折堅白異同之論，使公孫龍口呿而舌舉也」），其二爲李峻之所輯《公子牟》（見《古史辨》第六冊《呂氏春秋中古書輯佚》）。

【作者情況】

《戰國策》卷二十：「公子牟遊於秦，且東而辭應侯，應侯曰：公子將行矣，獨無以教之乎？曰：且微君之命命之也，臣固且有效於君。夫貴不與富期而富至，富不與梁肉期而梁肉至，梁肉不與驕奢期而驕奢至，驕奢不與死亡期而死亡至，累世以前坐此者多矣。』應侯曰：『公子之所以教之者厚矣』《列子・仲尼》篇：「中山公子牟，魏國賢公子，悅趙人公孫龍。」漢高誘《呂氏春秋》注云：「子牟，魏公子也。作書四篇。魏伐得中山，公以邑子牟，因曰中山公子牟也。」晉張湛云：「文侯子，作書四篇，號曰道家。」清沈欽韓（1775～1831）《漢書藝文志疏證》卷二曰：「按平原君時，文侯歿且

百年，不得爲文侯子也。」晚清孫詒讓認爲孟子所稱的子莫，即是魏公子牟，
矣、莫一語之轉。梁啓超（1873～1929）《漢書藝文志諸子略考釋》曰：「《戰
國策‧趙策》、《莊子》〈秋水〉篇、〈讓王〉篇、《呂氏春秋‧審爲》篇、《說
苑‧敬愼》篇、僞《列子‧仲尼》篇皆記公子牟言行。」陳朝爵（1876～1939）
《漢書藝文志約說》卷二曰：「牟蓋道家別派，放恣任情，若劉伶裸體之類
者，故斥罵禽獸行。夫戰國之時，世祿之勢已破，貴族子弟才智者爭爲趨
時，如韓非、衛鞅、周最之倫皆是，牟亦其一也。」張舜徽（1911～1992）
《漢書藝文志通釋》卷三亦曰：「《荀子‧十二子》篇云：『縱情性，安恣睢，
禽獸行，不足以合文通治。然而其持之有故，其言之成理，足以欺惑愚眾，
是它囂、魏牟也。』楊倞注云：『魏牟，魏公子，封於中山。今《莊子》有公
子牟稱莊子之言以折公孫龍，據即與莊子同時也。又《列子》稱公子牟解公
孫龍之言。』可知其人在周末，放任自適，與蒙莊爲近；而又通於名理，能
以善辯勝人者也。」錢穆（1895～1990）《魏牟考》云：「《莊子‧秋水》篇載
公子牟稱莊子之言以折公孫龍，牟與龍同時，其年輩亦較莊子後甚明。亦謂
牟稱莊，非莊稱牟也。班（固）說自誤。」〔註80〕劉咸炘（1896～1932）《子
疏》定本卷上〈楊愼第四〉：「《說苑‧敬愼》引牟告穰侯語，謂貴而驕且至，
驕而恥自至，恥而死自至，此即貴生之說之可取者。自來講諸子者，皆未綜
考牟之學術，故孫詒讓以牟、莫聲近，謂即《孟子》之子莫。梁啓超以牟與
公孫龍遊，遂附於別墨，皆大謬也。荀卿、韓非遍非諸子。楊朱之言盈天
下，二子寧不一言綜而考之？乃知非牟即所以非朱也。或更以《荀子》不言
楊朱，而謂本無楊朱其人，更不足辨矣。朱、牟之說，蓋亦有激於墨、宋之
爲人太多。〈楊朱〉篇曰：『豐屋、美服、厚味、姣色，有此四者，何求於外？
有此而求於外者，無厭之性，陰陽之蠹也。』此蓋刺當時之爭言治世者。」
高華平《先秦諸子與楚國諸子學》曰：「錢穆的考證解決了魏牟的時代與身份
間題，但仍有不足。結合 1977 年河北省平山縣戰國中山王墓中出土的『中山
三器』的銘文來看，中山桓公復國確是事實，發生在公元前 379 年～前 380
年，當魏武侯十六、七年；且魏滅中山後中山並未絕跡，而只是成了魏國的
附庸。因此，所謂魏文侯封少子摯於中山，很可能當初實有其事；中山桓公
復國之後，魏公子摯雖不再有此封邑，但仍保留著『中山王』這個名號，他
的子孫也繼承著這個王號和公子的身份——中山公子牟（魏牟）這個稱呼大

〔註80〕 錢穆：《先秦諸子繫年》，商務印書館，2001 年版，第 514～515 頁。

概就是這樣來的。」〔註81〕

《田子》二十五篇。名駢，齊人，游稷下，號天口駢。（師古曰：「駢音步田反。」）

【存佚著錄】

今亡佚。《隋書・經籍志》、《舊唐書・經籍志》、《新唐書・藝文志》皆不著錄，早已亡佚。《田子》之輯本有二種：其一爲馬國翰所輯《田子》一卷，見《玉函山房輯佚書》子編道家類，馬國翰序曰：「茲從《呂氏春秋》輯得佚說三篇，其一篇與《淮南子》所引互有詳略異同，參訂校補，並附考爲卷。其說變化應求，而皆有章，因性任物，而莫不宜當，是《尸子》所謂『田駢貴均』者也。」其二爲李峻之所輯《田子》，見《古史辨》第六冊《呂氏春秋中古書輯佚》。

【作者情況】

《史記・孟子荀卿列傳》：「田駢，齊人。環淵，楚人。皆學黃老道德之術。」《莊子・天下》篇：「田駢學於彭蒙。」《七略》曰：「齊田駢好談論，故齊人爲語曰『天口駢』。天口者，言田駢子不可窮其口若事天。」宋王應麟（1223～1296）《玉海》卷五十三〈藝文〉曰：「《田子》，《漢志》：道家，二十五篇。名駢，齊人，游稷下，號天口駢。《呂氏春秋》作陳駢。」（見《永樂大典》卷一萬二百八十七）清羅惇衍（1814～1874）《集義軒詠史詩鈔》卷三〈田駢〉：「天口驚人粲齒牙，名齊髡奭自成家。生徒養得千鍾富，陶冶思周六合遐。手著新書關治亂，身居高第鬥聲華。精純果似鍾山玉，道德憑教稷下誇。」陳朝爵（1876～1939）《漢書藝文志約說》卷二曰：「錢大昭曰：『《呂氏春秋》言陳駢貴齊，田、陳古通用。貴齊，齊生死、等古今也。』案，據《國策》齊人譏駢不仕之語，駢之爲人亦猾黠之流。」

【學術大旨】

《呂氏春秋・不二》曰：「老聃貴柔，孔子貴仁，墨翟貴廉，關尹貴清，子列子貴虛，陳駢貴齊，陽朱貴己，孫臏貴勢，王廖貴先，兒良貴後。」今

〔註81〕 高華平：《先秦諸子與楚國諸子學》，北京師範大學出版社，2016 年版，第 118 頁。

按，陳駢即田駢。高誘注曰：「陳駢，齊人也，作道書一十五篇，貴齊，齊死生，等古今也。」《尸子・廣澤》曰：「墨子貴兼，孔子貴公，皇子貴衷，田子貴均，列子貴虛，料子貴別。」唐楊倞《荀子・非十二子》注：「田駢，齊人，遊稷下，著書（二）十五篇。其學本黃老，大歸名法。」宗白華（1897～1986）《中國哲學史提綱》：「田駢、慎到的學說，主要有四點：（1）齊物。《呂氏春秋》謂『陳駢貴齊』，尸子謂『田子貴均』。《莊子・天下篇》說：田駢、慎到『齊萬物以爲首』。齊物的理論，即認爲不同的物不同的人，雖然性質不相同，在價值上卻是一律平等，並無高下之分。這是中國古代的平等觀念，在當時是很進步的。慎子說過：『天道因則大，化則細，固也者，固人之情也，人莫不自爲也，化而使之爲我，則莫可得而用矣。』（〈因循篇〉）主張任人之『自爲』，不要改造一切人使之爲君。又說：『立天子以爲天下，非立天下以爲天子也。立國君以爲國，非立國以爲君也。』（〈咸德篇〉）這是古代的民主思想。（2）尚法。慎到認爲治國必須立法。『大臣伍法而弗躬，則事斷於法矣。』（〈君人篇〉）『法雖不善猶愈於無法，所以一人心也。』（〈咸德篇〉）『治國無其法則亂，守法而不變則衰，有法而行私謂之不法。以力役法者百姓也，以死守法者有司也，以道變法者君長也。』（佚文）（3）貴勢定分。慎到說：『飛龍乘雲，騰蛇遊霧，雲罷霧霽，而龍蛇與蚯蟻同矣，則失其所乘也。賢人而詘於不肖者，則權輕位卑也。不肖則能服於賢者，則權重位尊也。……賢智未足以服衆，而勢位，缶賢者也。』（《韓非子・難勢》）在政治上，勢位是最重要的。於是有中央集權的理論。『立天子者，不使諸侯疑焉，立諸侯者，不使大夫疑焉。』（〈德立篇〉）這種中央集權的思想，是與當時政治的趨勢相一致的。慎到又有定分之說：『一兔走，百人逐之，非一兔足爲百人分也，出未定。由未定，堯且屈力，而況衆人乎？積兔滿市，行者不顧，非不欲兔也，分已定矣。分已定，人雖鄙不爭，故治天下及國，在乎定分而已矣。』（《呂氏春秋・慎分覽》）這即是對於當時已經成立的私有財產制度，給以理論根據。（4）棄知去己，無用賢聖。慎子尚法，貴勢（重視客觀條件），於是認爲智慧是無用的。君臣應該依法行事，不必尚賢。個人生活，應順勢而行，不必『建己』。慎到一方面反對孔、墨尚賢說法，一方面反對楊朱的爲我。孔、墨尚賢，在當時是進步的思想，慎子不尚賢，是更進一步的思想，是代表新興地主階級的利益的。慎到、田駢的學說，是道家與法家之間的橋梁，是替新興地主階級說話的。當時新興地主階級要求取消舊貴族的特權，故講齊物尚

法，又要求承認私有財產的正當，認爲應該以財產來確定身份，不必分別賢與不賢，所以講定分棄智。愼到、田駢的學說，是當時觀察政治趨勢的反映。不過他的棄智之說，在當時雖有進步的意義，在本質上是一偏的，謬妄的，是與文化的進步相違背的。愼到的學說，可謂一種機械的唯物論。」〔註 82〕王錦民《古學經子》曰：「田駢之學首先是道家，而有取於名家。《尸子・廣澤》云：『田子貴均。』《呂氏春秋・不二》篇云：『陳駢貴齊。』高誘《呂氏春秋注》云：『齊陳駢作《道書》二十五篇，齊生死，等古今。』可知田駢學術的核心即是『齊』，亦即《莊子・天下》所謂『齊萬物以爲首』。『齊萬物』之『齊』首先由田駢而起，其來源當是名家與道家相結合之產物。齊物之論與墨子之兼愛不同，其論萬物皆齊，所執之說在於萬物皆有所可，有所不可，而可與不可出於名家。《列子・力命》篇云：『鄧析操兩可之說，設無窮之辭。』魯勝《墨辯注序》云：『是有不是，可有不可，是名兩可。』則兩可之說爲鄧析所創，本在名家，田駢嘗學於公孫龍；故將名家兩可之說引入道家，用來說明道之兼容並包，故立齊物之論。按：與田駢同時的莊子亦有齊物之論，二者之間必有所關聯，從先秦多以齊物歸之田駢看，此說應是田駢所創，而爲莊子所取。莊子以後的道家承續其說，齊物之論遂成爲道家的一個主要思想，田駢亦由此確定了其在道家學術傳統中的地位。」〔註 83〕

《老萊子》十六篇。楚人，與孔子同時。

【存佚著錄】

今亡佚。《隋書・經籍志》、《舊唐書・經籍志》、《新唐書・藝文志》皆不著錄，早已亡佚。輯本有馬國翰所輯《老萊子》一卷，見《玉函山房輯佚書》子編道家類，馬國翰序曰：「茲從《莊子》、《孔叢子》、《尸子》、皇甫謐《高士傳》輯得四節，附考爲卷。家宛斯先生《繹史》云：『以矜知規仲尼，以齒舌喻剛柔，老聃之說也。《國策》稱老萊子教孔子事君。而《孔叢》則云語子思。若至穆公之世，萊子猶在，其壽亦長矣。《史記》附老萊子於《老子列傳》之內，將爲二人乎？抑兩人耶？何其言之相同也？』翰案：《史記》云：『老萊子亦楚人。』明與老子同國。孫綽《遊天台山賦》：『躡二老之玄蹤。』注：

〔註 82〕　宗白華：《中國哲學史提綱》，重慶出版社，2014 年版，第 57～58 頁。
〔註 83〕　王錦民：《古學經子》，華夏出版社，2008 年版，第 302～303 頁。

－289－

『二老，老子、老萊子也。』二老道同，故以之合傳。『矜知規仲尼』以《莊子》引之，自是老萊語，後人誤爲老聃。《國策》或謂：『齊黃引老萊子教孔子事君。』但言孔子，亦即指子思，非仲尼也。穆公時老萊猶存，此所以稱壽者歟？」孫啓治等曰：「馬國翰從《莊子》、《孔叢子》、《尸子》、皇甫謐《高士傳》各採得其說一節。按《尸子》已佚，馬氏所採一節未注出處，實見《文選》魏文帝《善哉行》李善注引。」〔註84〕

【作者情況】

老萊子之名，始見於《莊子・外物》，從其中記載老萊子讓弟子招呼孔子而加教訓的內容和語氣來看，可知他應是老子的同輩而亦爲孔子的老師。《戰國策・魏策》云：「不聞老萊子之教孔子事君乎？示之其齒之堅也，六十而盡，相靡也。」《大戴禮記・衛將軍文子》篇引孔子曰：「德恭而行信，終日言，不在尤之內，在尤之外，貧而能樂，蓋老萊子之行也。」北周盧辯注：「楚人，隱者也。」《史記・老子列傳》曰：「老萊子，亦楚人也。著書十五篇，言道家之用。與孔子同時云。」又《史記・仲尼弟子列傳》曰：「孔子之所嚴事，於周，則老子；於衛，蘧伯玉；於齊，晏平仲；於楚，老萊子。」西晉皇甫謐（215～282）《高士傳》卷上：「老萊子者，楚人也。當時世亂逃世耕於蒙山之陽，莞葭爲牆，蓬蒿爲室，枝木爲床，著艾爲席，飲水食菽，墾山播種。人或言於楚王，王於是駕至萊子之門。萊子方織畚，王曰：『守國之政，孤願煩先生。』老萊子曰：『諾。』王去，其妻樵還，曰：『子許之乎？』老萊曰：『然。』妻曰：『妾聞之，可食以酒肉者，可隨而鞭棰，可擬以官祿者，可隨而鈇鉞。妾不能爲人所制者。』妻投其畚而去。老萊子亦隨其妻至於江南而止，曰：『鳥獸之毛可績而衣，其遺粒足食也。』仲尼嘗聞其論，而蹙然改容焉。著書十五篇，言道家之用，人莫知其所終也。」唐成玄英（608～669）《南華眞經注疏》卷九：「老萊子，楚之賢人，隱者也。常隱業山。楚王知其賢，遣使召爲相。其妻採樵歸，見門前有車馬跡，妻問其故。老萊曰：『楚王召我爲相。』妻曰：『受人有者，必爲人所制，而之不能爲人制也。』妻遂捨而去，老萊隨之。夫負妻戴，逃於江南，莫知所之，出取薪者採樵也，既見孔子，歸告其師。」唐李善（630～689）《文選・遊天台山賦》注引劉向《別錄》云：『老萊子，古之壽者。』」清畢沅（1730～1797）曰：「古有萊姓，《左傳》有

〔註84〕 孫啓治、陳建華：《中國古佚書輯本目錄解題》，上海古籍出版社，2009 年版，第 211 頁。

『萊駒』。」清洪頤煊（1765～1833）《讀書叢錄》卷二十「老萊子」條：「老萊子見《大戴禮·衛將軍文子》篇。《史記·仲尼弟子列傳》序云：……故附見於老子傳中。《禮記·曾子問》引老聃云，當是適周問禮之老子。《莊子·天運》篇：『孔子行年五十有一而不聞道，乃南之沛見老聃。』沛地屬楚，疑是老萊子也。」清羅惇衍（1814～1874）《集義軒詠史詩鈔》卷一〈老萊子〉曰：「何必書傳世外篇，蓬蒿爲室兩三椽。舞衣終日斑斕慶，投畚高風伉儷賢。每語無尤身壽考，在貧能樂趣神仙。蒙陽耕耨江南隱，宣聖同時豈偶然。」

《黔婁子》四篇。齊隱士，守道不詘，威王下之。（師古曰：「黔音其言反。下音胡稼反。」）

【存佚著錄】

今亡佚。《隋書·經籍志》、《舊唐書·經籍志》、《新唐書·藝文志》皆不著錄，早已亡佚。輯本有馬國翰所輯《黔婁子》一卷，見《玉函山房輯佚書》子編道家類，馬國翰序曰：「諸家亦無引述之者，惟曹氏庭棟搜採孔子及群弟子言行，仿薛據《孔子集語》作《逸語》，中引『黔婁子述聖言』一節，『記原憲事』一節。所據之書當爲不傳祕本，既不可考，姑依錄之，並附考爲卷。」

【作者情況】

漢劉向《列女傳》：「魯黔婁先生死，曾子與門人往弔。哭之曰：『嗟乎！先生之終也，何以爲諡？』其妻曰：『以康爲諡。』曾子曰：『先生在時，食不充口，衣不蓋形，死則手足不斂，旁無酒肉。生不得其美，死不得其榮，何樂於此而諡爲康乎？』其妻曰：『昔先生君嘗欲授之政，以爲國相，辭而不爲，是有餘貴也；君嘗賜之粟三千鍾，先生辭而不受，是有餘富也。彼先生者，甘天下之淡味，安天下之卑位，不戚戚於貧賤，不忻忻於富貴，求仁得仁，求義得義，其諡爲康，不亦宜乎！』曾子曰：『唯斯人也而有斯婦。』君子謂黔婁妻爲樂貧行道。」晉皇甫謐（215～282）《高士傳》卷中：「黔婁先生者，齊人也，修身清節，不求進於諸侯。魯恭公聞其賢，遣使致禮，賜粟三千鍾，欲以爲相，辭不受。齊王又禮之以黃金百斤，聘爲卿，又不就。著書四篇，言道家之務，號《黔婁子》。終身不屈，以壽終。」晉陶潛（約365～427）《詠貧士》之四：「安貧守賤者，自古有黔婁。」清沈欽韓（1775～1831）《漢書藝文志疏證》卷二曰：「《列女傳》：『魯黔婁先生死，曾子與門人往弔。』」

當爲魯人，先曾子死，亦不當威王時。」《廣韻》去聲十九侯婁字注引《漢藝文志》有《贛婁子》著書，黔作贛，與今本《漢志》文異。梁啓超（1873～1929）《漢書藝文志諸子略考釋》曰：「《列女傳》記『魯黔婁先生死，曾子與門人往弔』。則非齊人，更不及威王時矣。或是兩人耶？」陳朝爵（1876～1939）《漢書藝文志約說》卷二曰：「葉德輝據《廣韻》平聲十九候『婁』字注引《漢志》作『贛婁子』，言宋代《漢書》不作『黔』。今案，顏注既音黔爲其炎反，是師古時《漢書》固作『黔』，不作『贛』。《廣韻》作『贛』，必是形誤。元稹《遣悲懷詩》『自嫁黔婁百事乖』，尤唐人作『黔』之證。葉說好奇之過。」張舜徽（1911～1992）《漢書藝文志通釋》卷三曰：「齊魯接壤，或實齊人而居於魯，或實魯人而居於齊，此乃事所常有。故記之者或稱爲齊人，或稱爲魯人也。至於時君之名，間有不合，乃古人記憶偶差耳。」

《宮孫子》二篇。

【存佚著錄】

今亡佚。《隋書·經籍志》、《舊唐書·經籍志》、《新唐書·藝文志》皆不著錄，早已亡佚。

【作者情況】

唐顏師古（581～645）曰：「宮孫，姓也。不知名。」宋鄭樵（1104～1162）《通志·氏族略》云：「室孫氏，王室之孫也。古有室孫子著書。」宋胡氏《致知編》：「宮孫子，姓宮孫，無名，著書二篇。」（見《永樂大典》卷一萬二百八十七）清姚振宗（1842～1906）《漢書藝文志條理》卷二曰：「《氏族略》有室孫氏，無宮孫氏。據鄧名世言，則室孫氏即宮孫氏。」

《鶡冠子》一篇。楚人，居深山，以鶡爲冠。（師古曰：「以鶡鳥羽爲冠。」）

【存佚著錄】

今存十九篇，其篇目依次爲：〈博選第一〉、〈著希第二〉、〈夜行第三〉、〈天則第四〉、〈環流第五〉、〈道端第六〉、〈近迭第七〉、〈度萬第八〉、〈王鈇第九〉、

〈泰鴻第十〉、〈泰錄第十一〉、〈世兵第十二〉、〈備知第十三〉、〈兵政第十四〉、〈學問第十五〉、〈世賢第十六〉、〈天權第十七〉、〈能天第十八〉、〈武靈王第十九〉。《隋志》：「《鶡冠子》三卷。楚之隱人。」宋王應麟（1223～1296）《玉海》卷五十三《藝文》：「《鶡冠子》，《漢志》：道家一篇，楚人，居深山。以鶡爲冠。《隋志》三卷，書目同。楚之隱人。韓愈謂其詞雜黃老、刑名。晁氏《志》：著書十五篇，論三才變通，古今治亂之道，三卷。」《舊唐書‧經籍志》、《新唐書‧藝文志》、《宋史‧藝文志》子部道家類皆著錄「《鶡冠子》三卷」，宋《崇文總目》、晁公武《郡齋讀書志》、陳振孫《直齋書錄解題》、《四庫全書總目》亦著錄「《鶡冠子》三卷」。《崇文總目》曰：「今書十五篇，述三才變通、古今治亂之道，唐世嘗辯此書後出，非古所謂《鶡冠子》者。」宋陳振孫（1179～1262）《直齋書錄解題》卷九曰：「今書十九篇，韓吏部稱十有六篇，故陸謂非其全也。韓公頗道其書，至柳柳州則曰：『盡鄙淺言也，好事者僞爲其書，反用《鵩賦》以文飾之。』其好惡不同如此。自今考之，柳說爲長。」元馬端臨（1254～1323）《文獻通考‧經籍考》：「《鶡冠子》八卷。晁氏曰：『班固載，鶡冠子，楚人，居深山，以鶡羽爲冠，著書一篇，因以名之。至唐韓愈稱愛其〈博選〉、〈學問〉篇，而柳宗元以其多取賈誼《鵩鳥賦》非斥之。按《四庫書目》，《鶡冠子》三十六篇，與愈合。已非《漢志》之舊。今書乃八卷，前三卷十三篇，與今所傳《墨子》書同。中三卷十九篇，愈所稱兩卷皆在，宗元非之者，篇名〈世兵〉亦在，後兩卷有十九論，多稱引漢以後事，皆後人雜亂附益之。今削去前後五卷，止存十九篇，庶得其眞。其詞雜黃老刑名，意皆淺鄙，宗元之評蓋不誣。』《周氏涉筆》曰：『韓文〈讀鶡冠子〉僅表出首篇四稽五至。末章一壺千金，蓋此外文勢闕，自不足錄。柳子厚則斷然以爲非矣。按〈王鈇〉篇所載全用楚制，又似非賈誼後所爲，先王比閭起教，鄉遂達才，道廣法寬，尊上師下，君師之義然也。今自五長，里有司，扁長，鄉師、縣嗇夫，郡大夫，遞相傳告，以及柱國令尹，然動輒有誅，柱國滅門，今尹斬首，舉國上下，相持如束濕，而三事六官，亦皆非所取，通與編氓用三尺法，此何典也？處士山林談道可也，乃妄論王政，何哉？』陳氏曰：『陸佃解今書十九篇，韓吏部稱十有六篇，故陸謂其非全。韓公頗道其書，而柳以盡鄙淺言，自今考之，柳說爲長。』《崇文總目》今書十五篇，述三才變通古今治亂之道，唐世嘗辯此書後出，非古所謂《鶡冠子》者。」清梁玉繩（1744～1819）《瞥記》卷五曰：「《漢志》有〈龐煖〉二篇，

久不傳。今觀《鶡冠子》，則二篇全在其中，即〈世賢篇〉、〈武靈王篇〉是。煖，趙人，蓋鶡冠弟子。凡書中所云龐子，即煖也。」清沈欽韓（1775～1831）《漢書藝文志疏證》卷二曰：「其中龐煖論兵法，《漢志》本在兵家，爲後人傳合。」顧實（1878～1956）《漢書藝文志考證》云：「兵家《龐煖》三篇，汪刻本《漢書》作二篇，合此《鶡冠子》一篇，正符三篇之數。」王錦民《古學經子》申之曰：「還有別種可能，即劉向校書時，《鶡冠子》本多篇混雜，劉向爲之分類，一篇入道家，二篇改題《龐煖》，入兵權謀。《隋志》所錄是末分之本。《鶡冠子》內容多與黃老帛書同，二者均出楚地，年代亦彷彿，可視爲同一種學術。」〔註85〕呂思勉（1884～1957）《經子解題·鶡冠子》亦曰：「《漢志》只一篇，韓愈時增至十六，陸佃注時又增至十九，則後人時有增加，已絕非《漢志》之舊。」劉咸炘（1896～1932）《子疏》定本卷上〈老徒裔第三〉：「書中言《龐煖》者二篇，皆短促，恐非全書。且皆論兵，述其師說。胡應麟、沈欽韓以爲《漢志》兵家之龐煖是也，非縱橫家之龐煖也。〈近迭〉以下稱龐問，恐未是龐書。」高華平《先秦諸子與楚國諸子學》曰：「今本《鶡冠子》三卷十九篇，應該是包括這樣幾部分內容，是這樣凡部分不斷增益混合而成的。（一）《漢志·諸子略》道家類的『《鶡冠子》一篇』。在今本《鶡冠子》中，它已被分成了很多篇，舉凡今本《鶡冠子》中的〈著希〉、〈夜行〉、〈天則〉、〈環流〉、〈道端〉、〈泰鴻〉、〈泰錄〉、〈備知〉、〈能天〉，可能都是該篇的內容。它們當初應該是完整的一篇，而由眾多章節構成，並且每個章節都有自己的標題，在後來的流傳傳中被當成了很多篇。時日既久，今天人們已不能恢復其原貌了。（二）《漢志·兵書略》中被『省』的『兵書』《鶡冠子》。今本《鶡冠子》中有〈世兵〉、〈兵政〉、〈武靈王〉、〈天權〉等篇，是講用兵取勝之道的。因爲在這幾篇中，〈武靈王〉記述趙武靈王與龐煖的問答，與鶡冠子無關，不可能屬於『兵書《鶡冠子》』的內容；而〈兵政〉篇記龐子與鶡冠子問答，雖然有鶡冠子的答詞，但因爲它稱龐煖爲『龐子』，故不能排除它是龐煖後學所作，應屬於《漢志·兵書略》中『《龐煖（兵書）》三篇』的內容。（三）《漢志》縱橫家『《龐煖》二篇』和《兵書略》『兵權謀』之『《龐煖》三篇』。」〔註86〕

〔註85〕 王錦民：《古學經子》，華夏出版社，2008 年版，第 318 頁。

〔註86〕 高華平：《先秦諸子與楚國諸子學》，北京師範大學出版社，2016 年版，第 132～138 頁。

【作者情況】

漢劉歆《七略》曰：「鶡冠子者，蓋楚人也。常居深山，以鶡爲冠，故曰鶡冠。」（見唐李善《文選・辯命論》注引，又見《藝文類聚》卷六十七）漢應劭《風俗通》亦曰：「鶡冠氏，楚賢人，以鶡爲冠，因氏焉。鶡冠子著書。」（見林寶《元和姓纂》卷十「鶡冠」條引）《太平御覽》人事部交友五引袁淑〈眞隱傳〉：「鶡冠者，或曰楚人也，隱居山林，衣弊履穿，以鶡爲冠，莫測其名，因服成號。著書言道家事焉。馮煖嘗師事之。煖後顯於趙，鶡冠子懼其薦己也，乃與煖絕焉。」〈仙傳〉：「楚人，當春秋戰國時，隱居，衣弊履穿，以鶡爲冠，莫測其名氏。著書言道家事，蓋其學出於黃老，然其經營馳騁天下之志，未始一日忘，以足窺其萬一。其書篇目曰〈博選〉，詳迭字。曰〈著希〉，詳希字。曰〈夜行〉，詳行字。曰〈天則〉，詳天字。曰〈環流〉，詳流字。曰〈道端〉，詳道字。曰〈近迭〉，詳迭字。曰〈度萬〉，詳萬字。曰〈王鈇〉，詳鈇字。曰〈泰鴻〉，詳鴻字。曰〈泰錄〉，詳錄字。曰〈世兵〉，詳兵字。曰〈備知〉，詳知字。曰〈兵政〉，詳政字。曰〈學問〉，詳問字。」（見《永樂大典》卷一萬二百八十七）宋陸佃（1042～1102）《陶山集》卷十一〈鶡冠子序〉：「陸子曰：鶡冠子，楚人也，居於深山，以鶡爲冠，號曰鶡冠子。……自〈博選〉篇至〈武靈王問〉，凡十有九篇，而退之讀此，云有六篇者非全書也。今其書雖具在，然文字脫謬，不可考者多矣。語曰：書三寫，魚成魯，帝成虎，豈虛言哉！余竊閔之，故爲釋其可知者，而其不可考者輒疑焉，以俟博洽君子。」今按：關於鶡冠子的生活年代，李學勤根據《鶡冠子》中〈世賢〉、〈武靈王〉等篇，認爲「鶡冠子的活動年代估計相當於趙惠文王、孝成王到悼襄王之初年，即楚頃襄王、考烈王之世，也就是公元前 300 年至前 240年，戰國晚期的前半」。〔註87〕

【真偽考辨】

唐柳宗元（773～819）《柳河東集》卷四〈辯鶡冠子〉曰：「余讀賈誼〈鵩賦〉，嘉其辭，而學者以爲盡出《鶡冠子》。余往來京師，求《鶡冠子》無所見，至長沙，始得其書讀之，盡鄙淺言也。唯誼所引用爲美，餘無可者。吾意好事者僞爲其書，反用〈鵩賦〉以文飾之，非誼有所取之，決也。」今按：柳宗元以爲「好事者僞爲其書」，過矣。明胡應麟（1551～1602）《少室山房

〔註87〕李學勤：《〈鶡冠子〉與兩種帛書》，《簡帛佚籍與學術史》，江西教育出版社，2001 年版，第 87 頁。

筆叢・四部正訛中》:「《鶡冠子》,《漢・藝文志》有二:一道家,一兵家。兵家任宏所錄,班氏省之,則今所傳蓋偽託道家者爾。然道家所列《鶡冠子》僅一篇,而唐韓愈所讀有十九篇。宋《四庫書目》乃三十六篇,晁氏《讀書志》則稱八卷,與《漢志》俱不合。而唐、宋又自相矛盾,晁顧謂《四庫》篇目與昌黎所讀同,何也?說者以《鶡冠》、《亢倉》、《子華》皆因前代有其名而依託爲偽,然中實不同。《鶡冠》則戰國有其書,而後人據《漢志》補之。……獨宋景濂以非偽撰,謂其書本晦澀,後人複雜以鄙淺,故讀者厭之,不復詳悉其旨。余以此書蕪紊不馴,誠難據爲戰國文字,然詞氣瑰特渾奧時有之,似非東京後人所辦。蓋其書殘逸斷缺,後人之鄙淺者以己意增益傳之,故文義多不可訓,句讀者遂益不復究心,景濂之論卓矣。」清黃中堅《蓄齋二集》卷三〈讀鶡冠子〉:「傳言鶡冠子楚人,居深山,好聚鶡羽爲冠,而未詳其制。按《後漢書・輿服志》:鶡,勇雉也,其鬥對一死乃止。故趙武靈王以表武士,冠首環纓,以青絲爲緄,加雙鶡尾,豎左右,曰鶡冠,蓋武冠也。鶡冠子喜言兵,而其書載有武靈王卓襄王,豈嘗仕於趙而服其冠歟?其著書大旨亦彷彿黃老,而流入於申韓,頗踳駁,不可用。韓退之以爲施於國家功德不少者,非也。其文字句多脫誤,不免生澀艱晦,然而峭刻之思,古奧之致,奇雋之語,有足耐人尋味者。玩其氣格,自是戰國人手筆。柳子厚以爲淺鄙,而疑其偽者,亦非也。」楊大瓢評之曰:「平允切實,可補似孫《子略》。」《四庫全書總目》子部雜家類〈鶡冠子提要〉曰:「劉勰《文心雕龍》稱鶡冠綿綿,亟發深言。《韓愈集》有〈讀鶡冠子〉一首,稱其〈博選〉篇四稽五至之說,〈學問〉篇一壺千金之語,且謂其施於國家,功德豈少。《柳宗元集》有〈鶡冠子辨〉一首,乃詆爲言盡鄙淺,謂其世兵篇多同〈鵩賦〉,據司馬遷所引賈生二語,以決其偽。然古人著書,往往偶用舊文,古人引證,亦往往偶隨所見。如谷神不死四語,今見《老子》中,而《列子》乃稱爲黃帝書。克己復禮一語,今在《論語》中,《左傳》乃謂仲尼稱志有之。元者善之長也八句,今在〈文言傳〉中,《左傳》乃記爲穆姜語。司馬遷惟稱賈生,蓋亦此類,未可以單文孤證,遽斷其偽。惟《漢志》作一篇,而《隋志》以下皆作三卷,或後來有所附益,則未可知耳。其說雖雜刑名,而大旨本原於道德,其文亦博辨宏肆。自六朝至唐,劉勰最號知文,而韓愈最號知道,二子稱之,宗元乃以爲鄙淺,過矣。」清沈欽韓(1775~1831)《漢書藝文志疏證》卷二曰:「宋陸佃所注,自〈博選〉至〈武靈王〉十九篇,然其中龐煖論兵法,《漢志》

本在兵家，爲後人傅合耳。其多有可採。柳宗元謂惟賈生〈鵬賦〉所引用者爲美，餘無可者。彼信遍觀之而定論邪？何其牳疏也！韓子之言，當矣。」清方濬頤（1815～1888）《二知軒文存》卷十三〈讀鶡冠子〉：「〈學問〉篇最爲明暢簡括，宜乎昌黎賞其文而悲其不遇也。……故爲奇奧之語，以驚世駭俗，而實則黃老之學，雜以刑名，未能入乎聖賢之域也。觀其首戴鳥羽，卻聘幽棲，蓋石隱之流，甘心行怪者，奚足尙乎？」呂思勉（1884～1957）《經子解題・鶡冠子》認爲其書不僞：「今所傳十九篇，皆詞古義茂，絕非漢以後人所能爲。蓋雖非《漢志》之舊，而又確爲古書也。〔註88〕……全書宗旨，原本道德，以爲一切治法，皆當隨順自然。所言多明堂陰陽之遺，儒、道、名、法之書，皆資參證，實爲子部瑰寶。〈博選〉第一，此篇言君道以得人爲本，得人以博選爲本。〈著希〉第二，此篇言賢者處亂世必自隱，戒人君不可不察。〈夜行〉第三，此篇言天文地理等，皆有可驗。〈天則〉第四，此篇言『天之不違，以不離一支天若離一，反還爲物』。……合天然與人治爲一貫，乃哲學中最古之義也。〈環流〉第五，此篇言『有一而有氣，有氣而有意，有意而有圖，有圖而有名，有名而有形。』……〈道端〉第六，此篇原本自然，述治世之法，與第八篇皆多明堂陰陽之言。〈近迭〉第七，此篇言當恃人事，不當恃天然之福，而人道則以兵爲先。頗合生存競爭之義……〈度量〉第八，此篇言度量法令，皆原於道。〈王鈇〉第九……此篇先述治道，亦法自然之意。後述治法，與《管子》大同。〈泰鴻〉第十，此篇言『天地人事，三者復一』。多明堂陰陽家言。〈泰錄〉第十一，此篇亦言宇宙自然之道。……〈世兵〉第十二，此篇大致論用兵之事。〈備知〉第十三，此篇先言渾樸之可尙，有意爲之則已薄，與《老子》頗相近。……〈兵政〉第十四，此篇言兵必合於道，而後能勝。〈學問〉第十五……答以『始於初問，終於九道』。……〈世賢〉第十六，此篇借醫爲喻，言治於未亂之旨。〈天權〉第十七，此篇先論自然之道，而推之於用兵。亦亦多陰陽家言。〈能天〉第十八，此篇言安危存亡，皆有自然之理。……〈武靈王〉第十九，此篇亦論兵事。」梁啓超（1873～1929）《漢書藝文志諸子略考釋》曰：「晁公武、陳振孫皆祖柳說，惟《四庫提要》則又爲之訟直。啓超案，今書時含名理，且多古割，似非出魏晉以後人手。

〔註88〕蔣伯潛《諸子通考》曰：「此書卷篇，後增於前，相去懸殊，其爲僞書，皎然可知。……今按其書文晦意澀，又出《列子》之下，決非周秦之書也。」今按：蔣氏認爲此書爲僞書，未能提供眞憑實據，不足爲憑。

惟晁氏云：『按《四庫書目》，《鶡冠子》三十六篇，已非《漢志》之舊。今書乃八卷，前三卷七三篇，與今所傳《墨子》書同；中三卷十九篇，愈所稱兩卷皆在；宗元非之者篇名〈世兵〉，亦在；後兩卷有十九論，多稱引漢以後事。』然則此書經後人竄亂附益者多矣。今所存者，即中三卷，雖未必爲《漢志》之舊，然猶爲近古，非僞《關尹》、僞《鬼谷》之比也。」

【學術源流】

劉勰《文心雕龍·諸子》曰：「鶡冠綿綿，𤧛發深言。」唐韓愈（768～824）《昌黎先生文集》卷十一〈讀鶡冠子〉曰：「《鶡冠子》十有六篇，其詞雜黃老刑名，其〈博選〉篇四稽五至之說當矣。使其人遇其時，援其道而施於國家，功德豈少哉？〈學問〉篇稱：賤生於無所用，中流失船，一壺千金者，余三讀其辭而悲之。」宋高似孫（1158～1231）《子略》卷三〈鶡冠子〉曰：「春秋、戰國間，人才之偉且多，有不可勝者。不得其時，不得其位，不得其志，退而藏之山谷林莽之問，無所泄其謀慮智勇，大抵見之論著。然其經營馳騁天下之志，未始一日忘，而其志亦可窺見其萬一者矣。是以功名之念有以怵其心，利害之機有以蕩其慮，而特立獨行之操不足以盡洗見聞之陋也。是其爲書，不出於黃老，則雜於刑名，是蓋非一《鶡冠子》而已也。柳子厚讀賈誼〈鵩賦〉嘉其詞，而學者以爲盡出《鶡冠子》，得其書讀之，殊爲鄙淺，唯誼所引用者爲其美，餘無可言者。《列仙傳》曰：鶡冠子楚人，隱居，衣弊履穿，以鶡爲冠，莫測其名，著書言道家事，則蓋出於黃老矣。其書有曰：小人事其君，務蔽其明，塞其聰，乘其威，以灼熱天下。天高而難追，有福不可請，有禍不可違，其言如此。是蓋未能忘情於斯世者。至曰：鳳鳥陽之精，麒麟陰之精，萬民者德之精。嗚呼！亦神矣。」宋黃震（1213～1280）《黃氏日鈔》卷五十五曰：「《鶡冠子》言之害理者，如曰『聖人貴夜行』；其近理者，如曰『富者觀其所予，貴者觀其所舉，貧者觀其所取，賤者觀其所與，及不殺降人』之類，皆其間見一二耳。餘率晦澀，詞繁理寡，韓文公顧有取焉，何哉？常考其五至之說，見於首篇，始謂北面事君則伯己者至，謳藉□咄則從隸者至，是痛上之人不禮下也。中流失船之說，見於末篇，謂賤生於無用之若中流失船，一壺千金，是傷己之不遇時也，文公豈有感於其言者乎？然文公獵取此一二語之，餘十五篇無留良矣。伯己，言其才之百倍於己。」宋張淏《雲谷雜記》卷一曰：「《鶡冠子》，《漢·藝文志》云：楚人，居深山，以鶡爲冠，既不知其名，又不知其爲何時人，然其書時稱燕將劇辛，

可不慎哉！此書雖雜黃老刑名，而要其宿時若散亂，而無家者，然其奇言奧旨亦每每而有也。自〈博選〉篇至〈武靈王問〉，凡十有九篇，而退之讀此云十有六篇者，非全書也。今其書雖具在，然文字脫繆，不可考者多矣。」宋黃震（1213～1280）《黃氏日鈔》卷五十五「鶡冠子」條曰：「《鶡冠子》言之害理者，如曰聖人貴夜行。其近理者，如曰富者觀其所予，貴者觀其所舉，貧者觀其所取，賤者觀其聽，與及不殺降人之類，皆其間見一二耳。餘率晦澀，詞繁理寡。韓文公顧有取焉，河哉？」明宋濂（1310～1381）《諸子辨》曰：「其書述三十變通古今治亂之道，而〈王鈇〉篇所載，楚制為詳。立書雖過乎嚴，要亦有激而云也。周氏譏其以處士妄論王政，固不可哉。第其書晦澀，而後人又雜以鄙淺言，讀者往往厭之，不復詳究其義。所謂『天用四時，地用五行，天子執一以守中央』，此亦黃老家之至言。使其人過時，其成功必如韓愈所云。黃氏又謂『韓愈獵取二語之外，餘無留良』者，亦非知書也，士之好妄論人也如是哉。陸佃解本十九篇，與晁氏削去前後五卷者合，予家所藏但十五篇云。」明羅明祖（1600～1643）《羅紋山全集》卷四：「讀《鶡冠》文，詞格巉峭，而旨義玄微，如對深山道流，穆然不與人接一語，迨其徵音一宣，千重冥關，單騎而破。大凡用陡句者多雋，《鶡冠》句愈陡，味愈厚，非六朝士所辨。」陳朝爵（1876～1939）《漢書藝文志約說》卷二曰：「本志兵權謀家原有《鶡冠子》，省去入道家。是《鶡冠》之書本在道家、兵家之間。」呂思勉（1884～1957）《先秦學術概論》曰：「《鶡冠子》與《管子》最相似……蓋九流之學，流異源同，故荊楚學者之言，與齊託諸仲父之書相類也。」高華平補充曰：「鶡冠子的思想，實際上並不止於稷下黃老道家綜合諸子百家之學，他對包括稷下黃老道家的思想本身也是既有繼承，又有發展的。但鶡冠子的兵書則應該是他所自著，而不可能是他從楚國道家學者那裏抄襲而來或由後來的道家學者所增加的，也不是他從稷下道家那裏簡單模仿所得來。鶡冠子既大量引用或化用《老子》以及《莊子》中的語句，提出了一個以泰一（太一）為宇宙秩序的決定者和一切事物總根源，由泰一調泰鴻之氣（元氣）、正神明之位而形成的泰一、元氣、陰陽、神明、精微、天地、日月等的宇宙生化序列；另一方面，他提出的這個序列和宇宙結構，不僅比傳世文獻《老子》、《文子》、《呂氏春秋》、《荀子》都要複雜，甚至還比出土文獻《太一生水》、《黃帝四經》也更縝密和完備。不僅加上了宮、商、角、徵、羽五音，而且與四時結合，同東西南北中五方相配。同時受到了《管子》的

〈四時〉、〈五行〉及陰陽家學說的影響。由鶡冠子的道家思想，我們可以看到戰國後期楚國道家思想的鮮明時代和地域特色。」〔註89〕劉咸炘（1896～1932）《子疏》定本卷上〈老徒裔第三〉：「韓愈、陸佃濬以爲雜黃老刑名，愈又稱其四稽有設施，柳宗元則以爲鄙淺，黃震以爲詞繁理寡。王闓運曰：其書多言王政四稽，特觀人之術，不足見其蘊蓄。柳以爲淺薄，則未知所謂深厚者何也。此說近似矣，而未盡也。今撮其大要，足以知之。其書屢稱君子術數之士，〈天則〉篇言法章物而不自許者天之道，又言德與身存亡者未可以取法，此似主法不主人，如法家之說矣。然其言法皆主於法天地。〈天則〉篇曰：『天地之無極，以守度量而不可濫。』〈度萬〉曰：『天者然物而無勝，地者均物而不可亂。』〈王鈇〉稱天曲曰術，天誠曰德，天信月刑，天明星稽，天田時則，又以秦制略述法天，而集伍扁之治以至於柱國、令尹。又言法主於因。〈天則〉言化，不因民不能成俗，此即莊、慎之所同也。〈天則〉稱九皇之制，〈王鈇〉稱太上成鳩之道，素皇內帝之法，是道家稱古帝之說也。〈環流〉曰：『道之用法。』〈度萬〉曰：『法也者，守內若也。』〈泰鴻〉曰：『素次以法，物至輒合法者，天地之正器。』其所謂法者如此，乃持一之術，非慎、商、韓之所謂也。又〈度萬〉稱神化、官治、教治、因治、事治，五正等級最明，而歸於在人。……〈博選篇〉言帝者與師處，王者與友處。〈博選〉、〈道端〉皆極言觀人之法。〈道端〉言明主治世，急於求人。〈泰錄〉言代繼之君不賢，猶不果亡者，能受教於有道之士。而〈著希〉、〈備知〉、〈學問〉諸篇，皆慨賢曰之不見知，蓋道家初說本主人，與儒家同也。……蓋老子所言治國，皆本於治身以順其性，非但言因任。慎到雖但言因任，要非如申、商之刻賊，略似荀卿定分之說。而因任天然，不加矯強則異。後世狠謂黃、老流爲刑名，遂以是書爲雜，是不考老門徒裔之言法者爲何說也。《鶡冠》之說，與莊、慎大同而小異，但多虛理，少實指，不免迂闊之誚。蓋隱居深山，未與時流相觸，故其說疏渾，未有以自立。然道家老輩之所持，此可見矣。其書詞多奧，頗似禮家，尤近《管子》中諸古道家言。故劉勰謂《鶡冠》綿綿，亟發深言。其旁出他義者，以禮義總信爲兵，又論六國之弊，亦甚明確。惟〈世兵〉一篇稱引曹沫，又說兵法，後又語同〈鵩賦〉，文義不屬。胡應麟謂昧者勦入，王闓運謂抄者誤入，蓋可信也。王氏又謂〈夜行〉引《老經》

〔註89〕高華平：《先秦諸子與楚國諸子學》，北京師範大學出版社，2016 年版，第 147～151 頁。

語爲盜道家言,則苟矣。」張舜徽(1911～1992)《漢書藝文志通釋》卷三曰:「《漢志》《鶡冠子》一篇,在道家;又《龐煖》二篇在縱橫家。《隋志》但著錄《鶡冠子》三卷,無《龐煖》書。清末王闓運《湘綺樓集》有〈鶡冠子序〉,疑《隋志》之三卷,乃合《龐煖》二篇在內,揆之其實,理或然也。即以今本十九篇觀之,言多名理,且饒古訓,似非魏、晉以下人所能爲。以視其他僞書,固不同矣。要之,上世美言雋辭,流佈甚夥。周、秦諸子,各有所取,載之篇籍,雖非出之己口,自有存古之功。此書可寶者,亦在是耳。」張金城《鶡冠子箋疏敘例》曰:「有清一代治《鶡冠子》者,有洪頤煊《讀書叢錄》、王闓運《鶡冠子注》、俞樾《曲園雜纂》、孫詒讓《札迻》四家。諸賢多就片言隻字析其確詁,釐其正字,鮮能通及全章以究微言。即民國以來,孫人和氏《鶡冠子舉正》、張純一氏編《諸子精華錄》,雖間有新義,略多通體之論,然十九沿用陸氏舊文,且隨意刪節,蓋已失原書神貌。余既入上庠,承於師長卿先生訓誨諄諄,每想通觀子書精義。先生曰:『欲博觀必自專精始,求專精先從一子下工夫。』余欣然受教,因請以《鶡冠》始。求乎子史之中以箋其義、疏其注,並就古注類書所徵引有可以驗其訛奪者略爲之正。」

【出土文獻】

　　與《鶡冠子》有關之出土文獻有敦煌唐寫本《鶡冠子》,曾被傅增湘收藏。傅增湘(1872～1949)《跋唐人寫鶡冠子上卷卷子》曰:「《鶡冠子》上卷,唐人寫卷子本。凡二十六紙,每紙二十八行,每行十七字,都七百二十行。末一紙後空八行,距書名後空一行,低二格題『貞觀三年五月敦煌教授令狐袞傳寫』一行十五字。卷中『民』字皆缺末筆。每紙接縫處,紙背鈐有朱色花紋記。用筆秀勁,結體方博,微具褚、虞遺範。開卷題『鶡冠子卷上』,次行頂格寫本書,不標篇名。以今本核之,自〈博選〉起,次〈著希〉,次〈夜行〉,次〈天則〉,次〈環流〉,次〈道端〉,次〈近迭〉,次〈度萬〉,至〈王鈇〉篇『上序其福祿而百事理,行畔者不利』止,蓋上卷爲今本八篇有半也。第『行畔者不利』下,尋繹文義未終,不知何以割斷爲卷,疑莫能明也。每段下有注,注文仍大字頂格書,以別紙錄之,凡得七十九條。撰注者不著何人,以初唐人所書測之,則撰者當爲隋以前人矣。注文說理深摯,而筆勢廉銳,大非陸農師循文敷衍可比。今以《道藏》本校正文,開卷『道凡四稽,四曰命權』,今本以『命』字斷句矣。其下『所謂天者,物理有情者也』,至『博選者,以五至爲本者也』,乃『命權』以下『四稽』之注,今本則混入正文矣。

設非睹此唐寫本，又烏能糾其失耶？此八九篇文字，凡改訂刪乙增補，約近四百言。昔昌黎韓氏嘗苦此書文字脫繆，爲之正訂者凡七十餘字。陸農師亦謂『其書雖具在，然文字脫繆，不可考者多矣』，因有『魚魯帝虎』之歎。今據唐寫本足以正今本之失者至四百事，此固唐、宋以來諸人所欲見而不得者。學者倘執是而求之，其奇言奧旨，或有顯著於世之一日乎！然惜其存於世者只此戔戔也。」

《周訓》十四篇。（師古曰：「劉向《別錄》云：人間小書，其言俗薄。」）〔註90〕

【存佚著錄】

今亡佚。《隋書・經籍志》、《舊唐書・經籍志》、《新唐書・藝文志》皆不著錄，早已亡佚。清沈欽韓（1775～1831）《漢書藝文志疏證》卷二曰：「《隋志》有《周書陰符》九卷。《初學記》十七引云：『凡治國有常，一曰君以舉賢爲常，二曰官以任賢焉常，三曰士以敬賢常。』蓋即此類。《御覽》亦引之。」陳朝爵（1876～1939）《漢書藝文志約說》卷二曰：「師古引《別錄》云：『人間小書，其言俗薄。』案：『人間』即『民間』，猶鄉曲也。」

【書名理據】

張舜徽（1911～1992）《漢書藝文志通釋》卷三曰：「著錄於《漢志》之書凡以周名者，多爲周普、周遍、所包甚廣之意。道家《周訓》十四篇，蓋即習道論者隨筆雜錄之編，以備遺忘者也。與高文典冊、精意著述不同，故劉向以小書俗薄目之。」

《黃帝四經》四篇。

【存佚著錄】

今亡佚。《隋書・經籍志》、《舊唐書・經籍志》、《新唐書・藝文志》皆不著錄，早已亡佚。

〔註90〕　「人間」，清姚振宗《漢書藝文志條理》曰：「按《別錄》本文當是『民間』，此蓋顏監避諱所改也。」

【真偽考辨】

劉咸炘（1896～1932）《子疏》定本卷上〈老徒裔第三〉：「黃老者自秦、漢以降，一術之名彼託於黃老，非黃帝、老子本如是也。《淮南鴻烈》曰：『世俗之人多尊古而賤今，故爲道者必託之神農、黃帝而後入說。』朱元晦曰：『黃帝聰明神聖得之於天，天下之理無不知，天下之事無不能，上而天地發育之原，下而保神練氣之術，洞然胸次，是以其言有及之者，世之言此者因自託焉，以信其說於後世。至戰國時，方術之士遂筆之書以相傳授，蓋必粗得遺言之彷彿者。』按：《七略》有《黃帝四經》四篇、《銘》六篇、《黃帝君臣》十篇、《雜黃帝》五十八篇，列於諸子之後，蓋以其爲戰國道家之作也。其逸文今可考者，《六韜》引一條，《呂覽》〈應同〉、〈去私〉、〈圜道〉、〈遇合〉、〈伸時〉、〈莊意〉，賈誼書〈宗首〉、〈修政語〉各引一條，〈應同〉之『與元同氣』，見道體之渾一；〈圜道〉之『帝無常處』，見道體之周遍；〈修政〉之『道若川水』，見道體之流行；〈序意〉之『大圜大矩』，則爲天圓地方之說，爲後來儒家乾坤禮樂，道家虛因上下諸義之所本，信乎其爲道術之宗也。六〈銘〉唯〈巾〉、〈几〉引見《路史》，嚴可均據《御覽》引《太公陰謀》、《金匱》，定《說苑・敬慎》篇所載〈金人銘〉爲黃帝作，頗似。其文曰：……按：此文多與《老經》同，若果遠有所受，可證《老經》多述古。既採入《家語》，儒者多誦習之，而不知實道家初旨也，故具錄之。」王錦民《古學經子》曰：「《漢志》在《鶡冠子》後著錄黃帝書，計有《黃帝四經》四篇，《黃帝銘》六篇，《黃帝君臣》十篇，《雜黃帝》五十八篇，《力牧》二十二篇。按年代說，這些著作均當著錄在《伊尹》之前，爲什麼放在後面呢？班固這樣做可能是因爲此數種黃帝書均爲六國時晚出之作，不同於《伊尹》等有舊典爲基礎；可作爲道家的『書』。考諸《漢志》自《老子》以下如《文子》、《蜎子》、《關尹子》、《莊子》、《列子》、《王狄子》、《公子牟》、《田子》、《老萊子》、《黔婁子》，凡可注明年代者均在前，最後一位黔婁子爲齊威王時人，則以上諸子的生活年代均在戰國中期。自《黃帝四經》以下則多注『六國時』，如《黃帝君臣》注云：『起六國時，與《老子》相似也。』《雜黃帝》注云：『六國時賢者所作。』《力牧》注云：『六國時所作，託之力牧。力牧，黃帝相。』《漢志》於《黃帝銘》下無注；劉勰《文心雕龍・諸子》篇云：『蓋上古遺語，而戰代所記。』也似出六國時。《黃帝四經》之作者作時，《漢志》亦未注，比較完整地引黃帝之言，見於《韓非子》、《呂氏春秋》、《文子》、《賈子》、《淮南子》

等書，而自《韓非子》以前少有引黃帝言者，因此《黃帝四經》也不會成書太早，依《黃帝銘》等例，也當出六國時，只是在黃帝書中比較先出，且地位重要些。牟鍾鑒述先秦道家發展爲四個階段，一爲老子，二爲楊朱、田駢、愼到、宋鈃、尹文，三爲莊子，四爲戰國末年到漢初的黃老之學。牟氏所說至當。雖然漢代黃老之學並稱，但先秦黃帝之學的興起，在年代上遠後於老子之學。」〔註91〕

【學術源流】

清姚振宗（1842～1906）《漢書藝文志條理》卷二曰：「太史公《素王妙論》曰：『諸稱富者，非貴其身，得志也乃貴，恩覆子孫，澤及鄉里也。黃帝設五法，布之天下，用之無窮。蓋世有能知者，莫不尊親，如范子可謂曉之矣。范蠡行十術之計，二十一年之間三致千萬，再散與貧。』案《黃帝五法》當在此書中。」顧實（1878～1956）《漢書藝文志講疏》三〈諸子略〉曰：「《隋志‧佛道》篇云：『漢時諸子道書之流，有三十七家。大旨皆去健羨，處沖虛而已。其《黃帝》四篇、《老子》二篇，最得深旨。』此懸揣之談。」張舜徽（1911～1992）《漢書藝文志通釋》卷三曰：「黃帝之世，荒遠難稽。故司馬遷在〈五帝本紀贊〉中早已歎喟：『百家言黃帝，其文不雅馴，薦紳先生難言之。』然世俗之人多尊古卑今，貴遠賤近。故爲道者必託之神農、黃帝，以高遠其所從來。此《淮南‧修務》篇所爲致慨也。言道論之必託本於黃帝，猶治本草之必推始於神農耳。黃、老並稱，爲時已久。學者習焉不察，遂以黃帝爲道家之祖，目爲無所不知、無所不能之神聖人物。因之述道德之意以爲書者，遂託名於黃帝也。即使漢世果有其書，亦必出六國時人之手。此乃著書託古之慣技，不足怪已。」

【學術大旨】

以「道論」爲核心內容，兼採儒、法、刑、名各家思想，縱論社會政治、管理之術，特別重視「時論」和「條件論」，深化了老子關於矛盾轉化的辯證法思想。郭齊勇、吳根友《諸子學通論》又曰：「《黃老帛書》的政治論則主要強調君主應當遵循社會管理過程中的客觀規律、標準規範，剔除君主私智的干擾，既要『以法繩得失』，又要『自引以繩』，『參天、地、人』三道而用之。其辯證法思想以『陰陽爲構架』，論矛盾的事物之間相輔相存、相互轉化

〔註91〕 王錦民：《古學經子》，華夏出版社，2008 年版，第 318～319 頁。

的規律性等理，突出地強調了在適當的時機積極進取的心態為爭取矛盾向著有利於自身方向發展的重要性，在『爭』與『不爭』皆有危險的情況應該積極地去『鬥爭』，不要靜觀事物的變化，錯失獲勝的良機。」〔註92〕

【出土文獻】

與《黃帝四經》有關之出土文獻有馬王堆帛書《老子》乙本卷前古佚書《經法》、《十六經》、《稱》、《道原》四種，見《馬王堆漢墓帛書》（文物出版社，1980年版），分圖版、釋文兩類。唐蘭以為即《漢志》著錄之《黃帝四經》，然裘錫圭、李零等人皆不同意此說法。

《黃帝銘》六篇。

【存佚著錄】

今亡佚。《隋書‧經籍志》、《舊唐書‧經籍志》、《新唐書‧藝文志》皆不著錄，早已亡佚。

【辨偽源流】

陳朝爵（1876～1939）《漢書藝文志約說》卷二引李大防曰：「班以黃帝書次《老》、《莊》後者，以其書多出後人所撰述，非自著也。」張舜徽（1911～1992）《漢書藝文志通釋》卷三曰：「黃帝之世，荒渺遙遠，其時尚無文字，更何有於銘辭？所謂《黃帝銘》者，亦後世依託之作耳。」今按：李、張二氏之說頗為有理，《漢志》於編次之先後暗寓文獻真偽之辨。

【學術源流】

宋王應麟（1223～1296）《漢藝文志考證》卷六曰：「《史記正義》：《黃帝道書》十卷。東萊呂氏曰：『漢初，黃老世有傳授，觀〈樂毅傳〉贊可考。』《皇覽》記武王問尚父，言黃帝之戒，為金人，三封其口。蔡邕《銘論》：『黃帝有巾機之法。』」劉勰《文心雕龍‧諸子》曰：「帝軒刻輿幾以弼違。」清章學誠（1738～1801）《校讎通義》卷三曰：「道家《黃帝銘》六篇，與雜家《荊軻論》五篇，其書今既不可見矣；考《皇覽》黃帝金人器銘，及《皇王大紀》所謂輿幾之箴，巾幾之銘，則六篇之旨可想見也。《荊軻論》下注「司

〔註92〕郭齊勇、吳根友：《諸子學通論》，商務印書館，2015年版，第144頁。

馬相如等論之」，而《文心雕龍》則云「相如屬詞，始贊荊軻」。是五篇之旨，大抵史贊之類也。銘箴頌贊有韻之文，例當互見於詩賦，與詩賦門之《孝景皇帝頌》同類編次者也。（孔甲《盤盂》二十六篇，亦是其類。）」清姚振宗（1842～1906）《漢書藝文志條理》卷二採信章學誠《校讎通義》之說。顧實（1878～1956）《漢書藝文志講疏》三〈諸子略〉曰：「《黃帝金人銘》見於《荀子》、《太公金匱》、劉向《說苑》，《黃帝巾幾銘》見於《路史》，是《六銘》尚存其二也。今黃帝書雖亡，凡見引於《韓非》、《呂覽》、《賈子》、《淮南》、《列子》、《文子》、《六韜》、《漢書》者，率多透宗之語，不愧道家鼻祖。」

【書名理據】

張舜徽（1911～1992）《漢書藝文志通釋》卷三曰：「古之帝王，多有為箴銘於器物以自警策者。如《大戴禮記‧武王踐阼》篇所謂於席之四端為銘，於幾為銘，於鑒為銘，於盥盤為銘，於楹為銘，於杖為銘，於帶為銘，於履屨為銘，於觴豆為銘，於戶為銘，於牖為銘，於劍為銘，於弓為銘，於矛為銘，舉凡周身之器，莫不有銘，所以自鞭屬者深矣。」

《黃帝君臣》十篇。起六國時，與《老子》相似也。

【存佚著錄】

今亡佚。《隋書‧經籍志》、《舊唐書‧經籍志》、《新唐書‧藝文志》皆不著錄，早已亡佚。

【真偽考辨】

張舜徽（1911～1992）《漢書藝文志通釋》卷三曰：「以近世進化論史觀衡之，則黃帝之世，實為我國原始社會時期。其人乃傳說中之部落聯盟酋長。此時尚無國家政權，更何有於君臣相與之道？《漢志》著錄此書十篇，班氏自注乃云『起六國時』，達其本矣。」

【學術源流】

《史記‧五帝本紀》：「舉風后、力牧、常先、大鴻以治民，順天地之紀、幽明之占、死生之說、存亡之難。」《太平御覽》卷七十九引《尸子》曰：「子貢曰：『古者黃帝四面，信乎？』孔子曰：『黃帝取合己者四人，使治四方。不計而耕，不約而成，此之謂四面。』」清沈欽韓（1775～1831）《漢書藝文志

疏證》卷二曰：「按此蓋雜記其君臣事跡，爲後來言風后、力牧、大山稽等所本。」

《雜黃帝》五十八篇。六國時賢者所作。

【存佚著錄】

今亡佚。《隋書·經籍志》、《舊唐書·經籍志》、《新唐書·藝文志》皆不著錄，早已亡佚。

【學術大旨】

張舜徽（1911〜1992）《漢書藝文志通釋》卷三曰：「凡云雜者，謂其不純一也。此蓋六國時人治道德之術者，雜集眾說，兼採異論，以成一編。篇幅較多，又託爲黃帝遺教，故名曰《雜黃帝》。班氏自注云：『六國時賢者所作。』斯一語也，實可上貫此四種書。」今按：此或爲雜家之濫觴。原典形成之後，經過諸子百家之爭鳴，至秦、漢之際雜家初步形成，以《荀子》、《呂氏春秋》爲代表，中經淮南子、董仲舒、司馬遷之整合，最後至王充《論衡》而定型。

《力牧》二十二篇。六國時所作，託之力牧。力牧，黃帝相。

【存佚著錄】

今亡佚。《隋書·經籍志》、《舊唐書·經籍志》、《新唐書·藝文志》皆不著錄，早已亡佚。

【真偽考辨】

顧實（1878〜1956）《漢書藝文志講疏》三〈諸子略〉曰：「兵陰陽家有《力牧》十五篇，班注語意略同，然未必同書。《淮南子·覽冥》篇云：『黃帝治天下，而力牧、太山稽輔之。』或據此書。《文心雕龍·諸子》篇云：『《風后》、《力牧》篇述者，蓋上古遺語，而戰代所記。』其詞亦視班注爲恕。故班注於道家《文子》、《力牧》之外，又如農家《神農》注云『六國時，諸子託之神農』，小說家《師曠》注云『其言淺薄，似因託』，《天乙》注云『其言非殷時，皆依託』，《黃帝說》注云『迂誕依託』，兵家《封胡》、《風后》、《力

牧》、《鬼容區》注皆云『依託』。此類語絕不施之於六藝，是其攻諸子甚矣。」
張舜徽（1911～1992）《漢書藝文志通釋》卷三曰：「審定僞書，亦劉、班啓其
端。今以《漢志》所載傳疑之書考之，約有六例，已詳余早歲所撰《漢書藝
文志釋例》矣。〈諸子略〉中，班氏辨僞之語尤多，可貴也。」

【作者情況】

《史記·五帝本紀》：「舉風后、力牧、常先，大鴻以治民。」裴駰《集
解》引班固曰：「力牧，黃帝相也。」《淮南·覽冥訓》：「黃帝治天下，而力
牧、大山稽輔之，以日月之行，律治陰陽之氣，節四時之度，正律曆之數。」
〈先天紀〉：「帝問張若謀敵之事。張若曰：『不如力牧能於推步之術。」

《孫子》十六篇。六國時。

【存佚著錄】

今亡佚。今本《孫子》爲兵家之書，非此十六篇。道家著錄之《孫子》，
《隋書·經籍志》、《舊唐書·經籍志》、《新唐書·藝文志》皆不著錄，早已
亡佚。

【作者情況】

《漢書·古今人表》列孫子於第五等中中。清梁玉繩（1744～1819）《人
表考》曰：「孫子惟見《莊子·達生》，名休。」清錢大昕（1728～1804）《三
史拾遺》卷二曰：「〈藝文志〉道家有《孫子》十六篇，六國時人，非兵家之
兩孫子也。」清梁學昌等《庭立記聞》卷一曰：「孫子惟見《莊子·達生》篇，
名休。〈藝文志〉道家《孫子》十六篇，當即其人。」清沈欽韓（1775～1831）
《漢書藝文志疏證》卷二曰：「《鹽鐵論·論功》篇：『孫子曰：今夫國家之事，
一日更百變，然而不亡者，可得而革也。逮出兵乎平原廣牧，鼓鳴矢流，雖
有堯、舜之知，不能更也。』不稱兵法而言孫子，似是道家之孫子。」清姚
振宗（1842～1906）《漢書藝文志條理》卷二曰：「《人表》於吳孫武之外，列
此孫子於田太公和魏武侯之時，與春秋時孫武自別，亦與此言六國時相合，
蓋即此孫子。《莊子·達生》篇引其語當出是書。然自司馬彪以來，注《莊子》
書者皆略而不言，其始末不可考。」陳朝爵（1876～1939）《漢書藝文志約說》
卷二曰：「齊孫臏在六國時，則此孫子但可言非吳孫子耳。」顧實（1878～1956）

曰：「班注云六國時，則非兵權謀家之吳、齊二孫子也。」

《捷子》二篇。齊人，武帝時說〔註93〕。

【存佚著錄】

今亡佚。《隋書・經籍志》、《舊唐書・經籍志》、《新唐書・藝文志》皆不著錄，早已亡佚。

【作者情況】

《漢書・古今人表》列捷子於第五等中中。清梁玉繩（1744～1819）《人表考》曰：「接子始見《莊子・則陽》、《史》〈田完世家〉、〈孟荀傳〉。又作捷子。齊人，本邾公子捷菑之後。」清沈濤（約1792～1855）《銅熨斗齋隨筆》卷四「捷子」條曰：「《捷子》二篇，齊人，武帝時說。濤案：捷，當作接。《史記・孟荀列傳》：『接子，齊人，學黃老道德之術，因發明序其指意。』《正義》云：『《接子》二篇，道家。』則張守節所見本作『接』，不作『捷』。《元和姓纂》引《三輔決錄》：『接昕子著書十篇，當即其後。』然《姓纂》引《漢志》亦作『捷』，不作『接』，是林氏所見本與顏氏同。《史記》又言田駢、接子皆有所論，則接子著書在戰國時，而此云『武帝時說』，疑誤。案下文《曹羽》二篇，楚人。武帝時說於齊王。』則四字乃涉下而誤衍耳。」清沈欽韓（1775～1831）《漢書藝文志疏證》卷二亦曰：「原注『武帝時說』四字，涉下《曹羽》而誤錯。」張舜徽（1911～1992）《漢書藝文志通釋》卷三曰：「《史記》〈田完世家〉、〈孟荀列傳〉作接子，《漢書》〈古今人表〉及〈藝文志〉作捷子，固一人也。〈人表〉列此人於尸子之後，鄒衍之前，為六國時人。」

【學術大旨】

宗白華（1897～1986）《中國哲學史提綱》：「《莊子・則陽篇》說：『季眞之莫為，接子之或使。』季眞認為天地萬物是莫之為的，即無目的的。接子則講或有主宰，即認為萬物變化有一個使之然者。一個是唯物論，一個是唯

〔註93〕陳朝爵《漢書藝文志約說》卷二曰：「班注原有『武帝時說』四字。王念孫據《史記・田完世家》『田駢、接子、慎到』正義云：『接子，齊人；《藝文志》在道家。』《孟荀列傳》正義同。接子即捷子，六國時人，非武帝時人。『武帝時說』四字乃涉下《曹羽》二篇注文而衍。」

心論。《荀子・成相篇》說：『復愼墨季惠百家之說。』《韓非子・外儲說上》說：『言有纖察微難而非務也，故季（眞）、惠（施）、宋（鈃）、墨（翟）皆畫策也。』可見季眞在當時也是一個有名的學者。接子曾遊於稷下，與愼到是同時的。」〔註94〕

《曹羽》二篇。楚人，武帝時說於齊王。

【存佚著錄】

今亡佚。《隋書・經籍志》、《舊唐書・經籍志》、《新唐書・藝文志》皆不著錄，早已亡佚。

【作者情況】

唐顏師古（581～645）曰：「劉向云：故待詔，不知其姓，數從遊觀，名能爲文。」清姚振宗（1842～1906）《漢書藝文志條理》卷二曰：「曹羽無考。案武帝時，齊王有齊懿王壽、齊厲王次景，並高帝子齊悼惠王肥之後也。元朔中，亡後，國除。又有齊懷王閎，武帝子也。元封元年，亡後，國除。（即主父偃相齊時脅王而自殺者。）自是之後無齊王。又考齊悼惠王母，曹氏也，似曹羽於齊王爲外屬，其說於齊王當在懿王、厲王之時歟？」

《郎中嬰齊》十二篇。武帝時。（師古曰：「劉向云：故待詔，不知其姓，數從遊觀，名能爲文。」）

【存佚著錄】

今亡佚。《隋書・經籍志》、《舊唐書・經籍志》、《新唐書・藝文志》皆不著錄，早已亡佚。

【作者情況】

清姚振宗（1842～1906）《漢書藝文志條理》卷二曰：「劉向《別錄》曰：『嬰齊，故待詔，不知其姓，數從遊觀，名能爲文。』案：〈詩賦略〉中有《郎中臣嬰齊賦》十篇，次司馬遷之後。」

〔註94〕宗白華：《中國哲學史提綱》，重慶出版社，2014年版，第62頁。

《臣君子》二篇。蜀人。

【存佚著錄】

今亡佚。《隋書・經籍志》、《舊唐書・經籍志》、《新唐書・藝文志》皆不著錄，早已亡佚。

【作者情況】

清沈欽韓（1775～1831）《漢書藝文志疏證》卷二曰：「《史記・樂毅傳》：『樂臣公善修黃、老之言，顯聞於齊，稱賢師。』此臣君子是也。注『蜀人』，乃上文誤移。」清姚振宗（1842～1906）《漢書藝文志條理》卷二曰：「張澍《蜀典・姓氏》篇：『《漢書・藝文志》道家有《臣君子》一篇，蜀人。案《書》序有〈疑至〉、〈臣扈〉。臣，姓；扈，名也。《唐・宰相世系表》言臣扈、祖己皆仲虺之冑裔。唐有臣悅，著《平陳紀》。五代漢有臣綜，官安東將軍。今蜀無此氏。』案張氏所考，則著書者臣姓而稱為君子，猶鄭人而號為長者。其列於鄭長者之前，則大抵六國時人，與下四家別為一類者歟？」張舜徽（1911～1992）《漢書藝文志通釋》卷三曰：「臣之為姓，其源甚遠。然則《漢書》有臣瓚注，蓋亦姓臣名瓚也。」

《鄭長者》一篇。六國時。先韓子，韓子稱之。（師古曰：「《別錄》云鄭人，不知姓名。」）

【存佚著錄】

今亡佚。《隋書・經籍志》、《舊唐書・經籍志》、《新唐書・藝文志》皆不著錄，早已亡佚。輯本有馬國翰所輯《鄭長者》一卷，見《玉函山房輯佚書》子編道家類，馬國翰序曰：「《韓非子・外儲說》引一則，是佚篇中語，據錄，以存一家。主『虛無無見』，深探道旨，不且隱合禪宗乎？」

【作者情況】

鄭長者的生活年代當與孔、墨相近。因為田子方曾受教於子夏，又曾為魏文侯師，而田子方的言論卻受到了鄭長者的批評。可見，鄭長者應該屬於他的長輩，至少應該與子夏一樣，生於春秋末年，主要生活於戰國之初。故慧琳《華嚴經音義》下引《風俗通》曰：「春秋之末，鄭有賢人，著書一篇，

號《鄭長者》。」即將鄭長者視爲春秋末年人。〔註95〕

【學術源流】

　　宋王應麟（1223～1296）《漢藝文志考證》卷六曰：「袁淑《眞隱傳》：『鄭長者，隱德無名，著書一篇言道家事，韓非稱之。世傳是長者之辭，因以爲名。』今按《韓非子·外儲說》：『鄭長者有言曰：夫虛靜無爲而無見也。』」清沈欽韓（1775～1831）《漢書藝文志疏證》卷二曰：「《韓非·外儲說右》：『鄭長者曰：田子方欲知爲廩，而未得所以爲廩。夫虛無無見者，廩也。』又唐易子對齊宣王曰：『鄭長者有言曰：夫虛靜無爲而無見也。』《鹽鐵論》丞相史曰『吾聞諸鄭長孫』云云，未審即鄭長者否也？」清姚振宗（1842～1906）《漢書藝文志條理》卷二曰：「劉向《別錄》曰：『鄭長者，鄭人，不知姓名。』唐釋慧苑《華嚴音義》引《風俗通》曰：『春秋之末，鄭有賢人著書一篇，號《鄭長者》。謂年長德艾，事長於人，以之爲長者故也。』《御覽·逸民部》：袁淑《眞隱傳》：『鄭長者，隱德無名，著書一篇，言道家事，韓非稱之，世傳是長者之辭，因以爲名。』」今按：由鄭長者所謂「虛無無見」或「虛靜無爲而無見也」諸語，又可知所謂「貴虛」者，其實並非僅爲列子一人的學術觀點，而應是當時鄭國道家思想的共同特點。在春秋戰國之際的鄭國出現列子學說，有其必然性。〔註96〕

《楚子》三篇。

【存佚著錄】

　　今亡佚。《隋書·經籍志》、《舊唐書·經籍志》、《新唐書·藝文志》皆不著錄，早已亡佚。

【作者情況】

　　清姚振宗（1842～1906）《漢書藝文志條理》卷二曰：「楚子無考。案：臣姓而稱爲君子，鄭人而號爲長者，則此殆以楚人而尊爲子者歟？」

〔註95〕高華平：《先秦諸子與楚國諸子學》，北京師範大學出版社，2016年版，第123頁。

〔註96〕高華平：《先秦諸子與楚國諸子學》，北京師範大學出版社，2016年版，第123頁。

【書名理據】

張舜徽（1911～1992）《漢書藝文志通釋》卷三曰：「戰國時百家競興，諸子之言，紛然淆亂，而大半出於好事者之所纂錄。既已成書，則各以美名題之。或取其壽考，如《老子》、《老萊子》是也；或取其賢德，如《臣君子》、《鄭長者》是也；或著其官爵，如《郎中嬰齊》是也；或直稱之為子，如《孫子》、《楚子》之類是也。觀其標題之例不一，可以知其書之高下淺深，惜多不傳於後耳。」

《道家言》二篇。近世，不知作者。

【存佚著錄】

今亡佚。《隋書‧經籍志》、《舊唐書‧經籍志》、《新唐書‧藝文志》皆不著錄，早已亡佚。

【學術大旨】

清姚振宗（1842～1906）《漢書藝文志條理》卷二曰：「此亦似劉中壘所裒錄，如《儒家言》十八篇之類也。」張舜徽（1911～1992）《漢書藝文志通釋》卷三曰：「此乃漢以上人讀道家書時，撮抄精言妙語之作也。裒錄之人，不必為劉氏；劉氏特校定而敘列之耳。儒、道二家外，如法家、雜家、小說家，皆有此類書，而均不知作者。蓋古人視斯纂輯之編，本非著述，故不自署名耳。」今按：此為無名氏之「子鈔」類著作，以抄為撰。

【部類章段】

清姚振宗（1842～1906）《漢書藝文志條理》卷二曰：「是篇皆黃老之學，其章段分而為七：《伊尹》、《太公》、《辛甲》、《鬻子》、《筦子》，此五家在老氏之前，道家之書之最先者，為第一段；《老子》鄰氏、傅氏、徐氏及劉向《經傳》、《經說》四家，皆解釋《老子》本書，為第二段；《文子》以下至《田子》十家，皆本老氏宗旨而別自為書，《莊》、《列》其最著者也，為第三段；老萊與老子同時，而黔婁、宮孫、鶡冠或宗其學，故提出別為一類，而以民間相傳之《周訓》附之，此五家為第四段；《黃帝》至《捷子》七家，皆六國時人所述，或託黃帝，或託力牧，而《孫子》、《捷子》之書，大抵亦近於黃帝，故次之於此，為第五段；《曹羽》、《嬰齊》兩家，則漢人之書也，為第六段；

《臣君子》、《鄭長者》、《楚子》三家，似皆周、秦、六國時人，其書體裁或異，故別爲類從；殿以劉中壘所錄《道家言》一家，爲第七段終焉。」

右道三十七家，九百九十三篇。

【家篇數目】

清姚振宗（1842～1906）《漢書藝文志條理》卷二曰：「此言家數不誤，其篇數則溢出一百九十二篇。今校定當爲八百一篇。」梁啓超（1873～1929）《漢書藝文志諸子略考釋》曰：「今存者惟《管子》、《老子》、《莊子》三家，而《莊子》篇數不同，《老子》原書本志不著錄，所著錄傳、說四家皆佚；其存而疑僞者一家，曰《鶡冠子》；存而可決爲僞者四家，曰《鬻子》，曰《文子》，曰《關尹子》，曰《列子》。諸僞書中，《關尹》最晚出。」

道家者流，蓋出於史官，歷記成敗存亡、禍福古今之道，然後知秉要執本，清虛以自守，卑弱以自持，此君人〔註97〕南面之術也。合於堯之克攘，（師古曰：「《虞書‧堯典》稱堯之德曰『允恭克讓』，言其信恭能讓也，故《志》引之云。攘，古讓字。」）《易》之嗛嗛，一謙而四益，此其所長也。（師古曰：「四益，謂天道虧盈而益謙，地道變盈而流謙，鬼神害盈而福謙，人道惡盈而好謙也。此《謙卦‧彖辭》。嗛字與謙同。」）及放者爲之，則欲絕去禮學，兼棄仁義，（師古曰：「放，蕩也。」）曰獨任清虛可以爲治。

【學術源流】

《史記‧太史公自序》論六家要旨曰：「道家使人精神專一，動合無形，贍足萬物。其爲術也，因陰陽之大順，採儒墨之善，撮名法之要，與時遷移，因物變化，立俗施事，無所不宜，指約而易操，事少而功多。……道家無爲，又曰無不爲，其實易行，其辭難知。其術以虛無爲本，以因循爲用。無成勢，無常形，故能究萬物之情。不爲物先，不爲物後，故能爲萬物主。有法無法，因時爲業；有度無度，因物與合。故曰『聖人不朽，時變是守。虛者道之常也，因者君之綱』也。群臣並至，使各自明也。其實中其聲者謂之端，實不中其聲者謂之窾。窾言不聽，奸乃不生，賢不肖自分，白黑乃形。

〔註97〕　清王念孫曰：「『君人』當作『人君』，據《穀梁傳序》疏、《爾雅序》疏引此不誤。」陳朝爵《漢書藝文志約說》卷二曰：「《左‧隱三年》、《桓二年》兩云『君人者』，言君臨國人，似無誤。」

在所欲用耳，何事不成。乃合大道，混混冥冥。光耀天下，復反無名。凡人所生者神也，所託者形也。神大用則竭，形大勞則敝，形神離則死。死者不可復生，離者不可復反，故聖人重之。由是觀之，神者生之本也，形者生之具也。不先定其神，而曰『我有以治天下』，何由哉？」

東晉袁宏（約 328 年～約 376）《後漢紀・郊祀志》云：「道家者流出於老子，以清虛淡泊爲主，妬善疾惡爲教，禍福報應在一生之內，畜妻子，用符書，其修行不已，得至神仙也。」（唐釋法琳《辯正論》卷二引）

《新論・九流》篇：「道者，老聃、關尹、龐涓、莊周之類也。以空虛爲本，清淨爲心，謙挹爲德，卑弱爲行。居無爲之事，行不言之教，裁成宇宙不見其跡，亭毒萬物不有其功。然而薄者，全棄忠孝，杜絕仁義，專任清虛，欲以爲治也。」

《隋書・經籍志》曰：「道者，蓋爲萬物之奧，聖人之至賾也。《易》曰：『一陰一陽之謂道。』又曰：『仁者見之謂之仁，智者見之謂之智，百姓日用而不知。』夫陰陽者，天地之謂也。天地變化，萬物蠢生，則有經營之跡。至於道者，精微淳粹，而莫知其體，處陰與陰爲一，在陽與陽不二。仁者資道以成仁，道非仁之謂也；智者資道以爲智，道非智之謂也；百姓資道而日用，不知其用也。聖人體道成性，清虛自守，爲而不恃，長而不宰，故能不勞聰明而人自化，不假修營而功自成。其玄德深遠，言象不測。先王懼人之惑，置於方外，六經之義，是所罕言。《周官》九兩，其三曰師，蓋近之矣。然自黃帝以下，聖哲之士，所言道者，傳之其人，世無師說。漢時，曹參始薦蓋公能言黃老，文帝宗之。自是相傳，道學棄矣。下士爲之，不推其本，苟以異俗爲高，狂狷爲尚，迂誕譎怪而失其眞。」

唐釋道世（約 7 世紀）《法苑珠林・邪正相翻第二》：「道家者流，出於老子。以清虛淡泊爲主，務善嫉惡爲教。畜妻子，用符書，禍福報應，在一生之內。此並區中之近唱，非象外之遐談。所以荀悅碩疑，史遷深惑。至如唐虞上聖，乃育朱均；瞽叟下愚，是生有舜。顏回大賢而夭絕，商臣極惡而胤昌。盜跖縱暴而福終，夷叔至仁而餓死。張湯酷吏，七世垂纓；比干正臣，一身屠戮。如此流例，胡可勝言！渠或致疑，故常情耳。」

宋晁迥（948～1031）《法藏碎金錄》卷七：「道家者流，姑務長生久視。夫處世之長生，不及出世之無生，久視於外，以勞幻身，不如反視於內，以證法身。此雖迦談，而有眞理。道家者流，所著方書，多以氣之作用爲事業，

條陳淘煉閉咽之法，煩於鼓動，頗涉有為，內有一法，名曰委氣，蓋取委順之意，有說云：『體和心平，神氣調暢，或委身於床，或兀然而坐，神識沉寂，心同大空。』又有歌訣云：『欲知委氣妙，寂湛自無思。手足縱如醉，心神兀似癡。』予詳此說最近無為之理，因而類舉，自立三委三然之法：一曰委氣浩然，二曰委心恬然，三曰委命自然，協用為常，其妙備矣。智者可曉，不能剖精析微也。」

宋歐陽修（1007～1072）《崇文總目・道家類敘》：「道家者流，本清虛，去健羨，泊然自守，故曰『我無為而民自化，我好靜而民自正』，雖聖人南面之術不可易也。至或不究其本，棄夫仁義，而歸之自然，以因循為用，則儒者病之。」

宋蘇軾（1037～1101）《上清儲祥宮碑》曰：「道家者流本出於黃帝、老子，其道以清淨無為為宗，以虛明應物為用，以慈儉不爭為行，合於《周易》何思何慮、《論語》仁者靜壽之說，如是而已。自秦、漢以來，始用方士言，乃有飛仙變化之術、黃庭大洞之法、太上天真木公金母之號、延康赤明龍漢開皇之紀、天皇太乙紫微北極之祀，下至於丹藥奇技符籙小數皆歸於道家，學者不能必其有無。然臣嘗竊論之：黃帝老子之道，本也；方士之言，末也。修其本而末自應，故仁義不施，則韶濩之樂不能以降天神；忠信不立，則射鄉之禮不能以致刑措。漢興，蓋公治黃老，而曹參師其言，以謂治道貴清靜，而民自定。以此為政，天下歌之曰：蕭何為法，講若畫一。曹參代之，守而勿失。載其清靜，民以寧壹。其後文景之治大率依本黃老，清心省事，薄斂緩獄，不言兵而天下富。」（載《宋文鑒》卷七十七）按：宋邵博《邵氏聞見後錄》卷五曰：「東坡書上清宮碑云：『道家者流，本於黃帝、老子。其道以清淨無為為宗，以虛明應物為用，以慈儉不爭為行，合於周易何思何慮、論語仁者靜壽之說，如是而已。』謝顯道親見程伊川誦此數語，以為古今論仁，最有妙理也。」（中華書局，1983年，第36頁）

宋孫覿（1081～1169）《鴻慶居士集》卷三十二《跋陳道士群仙蒙求》曰：「夫道家者，流清淨無為者也，飽食終日，無所用心，或彈琴圍棋以自娛，或煉丹藥以玩物之變，或治符籙以訶百鬼，療疾病，固賢於其徒矣。」

宋鄧肅（1091～1132）《栟櫚集》卷十六〈沙陽重修縣學〉曰：「余嘗怪道釋之居雄麗相勝，而州縣之學類不足以方之，顧其無自而然哉。蓋人心役役，不有所貪，則必有所懼，未嘗有斯須寧者。道家者流曰：『我能薦人於天，

可以幾福於式外。』故貪者慕之。釋氏者流曰:『我能福人於九泉之下,雖造業深重者,鬼亦不得以誅之。』故凡有罪者懼焉。貪者利其如此,而懼者惟恐其不我利也,此道釋之宮所以輪奐奇勝,殆遍天下,非學宮比。」

宋胡銓(1102～1180)《澹庵文集》卷四〈永興觀記〉曰:「予聞道家者流,泊乎無爲,澹乎自持,清淨虛無,乃其本也。今顧爲是紛華盛麗之觀,無乃非廣成之道乎?」

宋汪應辰(1118～1176)《文定集》卷十二〈跋石洞霄傳〉:「劉歆敘《七略》,以道家爲諸子,神仙爲方技,至道家者流,有所謂黃帝、力牧之書,蓋非特不以道家爲神仙,亦不以黃帝爲道家也。自崔浩請頒寇謙之之說於天下,是後道家、方技遂合爲一,以黃帝爲道家且不可,況又變而爲方技乎?人情喜異而疑似,投其所喜,乘其方疑,而遂入之,又藉重於崔浩,故黃帝之說其訛謬至此,又安知後之好事者不以吾徽宗藉口?此《石洞霄傳》所爲作也。」

宋樓鑰(1137～1213)《攻媿集》卷七十一〈跋謝觀妙混元實錄〉曰:「道家者流出於老氏,而支分派別,去本寖疏。《道藏》之書,雜取百家,士之有聞於世者,多以拜章役鬼,煉氣爐金爲能,此皆燕齊方士之餘,去本又遠矣。觀妙本儒生,學道於皇甫清虛,蓋知尊老子者。博極書傳,薈萃成編,窮搜約取,自號實錄。且言凡十六變之說,事跡隱晦,其餘間見紀傳,不載時代者不述。與夫放光、見瑞、示夢、傳言、靈驗等事,非化身下降者亦不復載,庶幾傳世不誣。然青羊白衛之靈跡,瓊臺玉局之奇祥,此類尙多,果皆實歟?」

宋趙彥衛(?～1195～?)《雲麓漫鈔》卷八:「唐置崇玄學,專奉老氏,配以莊、列,道家者流以謂天地未判,有元始天尊爲祖氣,次有道君以闡其端,老子以明其道。老子乃李氏之祖,取郊祀配天之義以尊之,號曰三清;然未嘗殿而祀之。本朝更定醮儀,設上九位,失於詳究,以昊天上帝列於周柱史之下,故景祐有此施行,謂宜倣景祐之制少變之,奉三清於殿,以爲教門之祖;若醮,則祭昊天上帝於壇,以爲百神之宗,庶不失崇敬之義,亦唐崇玄學之舊。」

宋史繩祖(?～1241～?)《學齋占畢》卷一「儒釋老之異」條曰:「《易・繫辭》云:『生生之謂易。』生生兩字迭言之,此大《易》之妙,而吾儒根極用功處。易者,變易也,所謂生生者,變化無窮,生意不息,才終於冬,復

生於春，才盡於剝，旋生於復，靡有間斷。人之一身，消息盈虛，死生得喪，萬事萬變，無出此理。而道家者流，乃謂修證長生，若使人皆長生而不死，物皆長存而不亡，則一氣之消息盈虛滅矣，世無此理也。釋氏又謂證無生。《忍法經》云：『不生不滅。』則是使天下皆絕生意。人人物物，塊然如死灰槁木，豈有是事哉？方之吾儒，生則烏可已之，言生生之謂易之語，蓋覺夢之異也。世之昧者，捨正學而流異端，何必？昧者皆然。雖儒者亦間溺其說矣，哀哉！」

宋釋志磐《佛祖統紀》卷四十四曰：「道家者流，其所學則道德陰符，是為治心修身之本。至言內丹、外丹、火候口訣，則不傳於非人。其餘旁門，如胎息之法，草木之方，皆上聖下教，用度人世，非可謂之虛無也。若夫置壇傳籙，起自天師，是又上天護國護人治鬼攝邪之法，俱可以助教化於天下者，是故此道列在國家，與儒、釋均為三教者以此。至於小大優劣內外之義，則較然可知……世言儒道釋蓋本乎此。儒生、道士不別本末，欲輕陵於釋氏，皆末學之過。若道流有輔成舊偽言老子化胡，以佛為侍者之言，謗老子，瀆世尊，其咎當如何邪？」今按：《佛祖統紀》撰於咸淳五年（1269）。

宋張行成《皇極經世觀物外篇衍義》卷七曰：「惟是因象立數，各有指義，始若不同，終歸一致。《歸藏》首坤，以陰為一也。《周易》先乾，以陽為一也。陰一陽二，陰為陽母也，故母孕長男而為復；陽一陰二，陽為陰父也，故父生長女而為姤；二者不同，孔子通之。《繫辭》曰：『闔戶之謂坤，闢戶之謂乾。』坤先於乾，《歸藏》義也。『天尊地卑，乾坤定矣。』乾先於坤，《周易》義也。至於《序卦》剝受之以復，夬受之以姤，陰陽迭用，混而為一也。由是言之，中無常然，當時為是，是謂時中，曾非執一，明此者無適不當，昧此者無適而當。伊尹躬耕，有莘終相湯而伐桀，仲尼歷聘列國，及返魯而著書，非不一也，以由中也。比干諫紂剖心，微子去之，太公相周伐紂，伯夷非焉，非執一也，以求中也。若夫楊氏為我，其極無君，墨氏兼愛，其極無父，執一而偏者，若一而二，兼兩而中者，若二而一，故曰無三則無中，無中則無一也。道家者流，有『三一』之說，心一、腎一、脾一，三也，三者合而為用一也。惜其立教乃不然爾。老子之得一，孔子之致一，釋氏之不二，皆一也。老子以無為一，釋氏以空為一，孔子以中為一，知始終各倚一偏，而中央通於上下也，則吾道其憂乎？」

金元好問（1190～1257）《通玄大師李君墓碣》：「至於道家者流，潔己求

志，有可以贊清淨之化者，亦特徵焉。」

元李庭《寓庵集》卷四〈王尊師泛霞圖序〉曰：「道家者流，其源出於老子，大率以練氣養神爲本，其言有曰：氣者，神之母；神者，氣之子。神用氣而養，氣因神而住。積以歲月，行之不懈，神完氣固，與道合眞，至於死生之變，如屈伸肘，坐脫立亡，特遊戲耳。此古之至人所以能湛然常存者也。」

元李庭《寓庵集》卷四〈愚庵集解序〉曰：「孔子作《繫辭》曰：『《易》有太極，是生兩儀。』又曰：『形而上者謂之道，形而下者謂之器。』老子之書曰：『無名，天地之始；有名，萬物之母。』又曰：『有物混成，先天地生。』然則聖人之談道如出一口，寧有異乎？故先達以老、《易》爲一，又以孔、老爲不二，豈虛言哉？竊觀《道德》五千言，大率以清淨無爲爲宗，以慈儉不爭爲用，至於修身治國之道，靡不畢備，自中古以來，與六經並行於世，而不相戾。後世學者妄生分別。道家者流以儒術爲土苴，吾黨之士以道德爲虛無，各習其習，各是其是，譬猶燕北越南之人嗜好不同，言語不通，至死不相往來。吁，亦惑矣！安得圓機之士而與語道哉！」

元王惲（1227～1304）〈太一二代法師贈嗣教重明眞人蕭公行狀〉：「道家者流，其術固以多矣，而太一之法輔行世教，有不可勝言者。其鴻靈幽秘，變化叵測，通徹神明之功，幾於上下天地、把握陰陽者矣。然苟非其人，道不虛行。一傳而至推廣悉備若眞一人，弘衍博大，繼志述事之善者也。」

元劉敏中（1243～1318）《中庵集》卷三〈任城神霄萬壽宮記〉曰：「道家者流，學爲老氏者也。老氏之言曰：『大丈夫處其厚，不處其薄。居其實，不居其華。』大要以禮制爲薄，而以智識爲華也。故黜聰明，絕巧利，寡欲少私，抱一守樸，其究歸於無爲而止耳。而後之學者遂乃去有生之樂，割天倫之愛，遺形以求其道，竭力以張其門，甚者乃或岩棲野處，衣草食木，與麋鹿虎豹爲朋儔，百困而不返。吁，尤難能矣！若是者豈其與嚮之所謂丈夫者又加愈乎？雖然，既曰丈夫矣，能之可也。孰謂女子而亦復能之乎？」

元袁桷（1266～1327）〈空山雷道士墓誌銘〉：「孔子曰：『文勝質則史。』班固亦曰：『道家者流，出於史官。』豈其然乎？老子爲周藏室史，酌古今治亂，成五千言，致用以準《易》，較其治，良不誣也。噫！爲老氏者，其知此與？《河圖》、《洛書》，聖人則之，《易》、《書》誠經緯也。微言既湮，傳注門戶，各立自勝，《易》與《書》迄不能並。士方斷斷然，不可參錯，進《老

子》之說，焉得力而勝諸。士患無恒心，遇不遇命耳。曠百世而相感者，吾得一人焉。」

　　元袁桷（1266〜1327）〈陸道士墓誌銘〉：「道家者流，以清靜無名爲本。時王以其宜於治國，靡然宗之。傳世益薄，長生之說侈，卒茫昧不復講。今世所傳，惟法藥與術藥。術又鄙棄不用，而法僅傳。謂其宜於水旱疾病，通得而用之也。余行天下，與方外士遊，率不得一二。蓋其傳受訛缺，浮靡恣蕩，攝思握神，罔不知所以。而其袪役禁制，按圖以求，叱吒瞬息，欲通靈於肸蠁，不可得也。噫！其教若是，而爲其學者又皆不自植立，可哀也矣！」

　　明焦竑（1540〜1620）《國史經籍志・道家類敘》曰：「九流惟道家爲多端。昔黃、老、莊、列之言，清靜無爲而已，煉養服食所不道也。赤松子、魏伯陽則言煉養而不言清靜，盧生、李少君則言服食而煉養，張道陵、寇謙之則言符籙而不言煉養服食。迨杜光庭以下至近世，黃冠獨言經典科教，蓋不惟清靜之旨趣懵焉無聞，而煉養服食之書亦未嘗過而問焉矣，而悉宗老氏以託於道家者流，不亦謬乎！夫道以深爲根，以約爲紀，以虛極靜篤爲至，故曰虛者道之常，因者君之綱，此古聖人秉要執中而南面無爲之術也，豈有幾於長生哉！然以彼倏然玄覽，獨立垢氛之外，則乘雲禦風，揮斥八極，超無有而獨存，特餘事耳。昧者至棄本逐末，誕欺迂怪，因而乘之，假託之書，彌以益眾。嗟乎！世惟卓識殫洽者能辨學之正僞，彼方士非研精教典，獨會於心，烏能知其純駁，擇善而從也。世行《道藏》，視隋、唐、宋著錄尤泛濫不經，今稍刪次如左。」

　　清馬驌（1621〜1673）《繹史》卷八十三：「蓋其道以無爲爲宗，以守柔藏虛爲質，清靜澹泊，伏處遠禍，不與世競其紛華，史以爲隱君子者也。著書五千言，貴道德而薄仁義，後世道家者流，咸以是爲宗焉。世之言老子者，多神怪不經，謂壽且數百歲；或言生於周初，而神仙家言其先天地生，歷三皇、五帝，變易名號，神化莫測。孔子適周，過而問禮，故與弟子言禮，嘗以聃爲徵。聃博通好古，爲周守藏史，蓋在景、敬之世，前此未聞也，烏有所謂生於太古，壽考無窮者乎？道家稱爲老氏之書者多附託，不具錄，錄其五千言焉。」

　　清毛奇齡（1623〜1716）〈辨聖學非道學文〉：「聖以道爲學，而學進於道，然不名道學。凡『道學』兩字，六經皆分見之，即或並見，亦祇稱學道，而

不稱『道學』。如所云『君子學道』,『小人學道』,蓋以學該道,而不以道該學。其在《論語》則曰『君子學以致其道』,而在《學記》則曰『人不學不知道』,如是而已。惟道家者流,自《鬻子》、《老子》而下,凡書七十八部,合三百二十五卷,雖傳佈在世,而官不立學,不能群萃州處,朝夕肄業,以成其學事,只私相授受,以陰行其教,謂之道學。道學者,雖曰以道爲學,實道家之學也。故《隋書‧經籍志》明云黃帝大道,但傳之其人,而不立師說。惟漢時曹參薦蓋公能言黃老,而文帝師之,於是有道學一派倡始兩漢。而魏、晉以降,六季最盛。」

　　清陳子居曰:「昔者班孟堅因劉子政父子《七略》,爲〈藝文志〉,六藝爲九種,聖人之經,永世垂尚焉,其諸子則別爲雜家諸子。觀此九家,以爲『雖有蔽短,要其指歸,六經之支與流裔』,至哉此言!論古之圭臬也。某嘗會通其說,儒者體備於禮,及《論語》、《孝經》,墨家受而離其宗;道家、陰陽家支騈於《易》;法家、名家疏源於《春秋》;縱橫家、雜家、小說家通用於《詩》、《書》,孟堅所謂『《詩》以正言』、『《書》以廣聽』是也。惟《詩》之流後別以爲詩賦,而樂寓焉。農家、兵家、術數家、方伎家,聖人未嘗專語之,而其體六藝之所孕也。六藝要期中,百家明其際;六藝舉其大,百家盡其條流。其失者孟堅已次第之,而其得者高窮極深,剖事析理,各有所屬。故曰修六藝之文,觀百家之言,可以通萬方之略。」(見孫德謙《諸子通考內外篇》選輯二)今按:此爲經子相通說。

　　《四庫全書總目‧子部道家類敘》曰:「後世神怪之跡,多附於道家;道家亦自矜其異,如《神仙傳》、《道教靈驗記》是也。要其本始,則主於清淨自持,而濟以堅忍之力,以柔制剛,以退爲進。故申子、韓子流爲刑名之學,而《陰符經》可通於兵。其後長生之說與神仙家合爲一,而服餌、導引入之;房中一家,近於神仙者亦入之;鴻寶有書,燒煉入之;張魯立教,符籙入之;北魏寇謙之等又以齋醮章咒入之。世所傳述,大抵多後附之文,非其本旨。彼教自不能別,今亦無事於區分。然觀其遺書源流遷變之故,尚一一可稽也。」

　　清龔自珍(1792～1841)〈古史鉤沉論二〉:「周之世官,大者史。史之外無有語言焉,史之外無有文字焉,史之外無人倫品目焉。史存而周存,史亡而周亡。殷紂時,其史尹摯抱籍以歸于周,周之初始爲是官者佚是也。周公、召公、太公既勞周室,改質家躋於文家,置太史,史於百官莫不有職

事，三宅之事，佚貳之，謂之四聖，蓋微夫上聖睿美，其孰任治是官也。是故儒者言六經，經之名周之東有之。夫六經者，周史之宗子也。《易》也者，卜筮之史也。《書》也者，記言之史也。《春秋》也者，記動之史也。風也者，史所採於民，而編之竹帛，付之司樂者也。雅頌也者，史所採於士大夫也。《禮》也者，一代之律令，史職藏之故府，而時以詔王者也。小學也者，外史達之四方，瞽史諭之，賓客之所為也。今夫宗伯雖掌禮，禮不可以口舌存，儒者得之史，非得之宗伯。樂雖司樂掌之，樂不可以口耳存，儒者得之史，非得之司樂。故曰五經者，周史之大宗也。孔子歿，七十子不見用。衰世著書之徒，蜂出泉流，漢氏校錄，最為諸子。諸子也者，周史之小宗也。故夫道家者流，言稱辛甲、老聃；墨家者流，言稱尹佚，辛甲、尹佚，官皆史，聃實為柱下史。若道家，若農家，若雜家，若陰陽家，若兵，若術數，若方技，其言皆稱神農、黃帝。神農、黃帝之書，又周史所職藏，所謂三皇、五帝之書者是也。老於禍福，孰於成敗，絜萬事之盈虛，窺至人之無競，名曰任照之史，宜為道家祖。綜於天時，明於大政，考夏時之等，以定民天，名曰任天之史，宜為農家祖。左執繩墨，右執規矩，篤信謙守，以待彈射，不使王枋弛，不使諸侯驕上，名曰任約劑之史，宜為法家祖。博觀群言，既濟其所終始，又跡其所出入，不蒙一物之譏，不受諸侯蹈觚，使王政不清，庶物奸生，名曰任名之史，宜為名家祖。臚引群術，愛古聚道，謙讓不敢刪定，整齊以待能者，名曰任文之吏，宜為雜家祖。窺於道之大原，識於吉凶之端，明王事之貴因，一呼一吸，因事納諫，比物假事，不辭矯誣之刑，史之任諱惡者，於材最為下也，宜為陰陽家祖。近文章，妙語言，割榮以任簡，養怒以積辨，名曰任喻之史，宜為縱橫家祖。抱大禹之訓，矯周文之偏，守而不戰，儉而不奪，名曰任本之吏，宜為墨家祖。五廟以觀怪，地天以觀通，六合之際，無所不儲，無所不語，謂之任教之史，宜為小說家祖。劉向云：『道家及術數出於史。』不知餘家出於史，此知五緯、二十八宿異度，而不知其皆繫於天也；知江河異味，而不知其皆麗於地也。故曰，諸子也者，周史之支孽小宗也。」

清蔣湘南（1795～1854）《七經樓文鈔》卷一〈六經原始一〉曰：「六經者，先王之器也。道家者，六經之祖也。六經定於孔子，為儒家祖，何以道家又為六經祖？曰：道家者，古史官也，上古結繩而治，後世聖人易之以書契，百官以治，萬民以察。後世聖人者，黃帝也。黃帝令史官倉頡制文字，

故歷代治官察民之事必以史掌之。夏之亡也，太史終古載圖法以歸商。商之亡也，內史向摯載圖法以歸周。史去而國運與之俱去焉。蓋一代之制度典章，雖各有官司守之，其因革損益之實蹟鉅細皆彙於史，故史之所歸，即為天命之所歸也。《周官》以史名者五，而太史為長，凡邦國都鄙官府之治達於六官者，皆別達於太史，以聽其鈎考，而又小史掌系世昭穆之事，內史掌爵祿廢置生殺予奪之法，外史掌三皇五帝之書，御史掌邦國都鄙及萬民之治，令以贊冢宰，是周之制度典章雖各有官司守之，其因革損益之實蹟鉅細亦莫不彙於史也。夫制度典章者，先聖先王所以經綸天下，本諸倫常日用，以為人人率由之道也。道分見於三百六十官，而總匯於史，天地鬼神常變之故，古今治亂沿革之端於是乎在，故史官亦謂之道家。班固曰：『道家者流，蓋出於史官，歷記成敗、存亡、禍福、古今之道。』是也。周衰，官司失守，道術殘缺，識大識小，各以其人。孔子與南宮敬叔入周觀書，於太史氏得百二十國寶書，其書必不止《易》、《書》、《詩》、《禮》、《樂》、《春秋》也。然而開物成務，莫大於《易》，稽帝徵王，莫大於《書》，觀風知政，莫大於《詩》，經國善俗，莫大於《禮》，感天格祖，莫大於《樂》，定名正分，莫大於《春秋》。孔子以此六者為學，即以此六者為教，而後制度典章之精華始萃於一。《易》雖在太卜，然得之史則可以正太卜之《易》也。《詩》雖在太師，然得之史則可以正太師之《詩》也。《禮》雖在宗伯，然得之史則可以正宗伯之《禮》也。《樂》雖在司樂，然得之史則可以正司樂之《樂》也。《書》與《春秋》本史職，其參互更不待言。夫以孔子之聖而生於魯，魯備四代之禮樂。韓宣子且見《易象》、《春秋》於魯太史矣，何以孔子必觀書於周太史也？周自東遷以後，霸術迭興，制度典章紛紛更異，列國簡策必有不盡同者。天子之史所藏為得其真，此殆如漢劉向以中秘古文校外間遺書也。是故《易》之贊也，《詩》、《書》、《禮》之雅言也，《樂》之正也，《春秋》之作也，皆在得書於周太史之後，故曰『述而不作，信而好古，竊比於我老彭』。老彭，即籛鏗也，亦即老聃，在商為守藏史，在周為柱下史。孔子告曾子曰『吾聞諸老聃』，是其學得諸周史之明證也。史官本號道家，至老彭修道養壽，為道家祖，而《易》、《書》、《詩》、《禮》、《樂》、《春秋》從而得之，則謂道家為六經祖，夫誰曰不可？然而孔子不名為經也，經之名始見於《荀子》，曰：『夫學始於誦經。』又見於《莊子》，曰：『孔子治《詩》、《書》、《易》、《禮》、《樂》、《春秋》六經。』荀、莊皆孔子再傳弟子，則經之名起自孔子門人。門人尊孔子而名之為經者，

為經者，蓋以此為古帝王經綸天下之大法。孔子憲章之，祖述之，即為孔子經綸天下之大法也。有經必有緯，故七緯三十六篇並傳為孔子作，以緯對經，則經為經紀、經界之經，而非經常之經。儒者以經常解之，殊非本義。至判道於經外，以六經為官司典守之策，其中更有不可窺之道，則誤矣。先王之道分見於三百六十官，孔子定之，而為六經，則道即在六經。經有所據，然後道有可憑，庶幾天下後世不至捨經而言道，曰我欲託之空言，不如見之行事之深切著明，是六經為官司典守，本諸人倫日用之道，亦明矣。後世政與學分，官司守一時之掌故，而不知因革損益之，即經儒者傳各司之章句，而不謂制度典章之即道，國家之所急者，簿書、獄訟、兵食，以為此乃政也，所緩者，《易》、《書》、《詩》、《禮》、《樂》、《春秋》，以為此乃教也，數典而忘其祖，經之所以不明也。」

清蔣湘南《七經樓文鈔》卷一《六經原始二》曰：「道家不第為六經祖也，九流凡十家，皆以道家為祖。是故司徒之官之後為儒家，而地官之掌故備於史，羲和之官之後為陰陽家，而馮相氏保章氏之掌故備於史，理官之後為法家，而秋官之掌故備於史，禮官之後為名家，而春官之掌故備於史，清廟之守之後為墨家，而大祝、小祝之掌故備於史，行人之官之後為縱橫家，而大行人、小行人之掌故備於史，議官之後為雜家，農官之後為農家，稗官之後為小說家，而議官、農官、稗官之掌故亦莫不備於史。太史之職，以貳六官。六官之所登，若約劑，亂則辟，法不信者刑之，是太史之權為極重。漢制郡國，計書先上太史，即本《周官》遺法也。太史之史與府史胥徒之史，其品雖判尊卑，而其典司掌故也則同。掌故之外，無所為學，亦無所為道。史官之稱為道家，正以其備古今治亂之道，初非清靜虛無之道也。伊尹、太公、辛甲、管子之書皆稱道家，即老子五千言，在《漢書‧藝文志》尚無《道經》之名，可以知道家之本原矣。周之初，始為史官者佚是也。佚與周公、召公、太公夾輔成王，號為四聖，改質家躋於文家，故道家之祖，宜祖史佚，不宜祖老子。其祖老子者，則道家者流之末失，誤以清靜虛無之道為道，而不知史官備古今治亂之道也。班固論次諸家，必曰出於古者某官之掌，其流而為某家之學，其失而為某事之敝，條宣究極，正示人以因流溯源之法，而後之讀書者不察也。儒家之學出於司徒。司徒所教六藝，有《禮》、《樂》，而無《易》、《書》、《詩》、《春秋》，其陞於學者，冬夏教以《詩》、《書》，而無《易》、《春秋》，《春秋》本魯史，他國之人不盡見，若《易》，則天子之書也，乃韓宣子

聘魯始見之,是列國之大夫不獲見者多矣,而況僻遠之儒乎?自孔子爲儒宗,取《易》、《書》、《詩》、《禮》、《樂》、《春秋》於周太史,門弟子奉爲六經,而後先聖先王之道統歸於儒。儒之學遂巋然獨尊,即諸子之掌故藏於道家者,其本原皆移而入於儒家,而道家且退爲一偏之學。《書》明二帝三王之政,宜爲道家祖。《易》著天地五行之理,宜爲陰陽家祖。《詩》備出使不辱之用,宜爲縱橫家祖。《春秋》嚴賞善罰惡之例,宜爲法家祖。《禮》詳正名定分之制,宜爲名家祖。《樂》傳薦帝享祖之節,宜爲墨家祖。若夫雜家者流,整齊群術,比事用斷,則《春秋》之旁支也。農家者流,敦勸耕桑,食貨以裕,則《書》之旁支也。小說家者流,綴集方言,里俗上聞,則《詩》之旁支也。儒術之尊,尊以六經。六經之尊,尊以孔子。孔子則固自居於史,而未嘗自名爲經。其繫之,定之,絃歌之,筆削之者,皆史職也。後之爲儒者尊經而絀史,是亦數典忘祖之一端。」

清陳澧(1810～1882)《東塾讀書記·諸子》曰:「凡道、墨、名、法諸家所以自爲其學者,皆以爲孔子之《詩》、《書》、《禮》、《樂》無救於治亂,而思所以革之也。此道、墨、名、法諸家之根源也。」

清譚獻(1832～1901)《復堂日記》曰:「九流初祖之籍,精神與六藝通也。」「周秦諸子亡空言,精神皆與六藝通也。」今按:此爲經子相通說。

章太炎(1869～1936)《諸子學略說》曰:「道家老子,本是史官,知成敗禍福之事悉在人謀,故能排斥鬼神,爲儒家之先導(道家如老、莊輩,皆無崇信鬼神之事;列子稍近神仙,亦非如漢世方士所爲也。老子『谷神不死,是謂玄牝』等語,未知何指,道士依傍其說,推爲教祖,實於老子無與)。亦以怵於利害,膽爲之怯,故事事以卑弱自持。所云『無爲權首,將受其咎』、『人皆取先,己獨取後』者,實以表其膽怯之征。蓋前世伊尹、太公之屬(《漢藝文志》道家有《伊尹》五十一篇、《太公》二百三十七篇),皆爲輔佐,不爲帝王。學老氏之術者,周時有范蠡,漢初有張良,其位置亦相類,皆惕然於權首之戒者也。孔子受學老聃,故儒家所希,只在王佐,可謂不背其師說矣。老子非特不敢爲帝王,亦不敢爲教主。故云:『強梁者不得其死,吾將以爲教父。』大氐爲教主者,無不強梁,如釋迦以勇猛無畏爲宗,尊曰大雄,亦曰調御;而耶穌、穆罕默德輩或稱帝子,或言天使,遇事奮迅,有慇不畏死之風,此皆強梁之最也。老子膽怯,自知不堪此任,故云『人之所教,我亦教之』,如是而已。然天下惟膽怯者權術亦多,蓋力不能取,而以智取,此

事勢之必然也。老子云：『道法自然。』太史論老、莊諸子，以爲歸於自然。自然者，道家之第一義諦。由其博覽史事，而知生存競爭，自然進化，故一切以放任爲主。雖然，亦知放任之不可久也。群龍無首，必有以提倡之，又不敢以權首自居，是故去力任智，以詐取人，使彼樂於從我。故曰：『善爲道者，非以明民，將以愚之。弱之勝強，柔之勝剛，天下莫不知。』老氏學術，盡於此矣。雖然，老子以其權術授之孔子，而徵藏故書，亦悉爲孔子詐取。孔子之權術，乃有過於老子者。孔學本出於老，以儒、道之形式有異，不欲崇奉以爲本師（亦如二程之學，本出濂溪，其後反對佛、老，故不稱周先生，直稱周茂叔而已；東原之學，本出婺源，其後反對朱子，故不稱江先生，直稱吾郡老儒江愼修而已），而懼老子發其覆也。於是說老子曰：『烏鵲孺，魚傅沫，細要者化，有弟而兄啼。』（見《莊子・天運》篇，意謂己述六經，學皆出於老子，吾書先成，子名將奪，無可如何也）老子膽怯，不得不曲從其請。逢蒙殺羿之事，又其素所忧惕也。胸有不平，欲一舉發，而孔氏之徒遍佈東夏，吾言朝出，首領可以夕斷。於是西出函谷，知秦地之無儒，而孔氏之無如我何，則始著《道德經》以發其覆。藉令其書早出，則老子必不免於殺身，如少正卯在魯，與孔子並，孔子之門『三盈三虛』（見《論衡・講瑞》篇），猶以爭名致戮，而況老子之陵駕其上者乎？嗚呼！觀其師徒之際，忌刻如此，則其心可知。其流毒之中人，亦可知已。莊子晚出，其氣獨高，不憚抨彈前哲。憤奔走遊說之風，故作讓王以正之；惡智力取攻之事，故作〈胠篋〉以絕之。其術似與老子相同，其心乃與老子絕異。故〈天下〉篇歷敘諸家，已與關尹、老聃裂分爲二。其褒之以至極，尊之以博大眞人者，以其自然之說爲己所法也。其裂分爲二者，不欲以老子之權術自污也。或謂子夏傳田子方，田子方傳莊子，是故莊子之學本出儒家。其說非是。莊子所述，如庚桑楚、徐无鬼、則陽之徒多矣，豈獨一田子方耶？以其推重子方，遂謂其學所出，必在於是，則徐无鬼亦莊子之師耶？南郭子綦之說，爲莊子所亟稱，彼亦莊子師耶？」

　　孫德謙（1869～1935）《諸子通考》卷三曰：「道家一流，後世雜入神仙，而君人南面之術遂無有知之者矣。夫神仙家者乃醫家之一，與古之道家判然不同，班《志》入〈方伎略〉，分析甚明，而昧者猶混視之，可謂不善讀書矣。不善讀書而於道家肆力詆之，此家學之所以不彰也。雖然，道家之學爲君人南面之術，奈何曰道家本治世之術，其所言則皆君道也？……然而是數者爲

君人南面之術，斯既然矣，苟不觀往者得失之林，則又未足以知此，何也？老子曰：『民之從事，常於幾成而敗之。』『禍為福所倚，福為禍所伏。』又曰：『執古之道，以御今之有。能知古，始是謂道紀。』則未達乎成敗存亡禍福古今之道，所以秉之、執之、守之、持之者不能得其要妙，探其本原，甚且清靜則流於曠馳，柔弱則近於庸懦，後之帝王崇奉黃老者弊必至此，而道德一家，君人南面之術亦從是而無聞於世矣。抑知為道家者，惟於成敗、存亡、禍福、古今之道，博覽而周知之，故足為治世之術耳。吾願習其書者亦以君道求之，慎毋與神仙並論也。」又曰：「《志》云：『道家者流出於史官。』然則道家首推黃老，殆亦以史官所從出乎？」又曰：「道家出於史官，余已就其說而證成之矣。然彼百家者，則亦原本史官，何以知其然哉？儒家有周史《六弢》，而《周政》、《周法》、《周制》非周之史書乎？陰陽家有宋司星子韋，子韋者，景公之史也。墨家為清廟之守，是祝史之遺也。《尹佚》二篇為墨學所祖，佚者，周之祝史，尤其明驗矣。雜家之孔甲《盤盂》，甲者，黃帝之史。農家之董安國、氾勝之，漢之內史、御史也。小說家之《周考》，所以考周事也，蓋周代記事之史矣。《青史子》，古史官所記也。《虞初周說》，應劭曰『其說以周書為本』，非又周之野史乎？兵家《蒍弘》十五篇，弘，周史也。若術數一家，班氏云『皆明堂、羲和、史卜之職』，此可知史官之流裔也。即以《漢志》考之，道家為史官所自出，其餘諸子有不若此者哉？太史公曰：『百家皆言黃帝。』夫百家學術無不崇尚黃帝者，誠以史官一職實自黃帝所創設也。雖然，陰陽諸家，史之別子；而道家者，史之大宗也。班氏獨於此論列之者，豈以漢代方士依附道家，今明其出於史官，庶君人南面者不至惑於神仙而以為經世之術乎？嗚呼！後之觝排百氏者，既不知道家之學託始史官，而於兵、農諸子猶有逐末而窮其源者與？余故取班氏之敘次道家，並為引申其義云。」又曰：「孟堅此《志》本之向、歆父子，觀其首序可知矣。蓋子政之校理諸子也，皆以聖經為之論定，故既曰：『合其要歸，亦六經之支與流裔。』今於道家則曰：『合於堯之克攘，《易》之嗛嗛。』是足徵名、墨數家盡合經教，而道家實與《易》象相符也。『昔王弼為《老子》作注，復注《大易》說者以其空言名理，深焉訾之。詎知《易》與《老子》其義有互相表裏者乎？夫老子為周守藏史，藏者，《歸藏》也。《歸藏》，殷《易》，其卦首《坤》，孔子贊《易》多取《歸藏》。（謙注：說詳宋翔鳳《論語說義》）則聖人《十翼》所以知《易》之興也，由於憂患而作，蓋得之老子矣。凡老子所云：『持而盈之，不如其已；

揣而銳之，不可長保；金玉滿堂，莫之能守；富貴而驕，自遺其咎。』皆有思患豫防之意。故《歸藏》一《易》雖已不傳，而老子《道德經》即其遺說也。孔子釋《坤》曰：『積善之家，必有餘慶；積不善之家，必有餘殃。臣弒其君，子弒其父，非一朝廣夕之故，其所由來者漸矣，由辨之不早辨也。《易》曰：「履霜，堅冰至。」蓋言順焉。』則《歸藏》之先《坤》，由《文言》觀之，所以使爲君父者，杜亂未萌，亦可悟矣。《老子》曰：『其安易持，其未兆易謀，其脆易泮，其微易散。爲之於未有，治之於未亂。』是說也，豈非居安慮危之惜哉？故善讀《老子》者，謂《歸藏》至今存焉可也，後之儒者乃屏之《易》教以外，不其謬乎？問者曰：『道家之通於《易》既聞命矣，《志》獨取證于謙者，將何說與？』曰：『嘗讀《說苑》矣，周公之戒魯公也，有云：貴爲天子，富有四海，不謙者失天下，亡其身，桀、紂是也，可不愼乎？故《易》曰：「有一道，大足以守天下，中足以守國家，小足以守其身，謙之謂也。」』若是《易》義雖廣，惟以謙德爲主，且《繫辭》亦云：『謙也者，致恭以存其位。』則孔子傳《易》，垂法後王，亦以謙尊而光，爲人君保位之本矣。夫道家者，君人南面之術也，道家之清虛自守，卑弱自持，合於《易》之嗛嗛，蓋以君道所重在此耳。彼無職者猶且排斥道家，以爲離經而畔道，夫亦不可以已乎？」

張爾田（1874～1945）《史微》卷一〈原道〉曰：「道家冥覽古始，知天地所由締造，皆此古今成敗禍福存亡之道，爲之推蕩以有今日也。於是觀於天地間萬事萬物，而趨於相反相成之甌窶，盈不可常滿也，則以虛葆之；強不可常恃也，則以弱守之；仁與不仁相隨也，則以不仁仁之；德與不德相紐也，則以不德德之。於是而規內聖之術曰：『後其身而身先，外其身而身存。』於是而規外王之術曰：『絕聖棄智，絕仁棄義，絕巧棄利，昏昏沌沌，使天下一返諸無名之樸，則幾於道矣。幾於道，則可與天爲徒矣。』所謂君原於德而成於天者，意在斯乎，意在斯乎？余故曰：『道家者，君人南面之術也。』問者曰：『道家爲君人南面之術，是固然矣，而何以又毀仁義，攻百家邪？』答之曰：此不知道家之言耳。道家之小仁義與百家也，豈毀之哉？蓋道家所明者君道也，百家皆出官守，所明者臣道也。君道者，天道也；臣道者，人道也。故其言曰：『帝王之德，以天地爲宗，以道德爲主，以無爲爲常。無爲也，則用天下而有餘；有爲也，則爲天下用而不足。上無爲也，下亦無爲也，是下與上同德，下與上同德則不臣；下有爲也，上亦有爲也，是上與下

同道，上與下同道而不主。上必無爲而用天下，下必有爲爲天下用，此不易之道也。』又曰：『何謂道？有天道，有人道。無爲而尊者天道也，有爲而累者人道也。主者天道也，臣者人道也。天道之與人道相去遠矣，不可不察也。』曰：『禮法數度，形名比詳，古人有之，此下之所以事上，非上之所以畜下也。』是則道家之小仁義與百家，蓋折中於天道耳。惟其以天爲主，則其於仁義與百家也小之亦宜。雖然，謂其小之是也，謂其毀之則非也。且子獨不讀莊子之書乎？莊子之書，固世所謂剽剝儒、墨者也。……苟知道家爲君人南面之術，則雖有疑義，皆可推之而通，而老聃、莊、列諸書亦昭然若發蒙矣。」

羅焌（1874～1932）《諸子學述》曰：「中國學術，起原最古、陳義最高、範圍最廣者，其惟道家乎！漢初崇向道德家言，必推本於黃帝。太史談論道家，稱其『因陰陽之大順，採儒、墨之善，撮名、法之要，立俗施事，無所不宜』。劉向則云：『道家者，秉要執本，清虛無爲。及其持身接物，務崇不競，合於六經。』是則六藝、九流，皆入斯道之環中矣。此派道術，蓋權輿於黃帝，其後伊尹、太公、鬻子、管子，大都聞而知之。惟老子之學，博大深遠，集其大成。班《志》云『道家者流，出於史官』者，老子固周守藏室之史，而史官又設於黃帝之時也。此後世黃、老道德之術所由並稱與？今述道學，當以老子爲宗。」〔註98〕

陳朝爵（1876～1939）《漢書藝文志約說》卷二曰：「《老子》云：『禮者，忠信之薄，而亂之首也。』此後世放任之流廢棄禮法之所本。古今論者甚多，今略舉數人之說以明之。吳澄云：『禮者，欲其理而不亂也，而適以基亂，故曰亂首。』高延第云：『禮之興，尙矣。老子安得薄之？此斥當時誠信不足，而以繁文爲禮，無益於治，反以生亂云爾。』李大防曰：『聖人因世運日降，人心日偷，詐僞競爭，故以禮束縛之，使不至於亂。從之則治，違之則亂。治亂之機，問不容髮，故曰禮者，忠信之薄而亂之首。老子最精於禮，即此言可見。』胡遠濬云：『《記》言忠信之人，可以學禮，而《老子》則云禮者，忠信之薄。看似相左，其實此所云禮，乃斥世之以禮自名者之非禮耳。太史公談論道家其實易行，其詞難知。實者忠信，故曰易行；正言若反，故曰難知也。』案，數家說並明白，而李君『老子最精於禮』一語，尤爲精要。班氏於禮曰禮學即以明禮，亦道家之學所兼貫也。」

〔註98〕 羅焌：《諸子學述》，嶽麓書社，1995年版，第263頁。

　　呂思勉（1884～1957）《先秦學術概論》曰：「道家之學，實爲諸家之綱領。諸家皆專明一節之用，道家則總攬其全。諸家皆其用，而道家則其體。《漢志》抑之儒家之下，非也。」

　　江瑔（1888～1917）《讀子巵言》第二章〈論諸子與經史集之相通〉：「道家者流，出於史官，則子與史原非兩途。《漢志》儒家有《周政》六篇、《周法》九篇、《河間周制》十八篇，道家有《周訓》十四篇，雖今皆無存，然必爲述周代政治法度之書，爲《周禮》之外傳。儒家有《高祖傳》十三篇、《孝文傳》十一篇，陰陽家有子長《天下忠臣》九篇，劉向《別錄》云『傳天下忠臣』，則皆爲紀傳之體。又陰陽家有《五曹官制》五篇，所言爲漢制，亦史中之書志。」《讀子巵言》第四章〈論諸子之淵源〉：「諸子百家之學莫不各有其源，班氏述〈藝文志〉亦各述其學之所從出。其言曰：『儒家出於司徒之官，道家出於史官，陰陽家出於羲和之官，法家出理官，名家出於禮官，墨家出於清廟之守，從橫家出於行人之官，雜家出於議官，農家出於農稷之官。』因其流而溯其源，秩然而不相紊。大抵班氏所言盡本於劉氏《七略》，劉氏去古未遠，且親校秘書，其所云云，必有所本，後之學者亦得藉是而知百家之流別焉。雖然，二氏所言皆由其近源言之，而未溯其逮源者也。凡事有因果，由果可以推因。然有近因，亦有速因，推近因而不推其遠因，不可也。凡學有源流，由流可以溯源。然有近源，亦有速源，溯近源而不溯遠源，亦未得學之眞也。黃河、揚子江，中國之大水也。自其近源言之，二水各有其源，而自其遠源言之，則同出於星宿海。百家之學，理亦猶是，班、劉二氏溯諸子之近源，故源各不同，而不知更溯而上之，其源實俱出於一。蓋九流雖支分派別，而皆出於古之史官者也。自周道既衰，官失其守，而百家之學始興。春秋、戰國以前，非無聰明慧哲之士，而所以不能各持一幟成一家言者，蓋皆有官以司之，平民莫由窺其奧也。在昔太古之世，視民爲冥頑不靈。故凡一切學術皆在官而不在民。歷代相沿，因襲莫革，至春秋而此風一變。然後世官繁，上古官簡，官簡則學亦簡，官繁則學亦繁。溯厥古初，禮教未備，官制矗立，吾想其時設官不過一二人，而發明之學術亦不過一二端而已。古代之官惟巫與史，後代學術紛歧，萬縷千條，而溯江河之發源，亦皆灌輸於巫與史而已。記人事曰史，事鬼神曰巫。古人重祭祀，敬鬼神，故史、巫二職並重於時。迄於後世，智識日增，知鬼神之事眇漠無憑，不如人事之爲重，於是史盛而巫衰，一切官職均以史爲之。……洎於周末，而巫之道亦幾乎息

矣，然在後世雖史盛而巫衰，而在古代則並無所軒輊，後代學派萬千，咸從
茲二者出焉。巫之道，由顯而之隱，推究乎吉凶禍福之理，傳其學者，所以
有天文、曆譜、五行、蓍龜、雜占、形法、醫方、房中、神仙、方技之派也。
史之道，由隱而之顯，會通夫人事政治之大，傳其學者，所以有六藝、諸子、
詩賦、兵書之派也。班氏述《志》，區分六類，其數術、方技二類皆得巫之傳，
六藝、諸子、詩賦、兵書四類皆得史之傳。惟其時史盛而巫衰，故傳史之學
得以焜耀一時，而傳巫之學則僅延其微緒。然而溯流尋源，則皆流派鑿然，
可按而尋。近儒謂『《六經》皆史』，其實諸子、詩賦、兵書亦皆史也。班《志》
謂『道家者流，出於史官』，其實九流之學亦盡出於史官也。班氏所言諸官，
在後世雖各有其職，而在古代則皆史之所司。試即班氏所言而論之。道家出
於史官，本班氏所自言，可無論矣。」《讀子卮言》第十章〈論道家為百家所
從出〉：「百家之學俱源於史，上已詳述之矣。然則春秋、戰國以前，學在官
而不在民，自史官失守，而百家之學即聯鑣而齊起、并轡而交馳乎？非也，
其起也有先後焉，有程序焉，有遞嬗相生之道焉。蓋言其末流，雖並轡聯鑣，
各不相謀，而溯其初起之源，則實統於一。一者何？即道家是也。道家者，
上所以接史官之傳，下所以開百家之學者也。道家之學較諸家為最早，前已
言之。然所謂早者，非專指老子之時言之也。諸家之學皆起於春秋、戰國之
時，道家之學則在春秋、戰國之前，而源於有史之初。夫史官之初設，所以
制文字，掌文書。蓋立史官以制文字，文字既成，復專為史官所司。然文字
之興，肇於黃帝之世，而黃帝固為道家之始祖。是時百家未興，道家即巋然
以立，然則謂有史官即有道家可也，謂有文字即有道家亦無不可也。自是厥
後，為人君者皆以道家之術治天下。如堯之讓天下，舜之無為而治，禹之節
儉，湯之身為犧牲，武王之大賚，皆深得道家之精意。即在下者，如巢、許、
務光之徒，敝屣天下，自樂其樂，亦默傳道家之遺風。其他著書立說以行於
世者，如殷之伊尹，周之鬻子、太公，齊之管仲，皆盛行於一時。可見其學
之盛，而其來已久。蓋自黃帝以後，老子以前，上下二千年，惟道家之學扶
輿磅礴，而無他家立足於其間。然則是時捨道家外殆無學之可言矣。上古三
代之世，學在官而不在民，草野之士莫由登大雅之堂，惟老子世為史官，得
以掌數千年學庫之管鑰，而司其啟閉。故老子一出，遂盡泄天地之秘藏，集
古今之大成，學者宗之，天下風靡，道家之學遂普及於民間。即儒家書所載，
如長沮、桀溺、接輿、荷蕢、石門之倫，亦皆道家之徒，則其流行之盛，亦

不貴難得之貨，不見可欲，非極善忍者斷不能爲此。蓋道家既以善忍爲能事，而老子生當亂世，尤不敢放論以賈禍，故以忍辱爲高，此亦明哲保身之良法。然大凡能忍天下之所不能忍者，其心必極殘忍者也。故申、韓宗之，一變而爲刻薄寡恩之行，而法家於以立。故申不害、韓非之學皆本於黃老，太史公以老、莊、申、韓合傳，言申、韓『慘刻少恩，皆原於道德之意』。韓非著書，亦有《解老》、《喻老》之篇。《管子》一書，《漢志》列於道家，《隋志》以後則入於法家，而慎子亦法家之徒。楊倞注亦謂其術『本黃老，歸刑名，多明不尚賢、不使能之道』。《太平御覽》引《慎子》語云：『昔者天子手能衣，而宰夫設服；足能行，而相者導進；口能言，而行人稱辭。』又云：『不瞽不聾，不能爲公。』此皆黃、老清淨無爲之旨。又道家有《鄭長者》一篇，班氏曰：『先韓子，韓子稱之。』今考《韓非》書亦每引《鄭長者》之言，是可知法家諸人無一不本於黃、老者。此法家出於道家之證也。道家善忍，忍則必陰，故黃帝有《陰符經》，太公之謀亦曰《陰符》，後世之從橫家、兵家皆由是出焉。《陰符經》爲言兵之書，後世兵家咸本其謀。蓋用兵之道雖貴於正，而行兵之術不妨出於奇，此兵家之學所以以權謀爲先。然道家沈機觀變，最精於謀，若施之於戰陳之間，天下遂莫與敵。如太公之言曰：『鷙鳥將擊，其勢必伏；至人將動，必有愚色。』此即兵家示敵以弱之術也。老子之言曰：『將欲翕之，必固張之；將欲奪之，必固與之。』此即兵家餌敵之策也。又曰：『知其雄，守其雌。』此即兵家知己知彼、百戰百勝之道也。又如老子曰：『天下皆謂吾大，似不肖。』莊子曰：『呼我爲牛，則應之曰牛；呼我爲馬，則應之曰馬。』亦即范蠡『吾雖靦然人面，吾猶禽獸』之意也。大氐道家之術最堅忍而陰鷙，兵家即師其術以用兵。故五兵、戰法始於道家之黃帝。太公爲道家之巨子，而《漢志》二百三十七篇，《謀》八十一篇，《言》七十一篇，《兵》八十五篇，皆言兵之書。《史記·齊世家》亦云：『後世之言兵及周之陰權，皆宗太公爲本謀。』兵家有《范蠡》，今其書雖不存，而《國語·越語下篇》多載其語，呂祖謙謂其多與《管子·勢篇》相出入，則其學亦必出於道家之管子。他若《漢志》兵家所錄《黃帝》十六篇、《太壹兵法》一、《地典》六篇，皆黃帝之書。班氏論兵陰陽，推刑德，亦黃帝之術。又《封胡》五篇，《風后》十三篇，《力牧》十五篇，《鬼容區》三篇，《蚩尤》二篇，皆黃帝之臣，道家之流。至若道家所錄，往往互見於兵家，劉《略》兵家更有伊尹、太公、管子、鶡冠子諸人，是道家者流殆無不知兵者，此兵家出於道家之證也。若

大氐農家之學，力苦以自食，使天下無逸民，且須君臣並耕，盡去上下之序。蓋慨戰國之世，君權過重，荒淫酣嬉，而民受其虐，故發為此匡救之論，亦即道家絕去禮法、平上下尊卑之序、使萬物得其大齊之旨也。故《亢倉子》為道家者流，而其書亦有〈農道〉之篇。農家有《神農》二十篇，管子為道家，亦引『神農之教』曰：『一穀不登減一穀，穀之法十倍。』《呂氏春秋》，道家兼雜家言，亦引『神農之教』曰：『士有當年而不耕者，則天下或受其饑；女有當年而不績者，則天下或受其寒。』是亦農家均勞逸之旨也。此農家出於道家之證也。道家之學既包羅萬有，識大識小，罔不賅備，然生於亂世，不敢放言高論，以招當世之忌，故莊、列著書，寓言居半，或借人借事以寫意，或並其人其事而無之。小說家本之，因以掇拾瑣聞，藉以風世。故《漢志》小說家有《黃帝說》四篇，《伊尹說》二十七篇，《鬻子說》十九篇，而黃帝為道家之祖，伊尹、鬻子亦皆道家者流，雖其書為後人依託，然其言必近於道家無疑。考《史記・殷本紀》載伊尹『從湯言素王及九主之事』，《伊尹說》所載亦必其事。然劉向《別錄》云：『九主者，有法君、專君、授君、勞君、寄君、等君、破君、國君、三歲任君，凡九品。』其言絕與道家相類。又有《宋子》十八篇，班氏曰：『其言黃老意。』《莊子・天下》篇曰：『不累於俗，不飾於物，不苟於人，不忮於眾，願天下之安寧以活民命，人我之養畢足而止，以此白心。古之道術有在於是者，宋鈃、尹文聞其風而說之云云。』蓋即隱合道家之旨。《荀子》引《宋子》曰：『明見侮不辱，使人不鬥。』又曰：「人之情慾寡，而皆以己之情慾為多，是過也。」皆純然道家之言。又有《務成子》十一篇，《荀子》謂『舜學於務成昭』，當即其人，楊倞注：『《尸子》曰：「務成昭之教舜曰：避天下之逆，從天下之順，天下不足取；避天下之順，從天下之逆，天下不足失。」』其言亦與道家相符契。又有《待詔臣安成未央術》一篇，應劭曰：『道家也，好養生事，為未央之術。』又有《待詔臣饒心術》二十五篇，以《心術》名書，似非間里小知者之所及，當亦道家之言。又有《青史子》五十七篇，班氏曰：『古史官記事也。』則亦與道家出於史官同。他若《封禪方說》十八篇，為武帝時之書，其時方士最盛，爭言封禪事，則此書當為方士所作，而冒稱道家之支流者。此小說家出於道家之證也。然以上諸家皆道家之支流也，亦皆得道家之一偏者也。其有得道家之正傳，而所得於道家亦較諸家為獨多者，則惟雜家。蓋雜家者，道家之宗子，而諸家者皆道家之旁支也。惟其學雖本於道家，而亦旁通博綜，

更兼採儒、墨、名、法之說，故世名之曰雜家。此不過採諸家之說以濬其流，以見王道之無不貫，而其歸宿固仍在道家也。雜家之書最著者爲《呂氏春秋》，其書有八覽、六論、十二紀之稱，雖由門下士雜纂而成，而其八覽、六論實採於黃老。又以有十二紀以紀歲時，故名曰春秋，而春秋之名亦本於道家所世傳之史。次若《淮南子》，亦半近道家之言。淮南王安本喜黃老之學，其書分內外篇，顏師古曰：『內篇論道，外篇雜說。』所謂『論道』者，蓋論道家之道也。又次如《鶡冠子》，《漢志》列爲道家，後世則列於雜家。今其書猶存，韓愈謂『其詞雜黃、老、刑名』，宋濂亦云：『所謂天用四時，地用五行，天子執一以守中央，此亦黃老家之至言。』蓋其學實道家而兼雜家言者也。又次如《尸子》，《穀梁傳》論舞《夏》，引《尸子》言，謂『自天子至諸侯皆用八佾』，則尸子必長於禮，然禮亦道家之所守也。《後漢書》注謂尸佼『作書二十篇，內十九篇陳道德、仁義之紀』。所謂道德者，當即老子《道德經》之旨，而以道德、仁義爲次，亦老子『失道而后德，失德而後仁，失仁而後義』之意也。他若孔甲《盤盂》，班氏列雜家之首，而孔甲爲黃帝之史。考蔡邕《銘論》謂『黃帝有《巾機》之法，孔甲有《盤盂》之戒』，則其書與道家所錄之《黃帝銘》六篇大旨相同。此可見凡雜家之學皆以道家爲本，而兼採於諸家，此又雜家出於道家之證也。然則道家之學爲百家所從出，溯源尋本，厥理最明，雖爲余一人之創言，而實非余一人之誣語。惟其中以儒、法、名、墨、雜、兵諸家所得於道家爲最多，故其傳獨盛；陰陽、從橫、農、小說諸家所得於道家爲略少，故其傳亦甚微。故雖同出於道家，而有盛衰之別，由於其所得之多少而分，亦猶同在孔門而有登堂、入室之不同，不足怪也。大氐古今學術之分合，以老子爲一大關鍵。老子以前，學傳於官，故只有道家而無他家，其學定於一尊。老子始官而終隱，學始傳於弟子，故由道家散爲諸家，而成爲九流之派。是老子爲當時諸家之大師，或親受業於其門，或轉輾相授，故諸子著書每多攻擊，而罕有詆及老子之言，則不敢背本忘師之故。惟同一大師，而弟子則異派，則由於本其師說而附益己見，遂致殊途，亦猶儒分爲八，墨分爲三，不足怪也。同一大師而弟子則往往操戈於同室，則由於各務求其說之勝，遂至於交攻，亦猶同出於孔門而有孟、荀之相非，亦無足怪也。……是可見老子以前，道家獨盛；老子以後，百家朋興。而諸子之學，雖支分派別，源遠流歧，而溯其授受之薴薃，咸萌芽於道家，實了然無可疑。」

　　陳柱（1890～1944）《子廿六論・闡老篇》曰：「儒家以孔子爲大師，孔子之道在中，所謂『執其兩端，用其中於民』也。道家以老子爲大師，老子之道在反，其言曰『反者道之動，弱者道之用』，實其全書之大恉。道之動則有反，所以明事物之必有反。道之用在弱，弱者強之反，則所以明用反之道也。老子書五千言，殆莫非以反爲思想，以反爲文詞，故曰：『玄德深矣遠矣！與物反矣！乃至於大順。』所以自明其旨也。」

　　陳柱（1890～1944）《子二十六論・原道》曰：「道家之學凡數變：始爲革命家，再變而爲打倒君主政體者，三而爲無政府主義者。自漢以後，或爲隱逸，或合於佛釋，或混於方士，其變益紛，而後世之治道家言者，則多知漢以後之道家而鮮知漢以前之道家，而道家之眞面目遂不能明於世矣。何謂道家本爲革命家？曰，《漢書・藝文志》道家首列《伊尹》五十一篇，次列《太公》二百三十七篇、《辛甲》二十九篇、《鬻子》二十二篇。今案：伊尹、太公、辛甲、鬻子皆革命家也。」〔註99〕

　　錢穆（1895～1990）《中國思想史》曰：「我們若說孔、孟、楊、墨所講是一種『道德人生』，則莊子所追求的是一種『藝術人生』。其實莊子思想裏有許多點很近似孔子。……莊子之藏，是把此有限人生，妥善地藏在無限的大宇宙中，這點，決然爲楊朱所未經闡發的。孔子只是藏在人生中，所以是道德人生。莊子則藏在宇宙中，所以是藝術人生。若說中國思想對世界思想史有貢獻，無疑的，其最大貢獻，多在人生界，不在宇宙界。人生界之積極方面，是道德人生，其消極方面，則爲藝術人生。墨家思想衰落了，墨家精義，多爲儒家所吸取而融化。於是將來的中國思想界，遇盛世積極，則講道德人生，都崇尚孔孟儒家。遇衰世消極，則轉講藝術人生，偏向莊老道家。因此以後的中國思想界，遂形成了孔孟與莊老遞興遞衰的局面。」〔註100〕

　　馮友蘭（1895～1990）《中國哲學簡史》曰：「按照我的理論，從這六種人裏面，形成了司馬談所稱的六家。套用劉歆的說法，我們可以說：道家者流，蓋出於隱者。」〔註101〕又曰：「先秦道家思想總共有三個階段。以楊朱爲代表的是第一階段。《老子》書中大部分所代表的是第二階段。《莊子》書中

〔註99〕　今按：陳氏之論雖有貼標籤之嫌疑，但也不無道理。
〔註100〕　錢穆：《中國思想史》，九州出版社，2012年版，第48頁。
〔註101〕　馮友蘭：《中國哲學簡史》，天津社會科學院出版社，2007年版，第33頁。
　　　　　今按：馮友蘭此一判斷有顛倒因果之嫌疑。道家出於史官，看透歷史，看破紅塵，因悟道而歸隱，怎麼能反過來說道家出於隱者呢？

大部分則是第三，也就是最後的階段。」〔註102〕

　　劉咸炘（1896～1932）《子疏》定本卷上〈老徒裔第三〉曰：「道者，普泛之稱，何乃爲老裔之專名邪？史爲古者智識之總，何乃爲道家之所獨承邪？子書始於《老子》、《論語》，何道家所傳乃有黃帝、鬻子之文邪？凡此諸疑，昔之人已有說者，或則概以黃帝、鬻子之文爲僞，或則謂出史官之說不足信，或則謂一切古書皆出道家，道爲九流之祖，皆不免武斷。審知古之所謂道與語者，而此諸疑乃可冰解矣。蓋道術也者，人之生活法也，有人而即有之。古初之時，自有其原始之理，學雖粗略，而大體有所成。華夏古聖聰明勝常，觀於《大易》，其高深可見，然其施於行爲之節者則大抵爲老者經歷所得之成訓而已。道不離事，故智歸於老。更事既多，則明於平陂往復之理，而以濡弱謙下爲歸，固自然之勢也。立身處世之道，惟此而已。首出庶物之先王，亦即明於此者也。此於華人民性亦有因緣，蓋定居最早，農化已成，農國之民固宜柔靜，與異族之久爲游牧性好鬥動者殊。華人以黃帝爲遠祖，道術託始焉，直至於今，民性不變，普及民間之格言，猶此道也。特其言平通，不似後來道家之深嚴。道家之專名，則在諸子既分之後，與儒正同。因諸子各標宗旨，皆反先王，於是守周道者襲術士之通稱而名爲儒，傳原古之說者襲道術之通號而名爲道家耳。再考著述源流。諸子未興，古無言理之書，僅有老人所傳之成訓格言，所謂『自古在昔，先民有作，古訓是式』者也。養老乞言，書之惇史，即紀言書之所由成，是類之書多名爲語，今存《國語》即是其體。與相近者，厥惟《周書》。《論語》肇開子家，猶沿其號。道家古惟存《黃帝》諸銘，又有《鬻子》，人疑其僞，實即《國語》之類，皆稱述先王之政訓。賈誼書中《修政語》亦述政訓，亦名爲語，可以互證。此類成訓守於史官。史官者，當時獨能多見典籍、通知故事之人也。道家出於史官，此亦一因也。華夏學術以儒、遭二家爲主幹。道家源最遠，流最長，變遷亦最大，支派亦最多，深如數理，淺如田夫野老之人生觀，皆不出道家範圍。特老子之道，傳者漸失其全，言超者宏大而放蕩，言逆者平實而淺薄，皆執相對而忘絕對。宏大者自莊子以來，至東漢而盛，至六朝而和會佛說，乃成文士娛老之清談。平實者自西漢以來，流傳民間，與儒術無形調和，成爲尋常格言。道家形上之說，則至隋、唐而入佛學（天台、華嚴），復流入儒（程、張），蓋吾華本止此一說也。今欲明道家之說，當辨明道、勢、法三義之變遷，

〔註102〕馮友蘭：《中國哲學簡史》，天津社會科學院出版社，2007 年版，第 60 頁。

排斥申、韓，修正莊周，表章淮南，和合宋儒，以完中華之學。絕對爲理學之的，相對爲史學之識，反本之學，於道術最爲高，即平實之格言，亦處世救時之良藥也。」

傅斯年（1896～1950）《戰國子家敍論·戰國諸子除墨子外皆出於職業》曰：「史官之職，可成就些多識前言往行，深明世故精微之人。一，因當時高文典冊多在官府，業史官者可以看到；二，因他們爲做記錄，很可了澈些世事。所以把世故人情看得最深刻的老聃出於史官，本是一件自然的事。」〔註103〕今按：傅斯年又認爲：「道家者流有出於史官者，有全不相干者。漢世道家本不是單元，按道家一詞，入漢始聞。」

葉長青（1902～1948）《漢書藝文志問答》曰：「道家推老子，老子爲柱下史，習於帝王之故，睹三代以來製作益詳，風俗益污，不知其原，歸其過於禮、樂，以爲亂之所從出，欲盡去之而爲太古。夫夏之教忠，殷之教敬，周之教文，此非政之所強，變之所適也。變之所適，則必因而利導之。周之不能爲太古，若昏之於昕，壯夫之於嬰兒，然壯夫不可以哺乳，周不可以爲無事。且孔子豈不知黃帝哉？以爲堯、舜以前不可知，雖知之無所施於今，故曰『君子名之必可言也，言之必可行也』。若夫言而不可行，是謂之苟，若老子者，乃苟然爲道德者也。（劉孚京〈道家論〉）若夫去健羨、處沖虛，則其所長也。後世道家，乃出於本志之〈神仙〉，本非九流之一。老氏書所眩者廣，名、法、楊、墨、莊、列、兵家，莫不本之。其谷神、玄牝、專氣、嬰兒諸語，則神仙家所自出，而本旨與神仙絕異，故本志條而爲兩家。西漢時，若文成、樂大之徒，皆別稱方士，來嘗託諸黃、老。自桓帝好祠黃、老，乃漸混淆。厥後遂有張魯、於吉之徒，妖言惑眾，神仙始混於黃、老，貽患至今，芬芬未已也。」

蕭天石（1908～1986）〈重刊南華眞經副墨序〉：「夫道家者流，無不主性命雙修，生死同徹，道德雙融，形神並妙。《易》曰：『窮理盡性至命。』此乃三步工夫次第。理入性入，理修性修，均須由行證上以至於命，方爲了道合道，方能使人藉心性道德修養，由凡夫境界上超而聖化生命，再上超而神化生命，使我命與萬物之命一體，與天地之命同流，而與宇宙精神共往來！如是方能與虛爲徒，與化爲體，與道合一，無體而無不體，無在而無不在，

〔註103〕傅斯年：《戰國子家敍論·史學方法導論·史記研究》，上海古籍出版社，2012年版，第13～14頁。

無生而無不生，無神而無不神也。斯之謂物化，斯之謂命化，斯之謂聖化，斯之謂神化！此則千古來無人及此！」（中華書局，2010 年《道教典籍選刊》，第 505～506 頁）

　　張舜徽（1911～1992）《漢書藝文志通釋》卷三曰：「『此人君南面之術也』，一語道破道家之用而無遺。而上句所提『秉要執本，清虛以自守，卑弱以自持』十四字，尤爲南面術綱領。竟以數語盡之，可謂至精至邃矣。此乃《七略》原文，班氏特移錄沿用之耳。劉向之父德，史稱其少修黃老術，有智略。向、歆承其家學，故能窺見道家之用，此猶司馬談嘗習道論於黃子，故其《論六家要指》，獨推崇道家。其言有曰：『道家使人精神專一，動合無形，瞻足萬物。與時遷移，應物變化。立俗施事，無所不宜。指約而易操，事少而功多。』『道家無爲，又曰無不爲。其實易行，其辭難知。其術以虛無爲本，以因循爲用。虛者，道之常也；因者，君之綱也。群臣並至，使各自明也。』此皆言道家所陳人君南面之術，最爲高妙。至於儒家所言爲君之道，則與此相背。故又曰：『儒者則不然，以爲人主，天下之儀表也。主倡而臣和，主先而臣隨。如此，則主勞而臣逸。至於大道之要，去健羨，絀聰明，釋此而任術。』司馬談兩相比較，以爲在南面術之運用方面，道家爲工而儒家爲拙耳。班彪、班固父子，智不逮此，遽以『論大道則先黃老而後六經』以詆斥司馬氏父子，豈有當乎？故知《漢志》此段議論，乃向、歆遺文，固非班氏所能道也。得《七略》此數語，復上連〈論六家要指〉細心讀之，則上窺道論之奧，庶乎其有獲也。」又按：「此處所言『放者』，乃指莊週一流人。《史記・老莊申韓列傳贊》中明言『莊子散道德，放論』。可知道家學說思想，爲人誤解曲說，一變而爲放蕩無羈，毀棄一切，則自莊周始。秦、漢以『黃老』並稱，原以施之政治。魏、晉以來，但言『老莊』，便流於曠達清談，與世隔絕。二者迥然不同，學者必明辨之。」

　　王叔岷（1914～2008）《先秦道法思想講稿・道家思想之淵源》曰：「莊子論關尹、老聃道術之淵源，從理論探索。《漢志》道家之淵源，從史實處說。《漢志》之意，是道家淵源於史官之後，才建立自己之理論基礎。莊子卻認爲古代早有一種理論影響道家之思想。合而觀之，史實和理論之淵源，再加上時代之影響，因此產生道家。其他各家之產生，大抵亦如此。關於道家思想之淵源，還有道家出於儒家、道家出於墨家、道家出於陰陽、道家出於黃帝、道家是隱者所形成的、老子是道家之祖、楊朱是道家之前驅，種種各執

己見之說。」〔註104〕

鄺士元《中國學術思想史》第一章《先秦學術思想之比較》曰：「古之諸子，皆原於古之道術。所謂道家者，道德家之簡稱而已。老子之書，言道德之意，故又名曰《道德經》。道者，天地自然之道，萬物所生之總原理。德者，一物所得於道，以比物者；即一物所以生之原理也。」〔註105〕

蕭萐父（1924～2008）《道家風骨略論》曰：「道家，遠慕巢、許，近宗老聃，獨闢道論。」〔註106〕今按：蕭萐父《道家‧隱者‧思想異端》一文，綜合前人與時人諸說，就道家起源問題提出新說，認爲道家「出於史官的文化背景而基於隱者的社會實踐，前者指其思想理論淵源，後者指其依存的社會基礎」。〔註107〕

金觀濤、劉青峰《中國思想史十講》曰：「爲什麼道家不能成爲中國文化大傳統的政治主流呢？對比分析儒道兩家的思想結構，可以看到道家主張全面否定儒家的價值。不要從《道德經》的書名，就以爲老子推崇我們今天所理解的道德。……老子寫《道德經》，是要告訴人們應該選擇什麼樣的合於道之人生，這個道是否定儒家之道德追求的。儒家的基本精神是個體意志指向善，善具有確定的價值，對應一組禮儀規範，人追求道德目標就應該遵守這些規範。道家否定儒家，首先是根本否定任何確定的規範。……儒家認爲普遍之好的善對應著確定的道德倫理規範，道家以順其自然來否定這種善，老子也講善，但對善的理解與儒家完全不同。在道家眼中，根本不存在什麼有確定內容的善，善是自以爲聰明的人造出來的：『智慧出，有大僞』；儒家提倡的那些道德禮法，不過是因爲『大道廢，有仁義』。……道家這三個主要觀念，第一是反對既定規則，第二是價值的好壞會不斷向反面轉化，第三是無爲，否定向善的意志，不要有任何執著，它們全是由否定儒家而來的。……道家對儒家的全盤否定，可以解放人的精神，使人由謹小愼微的德性我轉變爲自得其樂的情意我。但是，按照道家這些主張，除了有可能適應於雞犬相聞、老死不相往來的群居小社會外，顯然不能作爲建立大而複雜的整全社會的理論基礎。因此，道家只能作爲儒家的反思批判者而存在；而不能成爲中國政治文化的正面價值和基礎。……。儒家作爲正面的基本價值存在，道家

〔註104〕王叔岷：《先秦道法思想講稿》，中華書局，2007 年版，第 17 頁。

〔註105〕鄺士元：《中國學術思想史》，上海三聯書店，2014 年版，第 7 頁。

〔註106〕《道家文化研究》第二輯，上海古籍出版社，1992 年版，第 1 頁。

〔註107〕蕭萐父：《吹沙集》，巴蜀書社，2007 年版，第 158 頁。

作爲否定儒家的價值存在，二者共生。有儒家，就一定有道家。全盤否定儒家一定是回到道家，這種共生現象貫穿在整個中國文化的傳統中。所以道家文化是作爲儒家文化的補充，非常發達，也是中國人博大精深的思想和智慧之源。……老子和莊子否定儒家的側重點有所不同，老子強調無和無爲，更多地表示否定本身，而莊子的自然則指向否定的結果。東漢末期由於對漢代儒學價值的逆反，道家價值成爲新的道德追求，這是儒學演化的內在動力，演化正是沿著老子的無爲與莊子的自然兩個不同方向展開的。」〔註108〕

郭齊勇、吳根友《諸子學通論》曰：「以『學派』而論，道家及先秦各家當在官學衰微，諸子蜂起之時。追尋學脈，可以老子爲開端，而其學則與史官有關聯。然學派既成，則成員繁雜，非史官一職可以囊括，古代隱逸高士，失意士人、官員，甚或信奉道家學說而位在朝廷的名相、大吏、史官、天官，皆可稱爲道家之徒。就思想而論，道家學派，實始於老聃。其最爲核心的概念曰『道』，其次曰『德』，整個學派皆以『道論』爲理論基礎，而以『德論』爲處世之根本方法，縱論人世興衰成敗之奧義。其創始人學說著力批評周文之制及仁義之說之弊之陋，主張遵道貴德，離形去智，返樸歸眞，無爲而治。在論述社會政治之道、人生修養之術時，闡述了禍福、成敗、強弱、大小、高低、貴賤、曲直、無爲與有爲等一列相反現象之間的辯證關係。其後學則或偏重於政治學之治國治兵用民之道，或闡揚人性的自由、生命的意義，批駁現實的黑暗、是非的顛倒，然歸其要，俱在追求一個不用禮法制度而又秩序井然，民風淳樸，生活安定、富裕，人生自在、放達的理想社會。」〔註109〕

薛瑞兆《近代藝文錄》第二章第五節：「道家者流，蓋出於黃帝、老子之學，其道以清淨無爲爲宗，以慈儉不爭爲用，皆吻合六經之妙，雖國君不可闕也。至其所謂神仙保性命之眞，則山林中人之事也。故善學黃老者，則必知其本末之務，若虞、舜之無爲，漢文之慈儉，光武之柔道，蓋公之清淨，皆出黃老之教，可謂知所務矣。」（中華書局，2014年，第1169～1171頁）

王錦民《古學經子》曰：「所謂道家出於史官，頗難辯證，《周官・春官・宗伯》太史之下有小史、馮相氏、保章氏、內史、外史、御史諸職。太史、

〔註108〕金觀濤、劉青峰：《中國思想史十講》，法律出版社，2015年版，第29～33頁。
〔註109〕郭齊勇、吳根友：《諸子學通論》，商務印書館，2015年版，第141～142頁。

小史以掌禮法爲主，馮相氏、保章氏掌星曆、天象，內史掌書王命，御史掌記王事，外史掌四方之志、三皇五帝之書。凡禮法、天道、邦治、書藏，均由史官負責掌管。道家學術之所出，只能籠統謂之出於史官，很難具體確認出於何職。《史記》〈老子傳〉謂老子爲周守藏室之史，又〈張蒼傳〉說老子爲柱下史。按柱下史即御史，老子似不當居此重位，故以前說近是。孫詒讓《周禮正義》謂小史、外史、御史、天府四官並掌藏書，則老子或爲諸重要史官之下的掌藏書之史，庶幾得之。春秋時史官與《周官》所記西周舊制已有不同，史官之職位往往不全，而各史之職每由太史一人所兼，孔穎達《左傳正義》云：『天子則內史主之，外史佐之，諸侯亦不異。但春秋之時，不能依禮，諸侯史官多有廢闕，或不置內史，其策命之事多是太史。』吳永章《楚官考》云：『春秋時，各國均有史官，魯、齊、鄭曰太史，晉同楚曰左史。』吳氏又云：『關於楚左史的職能和作用，據《左傳》昭公十三年載：「左史倚相趨過，王曰：是良史也，子善視之，是能讀《三墳》、《五典》、《八索》、《九丘》。」《國語・楚語下》：「左史倚相能道訓典，以敍百物，以朝夕獻善敗於寡君，使寡君無忘先君之業，又能上下說於鬼神，順道其欲惡，使神無有怨痛於楚國。」《韓非子・說林下》載：「楚、吳對陳，雨十日夜，星。左史倚相謂子朔曰：雨十日，甲輯而兵聚，吳人必至，不如備之。乃爲陳，陳未成也而吳人至，見荊陳而反。」可見，楚左史除記錄史實外，還能讀古籍，道訓典，通鬼神，識天象，並以其廣博的專業知識，在一些問題上起出謀獻策的作用。』吳氏所論，雖只考論楚史官，但春秋時各國史官之職責，均可由此見出大概占所謂道家出於史官，也應從春秋之後史官的職責和作用有所變化，不純爲記動、記言之史的背景來看，其學術不專守一隅，而是當時最爲博識廣學的參謀咨詢之官，故而《漢志》謂之『君人南面之術』。」〔註110〕

〔註110〕 王錦民：《古學經子》，華夏出版社，2008年版，第288～289頁。

三、陰陽家

《宋司星子韋》三篇。景公之史。

【存佚著錄】

　　今亡佚。《隋書‧經籍志》、《舊唐書‧經籍志》、《新唐書‧藝文志》皆不著錄，早已亡佚。《宋司星子韋》之輯本有二種：其一爲馬國翰所輯《宋司星子韋書》一卷，見《玉函山房輯佚書》子編陰陽類，馬國翰輯本序曰：「王嘉《拾遺記》載宋景公見子韋事，以爲賜姓，曰子氏，名之曰韋。蕭綺《錄》曰：『《春秋》因生以賜姓，亦緣事以顯名，號司星氏。至六國之末，著陰陽之書。』……惟《呂氏春秋》、《淮南子》、劉向《新序‧雜事》篇並引『熒惑徙舍』一節，王充《論衡‧變虛》篇亦載之以爲案。《子韋書‧錄奏》亦言：『子韋曰：君出三善言，熒惑宜有動。於是候之，果徙舍。不言三，謂世空增三舍之數，又虛生二十一年之壽。』案：向典校中祕書，故有《別錄》之奏，《新序》同出向手，所述原文詳於《錄》奏。考以《呂覽》、《淮南》當得其實，未可執此而疑彼也。《史記‧宋微子世家》約此節文，卻亦無延壽二十一歲之說。其序景公世云：『三十七年，楚惠王滅陳。』下即連『熒惑守心』一節。復云：『六十四年，景公卒。』使事在三十七年，距其卒爲歲當二十有八，而以《春秋左傳》衡之，哀十七年楚滅陳，二十六年景公卒於連，中相去止十載，數視《史記》爲少。又考《左氏‧哀公六年傳》：『是歲也，有云如眾赤鳥，夾日以飛三日。楚子使問諸周太史，周太史曰：其當王身乎？若禜之可移於令尹、司馬。王曰：除腹心之疾而置諸股肱，何益？不穀有大過，

天其夭諸，有罪受罰，又焉移之？遂弗禜。』事與宋景相似。而此年至二十六牽雖公卒，頗符二十一歲之數。或者左氏爲傳時，子韋之書未出，而傳聞異辭耶？抑或陰陽者流傅會他國之災祥以自神耶？書闕有間矣。然處高聽卑之言，足動人君畏天之心而作其善意，非空言禍福也。乃仲任必執以爲虛誣，何其謬哉？考據補三篇之缺，並附《拾遺記》錄於後，訂爲一卷，存星官一家說。且欲觀者知所敬畏，而不敢有忽於旦明云。」其二爲李峻之所輯《宋司星子韋》，見《古史辨》第六冊《呂氏春秋中古書輯佚》。孫啓治等曰：「《呂氏春秋》、《淮南子》、《新序》並引子韋對宋景公問熒惑徙舍事，馬國翰參訂文字，合錄爲一篇。李峻之僅採《呂氏春秋·制樂》所引，其文已見馬輯。又以爲〈明理〉篇論災異之文及〈有始〉篇論星野之文，亦子韋書之佚文，錄以附後。按此屬李氏懸測，非有明證。」〔註1〕

【作者情況】

《漢書·古今人表》列宋子韋於第五等中中。清梁玉繩《人表考》曰：「宋子韋始見《呂氏春秋·制樂》、《淮南·應道》、《新序》四。宋景公之史，賜姓子，名曰韋，亦曰司星子韋，亦曰司馬子韋。」清沈欽韓（1775～1831）《漢書藝文志疏證》卷二曰：「《呂覽·制樂》篇：『宋景公之時，熒惑在心。公懼，召子韋而問焉。子韋曰：熒惑者，天罰也。心者，宋之分野也。禍當於君。』（《論衡·變虛》篇：『按《子韋》書錄序奏亦言子韋曰：君出三善言，熒惑宜有動。於是候之，果徙舍。』按充所引者，即劉向奏也。）」清姚振宗（1842～1906）《漢書藝文志條理》卷二曰：「《史記·宋世家》：『三十七年，楚惠王滅陳，熒惑守心。心，宋之分野也。景公憂之。司星子韋曰：「可移於相。」景公曰：「相，吾之股肱。」曰：「可移於民。」景公曰：「君者待民。」曰：「可移於歲。」公曰：「歲饑民困，吾誰爲君！」子韋曰：「天高聽卑。君有君人之言三，熒惑宜有動。」於是候之，果徙三度。』又〈天官書〉曰：『昔之傳天數者，於宋子韋。』劉向《新序·雜事》第四篇：『宋景公時，熒惑在心，懼，召子韋而問曰：熒惑在心，何也？子韋曰：熒惑，天罰也。心，宋分野也。禍當君身。雖然，可移於宰相。公曰：宰相所使治國也；而移死焉，不詳。寡人請自當也。子韋曰：可移於民。公曰：民死，將誰君乎？寧獨死耳。子韋曰：可移於歲。公曰：歲饑民餓必死，爲人君欲殺其民以自活，其誰以我爲君乎？是寡人之命固盡矣，

〔註1〕 孫啓治、陳建華：《中國古佚書輯本目錄解題》，上海古籍出版社，2009年版，第240頁。

子無復言矣。子韋還走，北面再拜曰：臣敢賀君。天之處高而聽卑，君有仁人之言三，天必三賞君。今夕星必徙舍，君延壽二十一歲。公曰：子何以知之？對曰：君有三善，故三賞，星必三舍，舍行七星，星當一年，三七二十一，故曰延壽二十一年。臣請伏於殿下以伺之，星不徙，臣請死之。公曰：可。是夕也，星三徙舍，如子韋言。』《論衡・變虛》篇：『案《子韋書錄序奏》亦言：子韋曰：君出三善言，熒惑宜有動。於是候之，果徙舍。不言三。世增言三，既空增三舍之數，又虛生二十一年之壽也。』（按王仲任見此書〈序錄〉，自『子韋曰』至『果徙舍』數語，確爲《別錄》佚文。）……秦王嘉《拾遺記》：『宋景公之世，有善星文者，許以上大夫之位。有野人披草負笈而進，曰：君愛陰陽之術，好像緯之祕，請見。景公乃延之崇堂。語未來之兆，已往之事。夜觀星望氣，晝執算披圖。景公謝曰：今國喪亂，微君何以輔之？曰：德之不鈞，亂將及矣。修德以來人，則天應之祥，人美其化。景公曰：善。賜姓子氏，名之曰韋，即子韋也。蕭綺曰：宋子韋司天部，妙觀星緯，抑亦梓愼、裨竈之儔。景公待之若神。《春秋》因生以賜姓，亦緣事以之顯名，號司星氏。至六國之末，著陰陽之書。』（按此則是書乃六國之末子韋后人所錄，猶《公》、《穀》皆數傳而後著於竹帛也。）」張舜徽（1911～1992）《漢書藝文志通釋》卷三曰：「按：宋子韋始見《呂氏春秋・制樂》篇。《淮南・道應》、《新序・雜事》諸篇，皆敘熒惑徙舍一節。《史記・天官書》云：『昔之傳天數者，於宋子韋。』而《宋世家》載其事尤詳。」

【學術源流】

葉長青（1902～1948）《漢書藝文志問答》：「問：『《宋司星子韋》三篇，班氏自注景公之史，則爲史者皆司星乎？』答：『然。太史公〈自敘〉：「昔在顓頊，命南正重以司天，北正黎以司地。唐虞之際，紹重黎之後，使復典之。至於夏、商，故重黎氏世序天地。昔在周，程伯休甫其後也。當周宣王時，失其守，而爲司馬氏。」司馬氏世典周史，而本書載司馬遷〈報任安書〉，亦云『文史星曆，近乎卜祝之間』，然則古史官固司星也。』」今按：遠古陰陽之學固史巫之所司，後來史巫分化，貞人被邊緣化，權力下移史官。又按：以往的學者或以《漢志》陰陽家「曆象日月星辰」，故多把「《司星子韋》三篇」簡單地視爲「言天文星象者也」。但從上引《呂氏春秋》等書的記載來看，《漢志》中「《司星子韋》三篇」所以入陰陽家而非「數術略」，其中重要的原因，一是因爲他乃是由星象天文以推及人事，而非單純言星辰之度數；二

是因爲他論及了「陰陽消息」，即天象變化——「熒惑徙三舍」——的動力，乃由於宋景公「有至德之言三」。〔註2〕

《公檮生終始》十四篇。傳鄒奭《始終》書。〔註3〕（師古曰：「檮音疇，其字從木。」）

【存佚著錄】

今亡佚。《隋書・經籍志》、《舊唐書・經籍志》、《新唐書・藝文志》皆不著錄，早已亡佚。

【作者情況】

清姚振宗（1842～1906）《漢書藝文志條理》卷二曰：「《廣韻》一東『公』字注：『公，又複姓，《漢書・藝文志》有公檮子著書。』（按《廣韻》以兵技巧家之公孫子爲公勝生，以是篇之公檮生爲公檮子，並顛倒寫誤也。）鄧名世《古今姓氏書辯證》：『公檮氏，《漢・藝文志》有《公檮生終始》十四篇，傳黃帝《終始》之術。』」

【學術源流】

清章學誠（1738～1801）《校讎通義》卷三曰：「陰陽家《公檮生終始》十四篇，在《鄒子終始》五十六篇之前，而班固注云：『公檮傳鄒奭《始終》書。』豈可使創書之人，居傳書之人後乎？又《鄒子終始》五十六篇之下注云：『鄒衍所說。』而公檮下注：『鄒奭《始終》。』名既互異，而以終始爲始終，亦必有錯訛也。又《閭丘子》十三篇，《將鉅子》五篇，班固俱注云『在南公前』。而其書俱列《南公》三十一篇之後，亦似不可解也。（觀『終始五德之運』，則以爲始終誤也。）」清沈欽韓（1775～1831）《漢書藝文志疏證》卷二曰：「言終始者鄒衍，非鄒奭，亦不當在鄒子前。《律曆志》：『丞相屬寶、

〔註2〕 高華平：《先秦諸子與楚國諸子學》，北京師範大學出版社，2016年版，第244頁。

〔註3〕 陳朝爵《漢書藝文志約說》卷二引錢大昭曰：「注云『傳鄒奭《始終書》』，據下文鄒子《終始》五十六篇爲鄒衍作，此『奭』字誤。『始終』當作『終始』。」姚振宗《漢書藝文志條理》曰：「此條據鄧名世所引，則班氏原注當爲『傳黃帝《終始》書』，此云『鄒奭《始終》』，寫誤也。」葉長青《漢書藝文志問答》亦同姚氏之說。

長安單安國、安陵栖育治《終始》，言黃帝已來三千六百二十九歲。』」清姚振宗（1842～1906）《漢書藝文志條理》卷二曰：「沈濤《銅熨斗齋隨筆》曰：『褚先生引《黃帝終始傳》（按見《史記‧三代世表》）曰漢興百有餘年，有人不短不長，出自燕之鄉云云。《索隱》曰：蓋謂五行讖緯之說，若今之童謠也。濤案：小司馬說非是。《終始傳》即終始五德之傳，《封禪書》公孫臣上書曰：推《終始傳》，則漢當土德。疑即《黃帝終始傳》。《漢志》有《公檮生終始》十四篇即其類也。』（按褚少孫所引《黃帝終始傳》，似武、昭時方士依託爲之，非即此本也。）按章氏《校讎通義》有曰：『陰陽家《公檮生終始》十四篇，在《鄒子終始》五十六篇之前，而班固注云公檮傳鄒奭《始終》書，豈可使創書之人居傳書之人後乎？今考鄧氏《姓氏辯證》，班氏原注『傳黃帝《終始》書』，今注乃轉寫之誤，是爲傳《終始》書之最初者。又《終始》之書不始傳於鄒奭，而鄒奭之書亦不名《終始》，是亦足以證寫誤之實。』據章氏以鄒衍、鄒奭爲創書之人，非也。」張舜徽（1911～1992）《漢書藝文志通釋》卷三：「錢大昭曰：『下有《鄒子終始》五十六篇，則此注始終當作終始矣。奭字亦誤，作《終始》者，是鄒衍非鄒奭也。別有《鄒奭子》十二篇，非《終始》書。」

《公孫發》二十二篇。六國時。

【存佚著錄】

今亡佚。《隋書‧經籍志》、《舊唐書‧經籍志》、《新唐書‧藝文志》皆不著錄，早已亡佚，亦無輯本。

【作者情況】

清沈欽韓（1775～1831）《漢書藝文志疏證》卷二曰：「文帝時魯人。公孫臣上書陳《終始五德傳》，言漢土德。發或臣之異名？」清姚振宗（1842～1906）《漢書藝文志條理》卷二曰：「公孫發未詳。按此以敘次先後言之，則其人在鄒衍之前，似即爲公檮生之學，蒙上『終始』二字者歟？」

《鄒子》四十九篇。名衍，齊人，爲燕昭王師，居稷下，號談天衍。

《鄒子終始》五十六篇。（師古曰：「亦鄒衍所説。」）

【存佚著錄】

今亡佚。《隋書・經籍志》、《舊唐書・經籍志》、《新唐書・藝文志》皆不著錄，早已亡佚。清葉昌熾（1849～1917）《緣督廬日記鈔》卷二曰：「〈問道〉篇：『鄒言有取乎曰自持。』吳祕注衍之書十餘萬言，然要其歸必止乎仁義節儉。考《漢書・藝文志》，《鄒子》四十九篇、《鄒子終始》五十六篇，並列陰陽家。吳祕在溫公之前，能言其書，則宋初尚未散逸，而《隋》、《唐志》皆不著錄，豈當時民間習之，而祕府轉闕歟？」今按：《鄒子》一書，《永樂大典》列入道家部，《絳雲樓書目》亦列入子部道家類。

《鄒子》之輯本有四種：其一爲馬國翰所輯《鄒子》一卷，見《玉函山房輯佚書》子編陰陽類，馬國翰序曰：「茲從《史記》及諸書所引輯錄，《鄒子終始》亦併入，後附《三代世表》所引《黃帝終始》合爲一帙。案：《史記》云：『騶奭者，齊諸騶子，亦頗採騶衍之術以紀文。』《漢志》：『《鄒奭子》十二篇。』注：『齊人，號曰雕龍奭。』又有《公檮生終始》十四篇，注：『傳《鄒奭始終書》。』奭與衍爲一家學。《黃帝終始傳》即《漢志》所列之《終始》也。以類相從，可資參考。史遷謂騶衍其言雖不軌，倘亦有牛鼎之意乎？吾亦云爾。」其二爲顧觀光所輯《鄒子》，見《武陵山人遺稿・古書逸文》；其三爲王仁俊所輯《鄒子書》一卷，見《玉函山房輯佚書續編》子編陰陽類；其四爲李峻之所輯《鄒子》，見《古史辨》第六冊《呂氏春秋中古書輯佚》。孫啓治等曰：「馬國翰從《呂氏春秋》、《史記》、《漢書》、《周禮》郊玄注等採得〈主運〉篇佚文三節及雜說六節。又採《史記・三代世表》引《黃帝終始傳》一節附後。顧觀光采得六節，中採『中國爲赤縣』一節爲馬所無。按此節見《尚書・禹貢釋文》，原引稱《鄹子》，鄹、鄒同音。王仁俊從《周禮疏》引《五經異義》採得一節補馬之缺。李峻之僅採《呂氏春秋》所引一節，已見馬輯。」〔註4〕

【作者情況】

《史記・孟子荀卿列傳》：「鄒衍深觀陰陽消息，而作怪迂之變，〈終始〉、〈大聖〉之篇十餘萬言。其語閎大不經，必先驗小物，推而大之，至於無垠。先序今以上至黃帝，學者所共術，大並世盛衰。因載其機祥度制，推而遠之。

〔註4〕 孫啓治、陳建華：《中國古佚書輯本目錄解題》，上海古籍出版社，2009 年版，第 240 頁。

至天地未生……及海外人之所不能睹。稱引天地剖判以來，五德轉移，治各有宜，而符應若茲。」《史記‧封禪書》：「騶子著終始五德之運，及秦帝而齊人奏之，始皇採用。文帝時，公孫臣上書，推漢當土德。」裴駰《集解》曰：「劉向《別錄》曰：『騶衍之所言五德終始，天地廣大，盡言天事，故曰談天。騶奭脩衍之文，飾若雕鏤龍文，故曰雕龍。』」唐李善《文選注》曰：「劉向《別錄》曰：『鄒衍在燕，有谷，寒，不生五穀。鄒子吹律，而溫，生黍。』《七略》曰：『《方士傳》言：鄒子在燕，其遊，諸侯畏之，皆郊迎而擁篲。」《漢書‧古今人表》列鄒衍於第五等中中。梁玉繩《人表考》曰：「鄒衍始見《燕策》、《列子‧湯問》。又作騶，又作鄒，亦曰鄒子，齊人。齊有三鄒子，其次鄒衍，其人頌曰『談天衍』。葬齊州章丘縣東十里。」今按：鄒衍是陰陽家創始人（後來卻被列為道家代表人物），戰國末期齊國人。生卒年不詳，據推斷大約生於公元前 324 年，死於公元前 250 年，活了 70 餘歲。相傳墓地在今山東省濟南市章丘區相公莊鎮郝莊村。其主要學說是五行學說、「五德終始說」和「大九州說」，又是稷下學宮著名學者，因他「盡言天事」，當時人們稱他「談天衍」。他活動的時代後於孟子，與公孫龍、魯仲連是同時代人。據《藝文類聚‧水部下‧谷》載：「劉向《別錄》曰：『《方士傳》言：鄒衍在燕，燕有谷，地美而寒，不生五穀。鄒子居之，吹律而溫氣至，而穀生，今名黍穀。」漢王充在《論衡‧寒溫》篇亦云：「燕有寒谷，不生五穀，鄒衍吹律，寒谷可種。燕人種黍其中，號曰黍穀。」侯外廬（1903～1987）等《中國思想通史》第一卷第十七章〈中國古代思想的沒落傾向〉第二節〈陰陽五行思想和易傳思想〉曰：「關於鄒衍的生平行事及其學術淵源，也因它不是顯學，先秦各家大都略而不述：後世史籍也語焉不詳（如《史記》〈孟荀列傳〉及〈平原君列傳〉等）；又因這派具有神秘的因素，故關於鄒衍其人的記載，塗上了一些神話的色彩，使人難於置信。例如《後漢書‧劉瑜傳》所記：『鄒衍事燕惠王盡忠，左右譖之，王繫之（衍）仰天而哭，五月天為之下霜。』又如偽《列子‧湯問》篇言『鄒衍之吹律？，張湛注說：『北方有地，美而寒，不生五穀。鄒子吹律暖之，而禾黍滋也。』現在只好從《史記》等書鉤稽出一個比較可信的輪廓……鄒衍事迹之可知者，大略如此。或以為鄒衍大概與公孫龍同時，不可能與梁惠王為賓主，《史記》於此或有錯誤，不過它的注意在表明『其游諸侯，見尊禮如此』而已。這裡，我們只要明白鄒衍所倡導的五德終始說，在當時發展不平衡而驟致強盛的諸侯中間，有過一個時期曾很吃香

就夠了，其他因文獻不足，只可闕疑。」〔註5〕

【學術源流】

　　西漢桓寬《鹽鐵論·論鄒》：「大夫曰：『鄒子疾晚世之儒墨，不知天地之弘，昭曠之道，將一曲而欲道九折，守一隅而欲知萬方，猶無準平而欲知高下，無規矩而欲知方圓也。於是推大聖終始之運，以喻王公，先列中國名山通谷，以至海外。所謂中國者，天下八十一分之一，名曰赤縣神州，而分爲九州。絕陵陸不通，乃爲一州，有大瀛海圜其外。此所謂八極，而天地際焉。《禹貢》亦著山川高下原隰，而不知大道之徑。故秦欲達九州而方瀛海，牧胡而朝萬國。諸生守畦畝之慮，閭巷之固，未知天下之義也。』文學曰：『堯使禹爲司空，平水土，隨山刊木，定高下而序九州。鄒衍非聖人，作怪誤，熒惑六國之君，以納其說。此《春秋》所謂『匹夫熒惑諸侯』者也。孔子曰：『未能事人，焉能事鬼神？』近者不達，焉能知瀛海？故無補於用者，君子不爲；無益於治者，君子不由。三王信經道，而德光於四海；戰國信嘉言，而破亡如丘山。昔秦始皇已吞天下，欲並萬國，亡其三十六郡；欲達瀛海，而失其州縣。知大義如斯，不如守小計也。』」東漢王充（27～97）《論衡·談天》篇：「鄒衍之書，言天下有九州，《禹貢》之上，所謂九州也。《禹貢》九州，所謂一州也。若《禹貢》以上者，九焉。《禹貢》九州，方今天下九州也，在東南隅，名曰赤縣神州。復更有八州，每一州者四海環之，名曰裨海。九州之外，更有瀛海。此言詭異，聞者驚駭，然亦不能實然否，相隨觀讀諷述以談。故虛實之事，並傳世間，眞僞不別也。世人惑焉，是以難論。案鄒子之知不過禹。禹之治洪水，以益爲佐。禹主治水，益之記物。極天之廣，窮地之長，辨四海之外，竟四山之表，三十五國之地，鳥獸草木，金石水土，莫不畢載，不言復有九州。淮南王劉安，召術士伍被、左吳之輩，充滿宮殿，作道術之書，論天下之事。〈地形〉之篇，道異類之物，外國之怪，列三十五國之異，不言更有九州。鄒子行地不若禹、益，聞見不過被、吳，才非聖人，事非天授，安得此言？案：禹之《山經》，淮南之〈地形〉，以察鄒子之書，虛妄之言也。」宋王應麟（1223～1296）《漢書藝文志考證》卷六曰：「劉向《別錄》云：鄒子書有〈主運〉篇。……《鹽鐵論》及《論衡》並以衍言迂怪虛妄。東萊呂氏曰：『方騶衍推五德之運，人視之特陰陽末術耳，若無預於治亂之數也。及至始皇始採用之，定爲水德，以爲水德之治，

剛毅戾深，事皆決於法，刻削毋仁恩和義，然後合五德之數。於是急法久者不赦，則其所繫豈小哉？』（《周禮・司爟》注鄭司農引《鄒子》。）」清姚振宗（1842～1906）《漢書藝文志條理》卷二曰：「《文心雕龍・諸子》篇：『騶子養政於天文。』按本書〈曆志〉云『丞相屬寶、長安單安國、安陵梧育治《終始》』，則昭帝時猶有傳習者。司馬貞《索隱》有曰：『桓寬、王充並以衍之所言迂怪虛妄，熒惑六國之君，因納其異說，所謂匹夫而熒惑諸侯也。』」陳澧（1810～1882）《東塾讀書記》卷十二則大加贊賞：「《漢書・藝文志》陰陽家鄒子四十九篇、《鄒子終始》五十六篇，惜其書亡矣。《史記》云：『騶衍深觀陰陽消息，而作怪迂之變，《終始》、《大聖》之篇十餘萬言。其語閎大不經，必先驗小物，推而大之，至於無垠。先序今以上至黃帝，學者所共術，大並世盛衰。因載其機祥度制，推而遠之。至天地未生，窈冥不可考而原也，稱引天地剖判以來，五德轉移，治各有宜，而符應若茲。』（〈孟荀列傳〉）此蓋與後世邵康節皇極之書相似，其所謂九州，每一州有裨海環之，如此者九，乃有大瀛海環其外，此與近時外國所繪地圖相似，但外國所繪者有四五區，無九區耳。騶衍冥心懸想，而能知此，亦奇矣哉！」顧實（1878～1956）《漢書藝文志講疏》三〈諸子略〉亦云：「鄒子曰：『政教文質者，所以云救也，當時則用，過則捨之，有易則易也，故守一而不變者，未睹治之至也。』（《漢書・嚴安傳》引）則與《易》言『一陰一陽之謂道』無不合，而與董仲舒言『天不變，道亦不變』者大相逕庭也。說者謂鄒子疾晚世之儒墨，守一隅而欲知萬方（《鹽鐵論・論鄒》篇）。觀其與淳于髡微言，實長於遊說。故揚雄曰：『鄒衍以頡亢而取世資。』（〈解嘲〉）蓋陰陽家固與縱橫家之陰陽捭闔相通歟？」〔註6〕馮友蘭（1895～1990）《中國哲學簡史》曰：「至於鄒衍的歷史觀點，司馬遷寫道：鄒衍『先序今以上至黃帝，學者所共術，大並世盛衰，因載其機祥度制，推而遠之，至天地未生，窈冥不可考而原也』，『稱引天地剖判以來，五德轉移，治各有宜，而符應若茲』。這是說，由近及遠，上溯黃帝，這是學者之共述。他又按歷史大事，時代盛衰，記其徵兆、體制，一直上溯到遠古洪荒，天地未生之時。然後自開天闢地起，歷數五德連轉，治法雖殊，均與五德相應。……鄒衍發展出一個新的歷史哲學，用五德的轉移來解釋歷史，它既是變化的，又是有規律的。司馬遷在《史記》中並沒有詳述鄒衍這種學說的內容，但是，《呂氏春秋》書中介紹了這種學說，儘管其中並未提及鄒衍的名字。原文如下：『凡帝王者之將興也，天必先見祥乎下民。黃

〔註6〕 今按：顧氏之論亦有所會通，可謂卓見。

帝之時，天先見大螾大螻。黃帝曰：土氣勝。土氣勝，故其色尚黃，其事則土。及禹之時，天先見草木秋冬不殺。禹曰：木氣勝。木氣勝，故其色尚青，其事則木。及湯之時，天先見金刃生於水。湯曰：金氣勝。金氣勝，故其色尚白，其事則金。及文王之時，天先見火，赤鳥銜丹書集於周社。文王曰：火氣勝。火氣勝，故其色尚赤，其事則火。代火者必將水，天且先見水氣勝。水氣勝，故其色尚黑，其事則水。水氣至而不知，數備，將徙於土。』陰陽家認爲，五行按照一定順序，相生相剋；還認爲，一年四季也按五行相生的順序嬗替。木盛於春，木生火；火盛於夏，火生土；土盛於中央，土生金；金盛於秋，金生水；水盛於冬，水又生木，木盛於春。……按照《呂氏春秋》的陳述，這只不過是一種歷史哲學理論。然而，不久之後它便對實際政治產生作用。」〔註 7〕張蔭麟（1905～1942）《中國史綱》：「鄒衍的學說，現在所留傳的有『大九州說』和『五德終始說』。」葉長青（1902～1948）《漢書藝文志問答》：「《大戴記·五帝德》曰：『（黃帝）黼黻衣，大帶黼裳，乘龍辰雲，以順天地之紀，幽明之故，死生之說，存亡之難。時播百穀草木，故教化淳鳥獸昆蟲，曆離日月星辰，極畋土石金玉，勞動心力耳目，節用水火材物。』而《史記·五帝本紀》亦曰：『黃帝立史官，迎日推策，順天地之紀，幽明之占。』據此，則陰陽之學始於黃帝也。而《後書·天文志》亦曰：『黃帝始受《河圖》，斗苞授規日月星辰之象。』故星官之書自黃帝始。」又曰：「傳《五德終始》者，自公檮生始，而鄒衍之說獨見盛行……鄒衍爲稷下學者之一，其陰陽主運之說盛行於戰國、兩漢，而後世之天文、地理、律曆、五行、機祥、神仙，皆自鄒氏出。《七略》曰：『其遊，諸侯畏之，皆郊迎而擁篲。』蓋其言足以熒惑六國之君，又有術以濟之，故可以奪公檮生之席，而其說特見盛行。《史記·孟子荀卿列傳》記鄒衍事特詳，可謂卓識。」錢穆《先秦諸子繫年·鄒衍考》曰：「《史記·孟荀列傳》：『鄒衍至梁，梁惠王郊迎。至趙，平原君側行撇席。至燕，燕昭王擁篲先驅。』《漢志》陰陽家有《鄒子》四十九篇，班注云：『名衍，齊人，爲燕昭王師，居稷下，號談天衍。』又《鄒子終始》五十六篇，師古曰：『亦鄒衍所說。』王應麟引《封禪書》『齊威、宣之時，騶子之徒，論著終始五德之運，及秦帝，齊人奏之』爲證。今按：衍至趙，見平原君，在信陵破秦存趙之後，事見〈平原君列傳〉。其時梁惠王死已七十二年，燕昭王亦死二十二年矣。張守節云：『鄒衍與公孫龍同時』，是也。衍已不及見燕昭、齊宣，遑論齊威、梁惠乎？（《文選》阮嗣宗〈詣

〔註 7〕 馮友蘭：《中國哲學簡史》，天津社會科學院出版社，2007 年版，第 123～124 頁。

公扈子、尸子，皆治《春秋》，則錢氏之言信矣。而《史記・孟荀傳》稱：『鄒衍深觀陰陽消息，稱引天地剖判以來，五德轉移，治各有宜，而符應若茲。』《漢書・嚴安傳》，嚴安上書曰：『臣聞鄒衍曰：政教文質，所以云救也，當時則用，過則捨之，有易則易者也。』此皆言鄒子學術大旨之僅存者。凡漢儒治《公羊春秋》，言通三統，改制質文諸說，其實源自陰陽，與鄒衍說合。今所謂《春秋鄒氏傳》，雖不知於三鄒子中當何屬，又不知其所論者何若，要之或亦與《公羊》家言相近，淵源同自鄒衍，則沈說亦可從也。（漢王吉能治《鄒氏春秋》。又《鹽鐵論・論儒篇》謂鄒子以儒術干世主，不用，即以變化始終之論，卒以顯名。則鄒衍陰陽之術，其先本之儒，漢儒尚多能言之者。）」其後所附《鄒衍著書考》曰：「《漢書・藝文志》陰陽家《鄒子》四十九篇，班注：『名衍，齊人，為燕昭王師，居稷下，號談天衍。』又《鄒子終始》五十六篇，師古曰：『亦鄒衍所說。是鄒衍書有四十九篇，與《終始》五十六篇兩種。』考《史記・封禪書》：『自齊威、宣之時，騶子之徒，論著終始五德之運，及秦帝而齊人奏之，故始皇採用之。』此《終始》五十六篇書，出於齊也。《集解》引如淳曰：『今其中有五德終始，五德各以所勝為行。秦謂周為火德，滅火者水，故自謂水德』，是也。《史》又云：『宋毋忌、正伯僑、元尚、羨門高最後，皆燕人，為方仙道，形解銷化，依於鬼神之事。騶衍以陰陽主運顯於諸侯，而燕、齊海上之方士傳其術，不能通，然則怪迂阿諛苟合之徒自此興，不可勝數也。』（《漢志》五行家有《羨門式法》二十卷，疑即羨門高，亦傳騶子之術而不能通者也。）此《騶子》四十九篇傳於燕、齊海上之方士，而尤盛於燕也。《集解》引如淳曰：『今其書有〈主運〉，五行相次轉用事，隨方面為服。』《索隱》：『〈主運〉是騶子之書篇名』，是也。然則兩書雖俱出鄒子，而實不同。《周禮・大司馬》『司爟，掌行火之政令，四時變國火以此救時疾』，鄭司農說：『《鄹子》曰：春取榆柳之火，夏取棗杏之火，季夏取桑柘之火，秋取柞楢之火，冬取槐檀之火。』王應麟謂即《鄒衍》四十九篇文，其語良是。《論語・陽貨篇》『鑽燧改火』，《集解》馬融曰：『《周書・月令》有更火之文，春取榆柳之火，夏取棗杏之火，季夏取桑柘之火，秋取柞楢之火，冬取槐檀之火。一年之中，鑽火各異木，故曰改火也。』皇疏云：『改火之木，隨五行之色而變也。榆柳色青，春是木，木色青，故春用榆柳也。棗杏色赤，夏是火，火色赤，故夏用棗杏也。桑柘色黃，季夏是土，土色黃，故季夏用桑柘也。柞楢色白，秋是金，金色白，故秋用柞楢也。槐檀色黑，冬是水，水色黑，故冬用槐檀也。』《禮運》孔疏說與皇同。《淮南・時

則訓》謂：『春爨其燧火，夏秋柘燧火，冬爨松燧火。』五時三木，亦承鄒說而小變。鄭司農所引，蓋出《鄒子》四十九篇，非出《終始》五十六篇，其說與〈月令〉、〈時則〉為類。如淳所謂五行相次用事，隨方面為服，即以五木改火之例觀之可見。又考《淮南·齊俗訓》高注引鄒子曰：『五德之次，從所不勝，故虞土，夏木，殷金，周火。』《文選·魏都賦》注引《七略》亦云然，此《終始》五十六篇文也。〈月令〉、〈時則〉言五行，分列四時，始於木，主相生。《鄒子終始》言五行，分列虞夏商周，始於土，主相勝，說各不同。《鄒子》四十九篇，蓋出其所自著。故《史》稱：『鄒衍以陰陽主運顯於諸侯。』（〈封禪書〉。）又曰：『騶子如燕，昭王擁篲先驅，請列弟子之座而受業，築碣石宮，身親往師之，作〈主運〉。』（〈孟荀列傳〉。）其謂燕昭王，縱不信。然〈主運〉書，出鄒子手著，亦可證矣。至於《終始》五十六篇，師古曰：『亦鄒衍所說』，謂之所說，則或其徒述之。故〈封禪書〉謂騶子之徒，論著《終始》五德之運，及秦帝而齊人奏之也。然則〈藝文志〉分別兩書先後，及其書題名之意，參之《史記》所載，知兩書有別，未可混並，昭然顯矣。荀子以五行出孟軻，考〈月令〉、〈時則〉言五行，重在勿奪民時，其義洵自孟子來。五行分配方色，其說亦古。而五德終始，則為晚起。《呂氏春秋·應同篇》始見其說，已在秦始皇時。齊人之奏《鄒子終始》，明以媚秦，而上託於鄒子。其果為鄒子說否，未可定。後人皆言鄒衍言五德主相勝，若與〈月令〉、〈時則〉言相生一派不同。余考《漢志·鄒子》書，及班固、如淳諸家舊注，乃知鄒子言五行，實為〈月令〉、〈時則〉所祖，而《五德終始》之篇，其果為鄒子當時創說，抑其徒所託，轉屬未定之疑問也。」高華平解釋說：「錢氏之說，辨別《鄒子》四十九篇與《鄒子終始》五十六篇之不同點，其關於二書產生時代及內容差異之說值得特別重視。我認為，如結合鄒衍之學術早年屬儒，後來方由儒家轉達人陰陽家這一事實來看，《漢志》所著錄的『《鄒子》四十九篇』與『《鄒子終始》五十六篇』二書，在成書年代及書中內容上的不同，亦當與其學術思想的這一變化有關。」〔註8〕張舜徽（1911～1992）《漢書藝文志通釋》卷三曰：「鄒衍始見〈燕策〉。亦或作騶。《史記·孟子傳》稱：『騶子重於齊。適梁，梁惠王郊迎，執賓主之禮；適趙，平原君側行撇席；如燕，昭王擁彗先驅，請列弟子之座而受業；築碣石宮，身親往師之，作〈主運〉。其遊諸侯，見尊禮如此。豈與促尼榮色陳蔡、孟軻困於

〔註8〕 高華平：《先秦諸子與楚國諸子學》，北京師範大學出版社，2016年版，第245頁。

齊梁同乎哉！』又〈荀卿傳〉稱：『騶衍之術，迂大而閎辯。故齊人頌之曰：談天衍。』觀其論政有曰：『政教文質者，所以云救也。當時則用，過則捨之，有易則易也。故守一而不變者，未睹治之至也。』（見《漢書・嚴安傳》引）是豈則古稱先之儒者所逮知！」又曰：「周壽昌曰：『其書著五德終始之運。如淳注：今其書有五德終始，五德各以所勝爲行。秦謂周爲火德，滅火者水，故自謂之水德。是此書故名《五德終始》也。』按：《史記・封禪書》云：『自齊威宣之時，騶子之徒，論著終始五德之運，及秦帝而齊人奏之，故始皇採用之。』又云：『騶衍以陰陽主運，顯於諸侯。』《集解》引如淳注：『今其書有《主運》，五行相次轉用事，隨方面爲服。』所謂『五行相次轉用事』，即五德終始之說也。《文選・魏都賦注》引《七略》云：『鄒子有終始五德，從所不勝。土德後，木德繼之，金德次之，火德次之，水德次之。』蓋其學主於陰陽五行，以五行生剋爲帝王嬗代之應，故時君世主多信從之。」高華平《先秦諸子與楚國諸子學》曰：「學術界之所以將『兵陰陽』和『五行陰陽』也納入陰陽家而加以研究，一個很重要的原因，應該是他們都看到了陰陽家學說與其他諸子學說之間的聯繫。《漢志・諸子略》曰：『陰陽家者流……敬順昊天，曆象日月星辰，敬授民時……牽於禁忌，泥於小數，舍人事而任鬼神。』而〈兵書略〉序『兵陰陽』亦曰：『陰陽者，順時而發……因五勝（顏師古注：「五勝，五行相勝也。」）假鬼神而爲助者也。』可見，陰陽家與『兵陰陽』二者都講求『順時』、因五行之數而『任鬼神』。而〈數術略〉之『天文』類既稱『序二十八宿，步五星日月』，同於陰陽家『曆象日月星辰』，其『五行』類又稱『五行』家『其法亦起於五德終始』，與鄒衍的『五德終始』說同源。這就說明，陰陽家與『數術家』本具有親緣關係。陰陽家與儒、道、墨、法、農等諸子學派也具有學術思想上的許多共同點。如《漢志》稱儒家『順陰陽，助教化者也』。道家的老莊以爲『萬物負陰而抱陽，沖氣以爲和』；『陰陽相照相蓋相治，四時相代相生相殺』，即認爲世界都是陰陽之氣變化的產物。墨家『順四時而行，是以非命』。而《管子・四時》則說：「陰陽者，天地之大理也；四時者，陰陽之大經也。」這即是說，墨家所謂『順四時而行』，也就是『順陰陽而行』的意思。而農家『播五穀，勸農桑』，法家獎勵耕戰，也必要求『舉事愼陰陽之和，種樹節四時之適，無早晚之失，寒溫之災』。可見，諸家思想皆與陰陽家學說有其相通之處。」〔註9〕

〔註9〕　高華平：《先秦諸子與楚國諸子學》，北京師範大學出版社，2016 年版，第 235
　　　　頁。今按：龐樸先生曾經發表《陰陽五行探源》（《中國社會科學》1984 年第

【學術大旨】

《史記·孟子荀卿列傳》曰：「騶衍睹有國者益淫侈，不能尚德，若大雅，整之於身，施及黎庶矣。乃深觀陰陽消息，而作怪迂之變，終始大聖之篇，十餘萬言。其語閎大不經，必先驗小物，推而大之，至於無垠。先序今，以上至黃帝，學者所共術；大並世盛衰。因載其機祥度制，推而遠之，至天地未生，窈冥不可考而原也。先列中國，名山、大川、通谷、禽獸，水土所殖，物類所珍，因而推之，及海外，人之所不能睹。稱引天地剖判以來，五德轉移，治各有宜；而符應若茲。以爲儒者所謂中國者，於天下，乃八十一分居其一分耳。中國名曰赤縣神州。赤縣神州內，自有九州，禹之序九州是也，不得爲州數。中國外，如赤縣神州者九，乃所謂九州也。於是有『稗海』環之，人民禽獸莫能相通者，如一區中者，乃爲一州。如此者九，乃有『大瀛海』環其外，天地之際焉。——其術皆此類也。然要其歸，必止乎仁義節儉，君臣上下六親之施，始也濫耳。」侯外廬（1903～1987）等《中國思想通史》第一卷曰：「鄒衍的基本思想無疑是『五德終始』論。這是他『深觀陰陽消息』而得的理論，也是他轟動當世『王公大人』的主張。鄒衍的觀點是儒、道混合的，而更偏畸於思孟學派。其持論的動機，在於『睹有國者益淫侈，不能尚德，若大雅，整之於身；施及黎庶矣』。『尚德』是儒家的思想，『整之於身，施及黎庶』，宛然修身齊家治國平天下的儒家路數。而『要其歸，必止於仁義節儉，君臣上下之施』，『仁義』、『君臣上下』固爲儒家所常談，而『節儉』則帶有道家的風味……他的方法是從經驗開始，而轉向擴充式的主觀的類推邏輯……這些都是思孟學派的作風。更不消說，他的五行思想，是繼承思孟的『造說』；所謂『五德推移，治各有宜，而符應若茲』所依據的『天人合中』這一根本思想，更符合於思孟學派的精神。」〔註10〕

《乘丘子》五篇。六國時。

【存佚著錄】

今亡佚。《隋書·經籍志》、《舊唐書·經籍志》、《新唐書·藝文志》皆不著錄，早已亡佚。

3期。後收入其《糧莠集》，上海人民出版社，1988年版），可資參考。
〔註10〕侯外廬等：《中國思想通史》第一卷，人民出版社，2011年版，第582頁。

【作者情況】

清沈欽韓（1775～1831）《漢書藝文志疏證》卷二曰：「當作『桑丘』，《隋·經籍志》『晉征南軍師楊偉撰《桑丘先生書》二卷』本此。」清姚振宗（1842～1906）《漢書藝文志條理》卷二曰：「《廣韻》十八尤『丘』字注：『〈藝文志〉有桑丘公。』邵思《姓解》：『《漢書·藝文志》有桑丘生。』鄭樵〈氏族略〉：『桑邱氏，蓋以地爲氏者。《漢書》桑邱公著書五篇。《姓纂》云今下邳有此姓。』鄧名世《古今姓氏書辯證》：王子年《拾遺記》曰：『少皥號曰窮桑氏，亦曰桑丘氏。六國時桑丘子著陰陽書，即其裔也。』按氏姓諸書有桑邱氏，無乘邱氏。隸寫『桑』或作『枽』，『乘』或作『乗』，故往往訛『枽』爲『乗』。漢之桑欽、桑弘，《釋文》亦云『一作乘欽、乘弘』，此乘邱子亦枽邱子之訛。」陳朝爵（1876～1939）《漢書藝文志約說》卷二曰：「沈欽韓據《隋志》有楊偉撰《桑丘先生書》，本此『乘』字當作『桑』。葉德輝據邵思《姓解》引《漢志》正作『桑丘』。」葉長青（1902～1948）《漢書藝文志問答》亦曰：「（乘丘子）乃桑丘子之誤。」張舜徽（1911～1992）《漢書藝文志通釋》卷三曰：「《廣韻》下平十八尤『丘』字下云：『〈藝文志〉有桑丘公。』《通志·氏族略》云：『桑邱氏蓋以地爲氏者，《漢書》桑邱公著書五篇。』是今本《漢志》誤『桑』爲『乘』，爲時不早，蓋近世傳抄致訛。」

【學術源流】

葉長青（1902～1948）《漢書藝文志問答》：「問：『桑丘子及杜文公、將巨子、賈誼皆著書五篇，何故？』答：『疑專言五行陰陽，故以五紀篇耳。』」今按：此說推測較爲合理。古書編纂頗有深意，諸家專言五行陰陽，卷數與內容應該有極大之關聯。

《杜文公》五篇。六國時。（師古曰：「劉向《別錄》云：韓人也。」）

【存佚著錄】

今亡佚。《隋書·經籍志》、《舊唐書·經籍志》、《新唐書·藝文志》皆不著錄，早已亡佚。

【作者情況】

葉長青（1902～1948）《漢書藝文志問答》：「問：『杜文公與南公，六國

何國人乎？』答：『杜文公韓人（《別錄》）。南公楚人（《史記・項羽本紀》徐廣注》）。』」

《黃帝泰素》二十篇。六國時韓諸公子所作。（師古曰：「劉向《別錄》云：或言韓諸公孫之所作也。言陰陽五行，以爲黃帝之道也，故曰《泰素》。」）

【存佚著錄】

今亡佚。《隋書・經籍志》、《舊唐書・經籍志》、《新唐書・藝文志》皆不著錄，早已亡佚。

【學術源流】

清姚振宗（1842～1906）《漢書藝文志條理》卷二曰：「《史・殷本紀》：『伊尹從湯，言素王及九主之事。』《索隱》曰：『素王者，太素上王，其道質素，故曰素王。』此言《泰素》，其義亦猶是爾。」張舜徽（1911～1992）《漢書藝文志通釋》卷三曰：「凡言泰者，有尊高之意。《史記・秦始皇本紀》云：『古有天皇，有地皇，有泰皇，泰皇最貴。』是其義也。」

《南公》三十一篇。六國時。

【存佚著錄】

今亡佚。《隋書・經籍志》、《舊唐書・經籍志》、《新唐書・藝文志》皆不著錄，早已亡佚。

【作者情況】

清姚振宗（1842～1906）《漢書藝文志條理》卷二曰：「《史・項羽本紀》：『居鄹人范增說項梁曰：夫秦滅六國，楚最無罪。自懷王入秦不反，楚人憐之至今，故楚南公曰楚雖三戶，亡秦必楚也。』徐廣曰：『南公，楚人也，善言陰陽。』文穎曰：『南方老人也。』《正義》：虞喜《志林》云：『南公者，道士，識廢興之數，知亡秦者必於楚。』《漢書・藝文志》云《南公》十三篇，六國時人，在陰陽家流。又曰：『服虔云：三戶，漳水津也。孟康云：津峽名也，在鄹西三十里。《括地志》云：濁漳水又東經葛公亭北，經三戶峽，爲三戶津，在相州滏陽縣界。然則南公辨陰陽，識廢興之數，知秦亡必於三戶，

故出此言。後項羽果渡三戶津破章邯軍，降章邯，秦遂亡。是南公之善識。』（按此引〈藝文志〉云《南公》十三篇者，寫誤也。）《御覽・逸民部》：袁淑《眞隱傳》曰：『南公者，楚人也，埋名藏用，世莫能識。居國南鄙，因以爲號，著書言陰陽事。』鄭樵〈氏族略〉：『南公氏，戰國時有南公子，著書三十一篇，言五行陰陽事，蓋衛南公子之後。』（按〈秦本紀〉，秦武王時有南公揭，則秦亦有南公氏，然文穎、袁淑皆以此南公非姓氏，莫得而詳已。）」葉長青（1902～1948）《漢書藝文志問答》：「問：『南公何人？』答：『據《史記・項羽本紀》，爲楚懷王時人。文穎注：「南方老人也。」《御覽》逸民部引袁淑《眞隱傳》曰：「南公，楚人也，埋名藏用，世莫能識。居國南鄙，用以爲號。」則南公非姓名也。〈秦本紀〉：「秦武王時有南公揭。」則南公爲複姓，然而不可考矣。』」張舜徽（1911～1992）《漢書藝文志通釋》卷三曰：「顧實曰：『《史記・項羽本紀》引南公語：楚雖三戶，亡秦必楚。後楚卒亡秦，蓋猶今之預言家。』按：此乃范增往說項梁時所引楚南公之言。《史記集解》引徐廣云：『楚人也，善言陰陽。』文穎云：『南方老人也。』《正義》引虞喜《志林》云：『南公者，道士。識廢興之數，知亡秦者必於楚。《漢書・藝文志》云：《南公》十三篇。六國時人。在陰陽家流。』此云《南公》十三篇，與今本《漢志》不合，必有一誤。」

《容成子》十四篇。

【存佚著錄】

今亡佚。《隋書・經籍志》、《舊唐書・經籍志》、《新唐書・藝文志》皆不著錄，早已亡佚。

【作者情況】

張舜徽（1911～1992）《漢書藝文志通釋》卷三引俞樾曰：「《莊子・則陽》篇嘗引容成氏語，釋文云：『老子師也。』《漢志》陰陽家有《容成子》十四篇，房中家又有《容成陰道》二十六卷，此即老子之師也。」又曰：「合諸說觀之，容成氏有三：上古之君，一也；黃帝之臣，二也；老子之師，三也。然老子生年亦究不可考，其師或即黃帝之臣乎？未可知矣。」葉長青（1902～1948）《漢書藝文志問答》：「問：『容成子何人乎？』答：『黃帝之臣有榮成氏者，能造曆，此其苗裔歟？《莊子・則陽》有容成氏，《釋文》曰「老子師

也」，疑非一人。因此列南公之後，不應爲老子所師也。其書疑亦言陰陽律曆者。』」

【學術源流】

《世本》曰：「黃帝使容成作調曆。」《呂氏春秋・勿躬》篇「容成作曆」。《莊子・則陽》篇：「容成氏曰：『除日無歲，無內無外。』」清郭慶藩《莊子集釋》卷八下引俞樾曰：「《莊子・則陽》篇嘗引容成氏語，《釋文》云：『老子師也。』《漢志》陰陽家有《容成子》十四篇，房中家又有《容成陰道》二十六卷，此即老子之師也。」又曰：「合諸說觀之，容成氏有三：上古之君，一也；黃帝之臣，二也；老子之師，三也。然老子生年亦究不可考，其師或即黃帝之臣乎？未可知矣。」清姚振宗（1842～1906）《漢書藝文志條理》卷二云：「此書列在南公之次，張倉之前。南公，楚懷王時人。張倉，秦漢時人。謂爲老子之師，似不然矣。或六國之末別有其人號容成子，著書言陰陽律曆終始五行者歟？」清王先謙（1842～1917）《漢書補注》引朱一新云：「《志》次於《南公》後，當是六國時人，言陰陽以爲容成之道，如《黃帝泰素》之比。」顧實（1878～1956）《漢書藝文志講疏》三〈諸子略〉駁之曰：「此抑次於南公之後，當亦如道家之黃帝矣。朱一新曰『疑六國時人作』，非也。」而陳朝爵（1876～1939）《漢書藝文志約說》卷二稱之曰：「朱說是也。凡諸子術數，皆依託前哲，如《孟子》所稱『有爲神農之言者許行』之類，後房中術亦有《容成陰道》。」張舜徽（1911～1992）《漢書藝文志通釋》卷三亦云：「《漢志》著錄之《容成子》十四篇，列於《南公》之次，《張蒼》之前，必非老子之師無疑。此書蓋出六國時人之手，而託名於容成子者也。」葉長青（1902～1948）《漢書藝文志問答》：「問：『律曆與陰陽有何關係？』答：『太史公序《曆書》引曾子曰：「律居陰而治陽，曆居陽而治陰。律曆更相治，間不容翲忽也。」此律曆與陰陽之關係也。』」

《張蒼》十六篇。丞相北平侯。

【存佚著錄】

今亡佚。《隋書・經籍志》、《舊唐書・經籍志》、《新唐書・藝文志》皆不著錄，早已亡佚。宋王應麟《漢藝文志考證》卷六曰：「本傳：『著書十八篇，言陰陽律曆事。』（《志》篇數不同。）」清姚振宗（1842～1906）《漢書藝文

志條理》卷二曰：「其餘二篇疑在曆譜家《律曆數法》三卷中。」顧實（1878～1956）《漢書藝文志講疏》三《諸子略》曰：「篇數不同，蓋『八』、『六』字形近易訛。」張舜徽（1911～1992）《漢書藝文志通釋》卷三曰：「書經傳寫，記數之字多舛。八、六形近易訛，必有一誤。」

【作者情況】

《史記·張丞相列傳》：「張丞相蒼者，陽武人也。好書律曆。秦時爲御史，主柱下方書。有罪，亡歸。及沛公略地過陽武，蒼以客從攻南陽。蒼坐法當斬，解衣伏質，身長大，肥白如瓠，時王陵見而怪其美士，乃言沛公，赦勿斬。遂從西入武關，至咸陽。沛公立爲漢王，入漢中，還定三秦。陳餘擊走常山王張耳，耳歸漢，漢乃以張蒼爲常山守。從淮陰侯擊趙，蒼得陳餘。趙地已平，漢王以蒼爲代相，備邊寇。已而徙爲趙相，相趙王耳。耳卒，相趙王敖。復徙相代王。燕王臧荼反，高祖往擊之。蒼以代相從攻臧荼有功，以六年中封爲北平侯，食邑千二百戶。遷爲計相，一月，更以列侯爲主計四歲。是時蕭何爲相國，而張蒼乃自秦時爲柱下史，明習天下圖書計籍。蒼又善用算律曆，故令蒼以列侯居相府，領主郡國上計者。黥布反亡，漢立皇子長爲淮南王，而張蒼相之。十四年，遷爲御史大夫。」《史記·十二諸侯年表》：「漢相張蒼曆譜五德。」司馬貞《史記索隱》曰：「張蒼著《終始五德傳》也。」又《漢書·張周趙任申屠傳》可參看。宋王應麟《漢藝文志考證》卷六曰：「本傳：著書十八篇，言陰陽律曆事。」清沈欽韓（1775～1831）《漢書藝文志疏證》卷二曰：「蒼不數亡秦當五運者是也。公孫臣言土德而黃龍見，其偶中者耳。本傳言蒼絀於臣，蒼之術豈不如臣哉？」清蔣超伯《南漘楛語》卷二「張蒼乃儒相」條曰：「《漢書·藝文志》陰陽家有《張蒼》十二篇，列《鄒奭子》、《閭邱子》之上。蒼固儒相也，《經典敘錄》云：左丘明作傳，以授曾申，申傳衛人吳起，起傳其子期，期傳楚人鐸椒，椒傳趙人虞卿，卿傳同郡荀卿名況，況傳武威張蒼，蒼傳洛陽賈誼。然則蒼乃荀卿高弟，賈生之師也。（汪中曰：「武威當作陽武。」）順帝時，翟酺上言云：孝文皇帝始置五經博士。意其時張蒼柄用，博士之置，當由於蒼。雖班史弗詳，然淵源有自己。」葉長青（1902～1948）《漢書藝文志問答》：「曆譜之學具於《春秋》，故杜預有《長曆》及《世祖譜》，然而《春秋》之義不在是也。」問：「《史記·十二諸侯年表》謂『數家隆於神運』，明指張蒼爲數家也。本志《張蒼》十六篇列於陰陽家，而不列於數術略，何故？」答：「數術本於陰陽，故李奇曰：『陰陽之術，

月令星官是其枝葉也。』陰陽家者，學者著書以陰陽切於人事。張蒼以《春秋》說陰陽，故劉、班列之陰陽家歟？」

《鄒奭子》十二篇。齊人，號曰雕龍奭。（師古曰：「奭音試亦反。」）

【存佚著錄】

今亡佚。《隋書・經籍志》、《舊唐書・經籍志》、《新唐書・藝文志》皆不著錄，早已亡佚。

【作者情況】

《史記・孟子荀卿列傳》：「齊有三鄒子。其前鄒忌……先孟子。其次鄒衍，後孟子。……自鄒衍與齊之稷下先生，如淳于髡、慎到、環淵、接子、田駢、鄒奭之徒，各著書言治亂之事，以干世主，豈可勝道哉！……鄒奭者，齊諸鄒子，亦頗採鄒衍之術以紀文。於是齊王嘉之，自如淳于髡以下，皆命曰列大夫，為開第康莊之衢，高門大屋，尊寵之。覽天下諸侯賓客，言齊能致天下賢士也。荀卿，趙人。年五十始來遊學於齊。鄒衍之術迂大而閎辯；奭也文具難施；淳于髡久與處，時有得善言。故齊人頌曰：『談天衍，雕龍奭，炙轂過髡。』」

【學術源流】

清沈欽韓（1775～1831）《漢書藝文志疏證》卷二曰：「《文選注》三十六《七略》曰：『鄒赫子，齊人為之語雕龍赫。』按赫、奭通用。《史》、《漢》〈竇嬰傳〉可知。」清姚振宗（1842～1906）《漢書藝文志條理》卷二曰：「劉向《別錄》曰：『鄒奭者，頗採鄒衍之術，迂大而閎辯，文具難勝。齊人美之，頌曰：談天衍，雕龍奭，炙轂輠髡。鄒衍之所言五德終始，天地廣大，盡言天事，故曰談天。鄒奭修衍之文，飾若雕鏤龍文，故曰雕龍。輠者，車之盛膏器也。炙之雖盡，猶有餘流者。言淳于髡智不盡如炙輠也。』劉歆《七略》曰：『鄒赫子，齊人，齊為言曰雕龍赫。赫言鄒衍之術，文飾之，若雕鏤龍文。』張舜徽（1911～1992）《漢書藝文志通釋》卷三曰：「鄒奭之學，實出於衍，又從而文飾之，故其說大行於當時。其書早亡，其說亦不久即廢。」葉長青（1902～1948）《漢書藝文志問答》：「《鄒奭子》十二篇，《七略》曰：「鄒奭子，齊人為言曰『雕龍赫赫』」，言鄒衍之術，文飾之若雕鏤龍文，而本志則簡為『齊

人，號曰雕龍奭』是也。」

《閭丘子》十三篇。名快，魏人，在南公前。

【存佚著錄】

今亡佚。《隋書・經籍志》、《舊唐書・經籍志》、《新唐書・藝文志》皆不著錄，早已亡佚。

【作者情況】

清姚振宗（1842～1906）《漢書藝文志條理》卷二曰：「《世本・氏姓》篇：『閭丘氏，齊大夫閭丘嬰之後。齊宣王時，有閭丘邛、閭丘光。』張澍輯注曰：『閭丘嬰，齊莊公近臣子明，事見《左傳》。閭丘邛、閭丘光均見《說苑》。』鄭樵〈氏族略〉：『齊宣王時，有閭丘邛、閭丘光。漢有廷尉閭邱勳，後漢太常閭邱遵，魏有閭邱決，著書十二篇。』（按鄭氏敘次於曹魏之時，又以『快』為『決』，『十三篇』為『十二篇』，並沿林寶《元和姓纂》之誤，失於校正也。）按本書〈人表〉第四等有閭丘光，梁氏引孫侍御曰：『光乃先字之訛，漢人稱先生每單稱先。閭邱先生，齊宣王時人，見《說苑・善說》篇。或曰《人表》傳寫脫生字。』按此閭邱快疑即閭邱先生，時代亦復近似。嵇康《高士傳》摭《說苑》之文以為傳。」張舜徽（1911～1992）《漢書藝文志通釋》卷三曰：「《通志・氏族略》云：『魏有閭邱決，著書十二篇。』與《姓纂》合。惟鄭氏敘次此人於曹魏之時，則大誤。」

《馮促》十三篇。鄭人。

【存佚著錄】

今亡佚。《隋書・經籍志》、《舊唐書・經籍志》、《新唐書・藝文志》皆不著錄，早已亡佚。

【作者情況】

清姚振宗（1842～1906）《漢書藝文志條理》卷二曰：「鄭樵〈氏族略〉：《世本》云：『馮氏，歸姓，鄭大夫馮簡子之後。』《姓纂》云：『周文王第十五子畢公高之後。畢萬封魏，支孫食采於馮城，因氏焉。』按〈氏族略〉又

云：『卿大夫立邑，故以邑爲氏。』此馮氏屬之鄭邑，與本注鄭人相合，馮促其即鄭大夫馮簡子之後歟？簡子見《左》襄三十一年傳，能斷大事，與子產同時。」

《將鉅子》五篇。六國時。先南公，南公稱之。

【存佚著錄】

今亡佚。《隋書・經籍志》、《舊唐書・經籍志》、《新唐書・藝文志》皆不著錄，早已亡佚。

【作者情況】

清姚振宗（1842～1906）《漢書藝文志條理》卷二曰：「應劭《風俗通・姓氏》篇：將具氏，齊太公子將具之後，見《國語》。《漢・藝文志》六國時將具子彰著書五篇。張澍輯注曰：『按太公子，一引作齊公子，今〈藝文志〉作將鉅子。』林寶《元和姓纂》曰：『將具彰著子書五篇。』鄭樵〈氏族略〉：『將具氏，姜姓。』〈英賢傳〉云：『齊太公子將具之後，見《國語》。』將鉅氏，即將具氏之訛也。《漢・藝文志》六國時將具子彰著書五篇。按應仲遠所見《漢志》則爲『將具子彰』，今本作「鉅」，似寫誤，又敓『彰』字。」張舜徽（1911～1992）《漢書藝文志通釋》卷三曰：「章學誠曰：『既在南公之前，其書俱列南公三十一篇之後，亦似不可解也。』按：書以歷世久遠，傳寫多訛，容有亂其敘次者，蓋不第《閭丘子》、《將鉅子》之類然也。考《風俗通・姓氏》篇云：『將具氏，齊太子將具之後，見《國語》。《漢・藝文志》六國時將具子彰著書五篇。』而《元和姓纂》、《通志・氏族略》均作將具彰或將具子彰。今本《漢志》誤具爲鉅，又奪彰字，傳寫者亂之。皮錫瑞謂『《莊子》言墨子以鉅子爲聖人。將鉅子當是治墨學者。墨子敬天明鬼，與陰陽家相近』。此據誤本《漢志》而傅會之，非是。」

《五曹官制》五篇。漢制，似賈誼所條。

【存佚著錄】

今亡佚。《隋書・經籍志》、《舊唐書・經籍志》、《新唐書・藝文志》皆不

著錄，早已亡佚。

【學術源流】

　　宋王應麟（1223～1296）《漢藝文志考證》卷六曰：「《賈誼傳》：以爲宜當改正朔，易服色，定官名，乃草具其儀法，色上黃，數用五。」陳朝爵（1876～1939）《漢書藝文志約說》卷二申之曰：「誼亦爲陰陽五行之學，又不僅儒而兼法矣。色上黃，數用五，是用公孫臣漢當土德說。」清章學誠（1738～1801）《校讎通義》卷三曰：「《五曹官制》五篇，列陰陽家，其書今不可考。然觀班固注云：『漢制，似賈誼所條。』按《誼傳》：『誼以爲當改正朔，易服色，定制度，定官名，興禮樂，草具其儀法，色尚黃，數用五，爲官名。』此其所以爲五曹官制歟？如此則當入於官《禮》。今附入陰陽家言，豈有當耶？大約此類，皆因終始五德之意，故附於陰陽。然則《周官》六典，取象天地四時，亦可入於曆譜家矣。」清沈欽韓（1775～1831）《漢書藝文志疏證》卷二曰：「本傳：『誼草具其儀法。色上黃，數用五，爲官名悉更奏之。』按《五曹算經》云：一爲田曹，地利爲先；既有田疇，必資人，故次兵曹；人眾必用食飲，故次集曹；眾既會集，必務儲蓄，次倉曹；倉廩貨幣相交質，次金曹。」清姚振宗（1842～1906）《漢書藝文志條理》卷二曰：「《史・屈賈列傳》：『賈生以爲漢興至孝文二十餘年，天下和洽，而固當改正朔，易服色，法制度，定官名，興禮樂，乃悉草具其儀法，色尚黃，數用五，爲官名，悉更秦之法（按《漢書》作悉更奏之）。孝文帝初即位，謙讓未遑也。諸律令所更定，及列侯悉就國，其說皆自賈生發之。』本書《禮樂志》：『至文帝時，賈誼以爲漢承秦之敗俗，廢禮義，捐廉恥。漢興至今二十餘年，宜定制度，興禮樂，然後諸侯軌道，百姓素樸，獄訟衰息。乃草具其儀，天子說焉。而大臣絳、灌之屬害之，故其議遂寢。』本書傳贊曰：『誼之所陳略施行矣。及欲改定制度，以漢爲土德，色上黃，數用五，及欲試屬國，施五餌三表以係單于，其術固已疏矣。』章學誠《校讎通義》曰：『《五曹官制》五篇列陰陽家，其書今不可考。然觀班固注云漢制，似賈誼所條，則當入於官禮，今附入陰陽家言，豈有當耶？大約此類皆因終始五德之意，故附於陰陽。』按本書〈魏相傳〉，相數條漢興已來國家便宜行事，及賢臣賈誼、晁錯、董仲舒等所言，奏請施行之。又數表採《易陰陽》及《明堂月令》奏之，曰：『《易》曰：天地以順動，故日月不過，四時不忒；聖王以順動，故刑罰清而民服。天地變化，必由陰陽，陰陽之分，以日爲紀。日多夏至，則八風之序立，萬物之性成，

各有常職，不得相干。東方之神太昊，乘〈震〉執規司春；南方之神炎帝，乘〈離〉執衡司夏；西方之神少昊，乘〈兌〉執矩司秋；北方之神顓頊，乘〈坎〉執權司冬；中央之神黃帝，乘〈坤〉、〈艮〉執繩司土。茲五帝所司，各有時也。東方之卦不可以治西方，南方之卦不可以治北方。春興〈兌〉治則饑，秋興〈震〉治則華，冬興〈離〉治則泄，夏興〈坎〉治則雹。明王謹於尊天，慎於養人，故立羲和之官以乘四時，節授民事。臣愚以為陰陽者，王事之本，群生之命，自古賢聖未有不由者也。』此《五曹官制》本陰陽五行以為言，而羲和官守所有事，故《七略》入之此門。」葉長青（1902～1948）《漢書藝文志問答》：「此《五曹官制》本陰陽五行以為言，而羲和官守所有事，故《七略》人之此門（姚氏《條理》）。云『似賈誼所條』者，不知為賈誼，抑晁錯、董仲舒所條也，其不能入禮者，禮為一代之典制，賈誼所條，為絳、灌所阻，未見施行，等於諸子著書，故歸陰陽家耳。」張舜徽（1911～1992）《漢書藝文志通釋》卷三曰：「陰陽五行之說，盛於漢世，凡言國政興革者，皆傅會焉。賈誼在文帝時，為定官制，興禮樂，多所更張，事見《史記·屈賈列傳》及《漢書·禮樂志》。」

《周伯》十一篇。齊人，六國時。

【存佚著錄】

今亡佚。《隋書·經籍志》、《舊唐書·經籍志》、《新唐書·藝文志》皆不著錄，早已亡佚。

《衛侯官》十二篇。近世，不知作者。

【存佚著錄】

今亡佚。《隋書·經籍志》、《舊唐書·經籍志》、《新唐書·藝文志》皆不著錄，早已亡佚。

【作者情況】

清姚振宗（1842～1906）《漢書藝文志條理》卷二曰：「周伯、衛侯官並未詳。」陳朝爵（1876～1939）《漢書藝文志約說》卷二引錢大昭曰：「『侯』

當作『候』，衛尉屬官有諸屯衛候司馬。」又駁之曰：「錢說『侯』當作『候』
是，而以爲衛候司馬則非。衛候司馬乃武職斥候之候，此當爲候天，象之官。
衛者其國，候字史籍屢見，衛候官如宋司星。」

于長《天下忠臣》九篇。平陰人，近世。（師古曰：「劉向《別錄》云：傳天下忠臣。」）

【存佚著錄】

今亡佚。《隋書・經籍志》、《舊唐書・經籍志》、《新唐書・藝文志》皆不
著錄，早已亡佚。

【書名理據】

清蘇輿（1874～1914）《春秋繁露義證》卷十：「『木名春，火名夏，金名
秋，水名冬。忠臣之義，孝子之行，取之土。』《漢書・藝文志》陰陽家有于
長《天下忠臣》，殆即此義。」

【學術源流】

宋王應麟（1223～1296）《困學紀聞》卷十二：「〈藝文志〉：于長《天下忠
臣》九篇，劉向《別錄》云：『傳天下忠臣。』愚謂《忠臣傳》當在史記之錄，
而列於陰陽家，何也？《七略》劉歆所爲，班固因之。歆，漢之賊臣，其抑
忠臣也則宜。」其《玉海》卷五十八〈藝文〉同。明張恒《明志稿》卷一〈藝
文志辨〉：「班固志藝文，以六經爲六藝，且曰：『《樂》以和神，仁之表也；《詩》
以正言，義之用也；《禮》以明體，明者著見，故無訓也；《書》以廣聽，智
之術也；《春秋》以斷事，信之符也。』以統天盡性，廣大悉備之經，而謂各
函一德，則偏。又曰：『五學世有變改，猶五行更相用事，以歷世不渝。』並
行不悖之學，而謂隨變迭用則舛。且敘六藝爲九種，列吾儒於九家，至謂九
家之術，譬水火相減，亦相生，仁義敬和相反，而皆相成。夫邪正不兩立者
也。既曰相滅，必不相生。仁義和敬，皆懿德也。既曰相成，必不相反，此
之謂蕪雜而紊經。又謂異家者合其要歸，亦六經之支與流裔，使其人遭明王
折衷，皆股肱之材，然則莊、列、墨翟、鄧析、公孫龍、惠子、商鞅、申、
韓、蘇、張之徒，皆六經之支流乎？皆明王之股肱乎？玄素合質，惠逆同途，
爲亂而已矣。至於曾子、子思、孟子之書，與荀卿、芊子，下至虞卿、陸賈、

劉敬、公孫弘之屬並列於儒家，何迷昧失倫至此？吾儒明倫啓教，惟忠爲尤重。于長《天下忠臣》九篇固弗列於儒，而列於陰陽家，吾益不得其解矣。范曄譏固論議常排死節，否正直，不敍殺身成仁之美，此尤可證固之諛憲曰納於大麓，維清緝熙，味斯言也，眞劉歆之流，寧知忠義大要起於經學，不明儒行缺而浮文勝也。」清章學誠（1738～1801）《校讎通義》卷三曰：「于長《天下忠臣》九篇，入陰陽家，前人已有議其非者。或曰：其書今已不傳，無由知其義例。然劉向《別錄》云：『傳天下忠臣。』則其書亦可以想見矣。縱使其中參入陰陽家言，亦宜別出互見，而使觀者得明其類例，何劉、班之無所區別耶？蓋《七略》未立史部，而傳記一門之撰著，惟有劉向《列女》，與此二書耳。附於《春秋》而別爲之說，猶愈於攙入陰陽家言也。」清姚振宗（1842～1906）《漢書藝文志條理》卷二明引此說，從其善也。姚明輝（1881～1961）《漢書藝文志注解》卷三引章一山云：「此傳天下忠臣之以陰陽風鑒而殺身者。」清俞正燮（1775～1840）《癸巳類稿》卷十一〈六壬書跋〉：「〈藝文志〉陰陽家有于長《天下忠臣》九篇，《別錄》云：傳天下忠臣。而入陰陽家，其中蓋有若紂時太史、夫差時子胥、公孫聖等占驗術。」清王先謙（1842～1917）《漢書補注》引陶憲曾曰：「長書今不傳。其列陰陽家，自別有意恉。後人不見其書，無從臆測。王應麟《困學紀聞》乃以此詆劉歆抑忠臣，過矣。」章太炎（1869～1936）《太炎文錄》卷一〈說于長書〉：「《漢·藝文志》有《于長天下忠臣》九篇，入陰陽家。自王應麟始發難，章學誠故竺信《七略》，猶纚纚爲異論，不覩其書，則《伊尹》、《周公》在道家，《務成子》在小說，尚不可知，獨是書耶？若徵驗他書，承意逆志，故塙然昭晰也。古者言忠孝傳諸五行，淮南王〈泰族訓〉曰：『澄列金、木、水、火、土之性，故立父子之親而成家。』斯既然矣。河間獻王問溫城董君曰：『《孝經》曰：夫孝，地之義。何謂也？』對曰：『地出雲爲雨，起氣爲風，風雨者，地之所爲。地不敢有其功名，必上之於天，命若從天氣者，故曰天風天雨也，莫曰地風地雨也。勤勞在地，名一歸於天，非至有義，其孰能行此？故下事上，如地事天也，可謂大忠矣。土者，火之子也，五行莫貴於土。土於四時無所命者，不與火分功名。木名春，火名夏，金名秋，水名多，忠臣之義，孝子之行，取之土。土者，五行最貴者也，其義不可以加矣。五聲莫貴於宮，五味莫美於甘，五色莫盛於黃，此謂孝者地之義也。』（《繁露·五行對》篇）董生又曰：『木已生而火養之，金已死而水藏之，火樂木而養以陽，水剋金而喪以陰，土之事

天竭其忠。故五行者，乃孝子忠臣之行也。五行之爲言也，猶五行歟？是故以得辭也。聖人知之，故多其愛而少嚴，厚養生而謹送終，就天之制也。以子而迎成養，如火之樂木也；喪父，如水之剋金也；事君，若土之敬天也。可謂有行人矣。』（《繁露·五行之義》篇）自鄒衍以陰陽消息，止乎君臣上下六親之施，漢興益著。至董生則比傅經義，以五行說忠臣。今于長書雖放失，擬儀其旨，以是爲根株，故入陰陽家，無所惑也。輓近若莊存與、劉逢祿、宋翔鳳諸儒，多喜宗董生，排劉子駿，浸益噪謹。如于長所述者，非通觀於董、劉勿能論；諸淺見寡聞、率其胸臆者，則幾於結舌矣。」葉長青（1902～1948）《漢書藝文志問答》：「問：『于長《天下忠臣》，《困學紀聞》謂忠臣傳當在史記之錄，而列於陰陽家何也？《七略》劉歆所爲，班固因之。歆漢之賊臣，其抑忠臣則宜，審否？』答：『王說至無謂。史屬《春秋》，《春秋》國史，史紀歷代興亡，其主旨爲君，不屑屑爲天下忠臣、孝子、列女、義士立傳也。故劉向《列女》入於儒家，未嘗屬史。言忠臣傳者，《別錄》曰：「傳天下忠臣也。」屬陰陽家者，《春秋繁露·五行之義篇》曰：「五行者，乃忠臣孝子之行。」此其義也。』」張舜徽（1911～1992）《漢書藝文志通釋》卷三曰：「陶憲曾曰：『長書今不傳，其列陰陽家，自別有意愔。後人不見其書，無從臆測。王應麟《困學紀聞》乃以此詆劉歆抑忠臣，過矣。』按：古之所謂忠臣，多見於諫諍；諫諍之言，多發於奏議。今觀漢世大臣所上疏奏，率舉陰陽災變以警戒其上，引天道以切人事，如董仲舒、匡衡之所爲皆是也。《漢志》著錄之《天下忠臣》九篇，蓋好事者裒集名流奏議而成，名之曰《天下忠臣》。亦兼述其人之生平行事，有似乎傳記。其中言論，涉及陰陽五行，故列之於陰陽家耳。」

《公孫渾邪》十五篇。平曲侯。

【存佚著錄】

今亡佚。《隋書·經籍志》、《舊唐書·經籍志》、《新唐書·藝文志》皆不著錄，早已亡佚。

【作者情況】

《漢書·公孫劉田王楊蔡陳鄭傳》：「公孫賀字子叔，北地義渠人也。賀祖父昆邪，景帝時爲隴西守，以將軍擊吳楚有功，封平曲侯，著書十餘篇。」

顏師古注曰：「《藝文志》陰陽家有《公孫渾邪》十五篇是也。」清姚振宗（1842～1906）《漢書藝文志條理》卷二曰：「本書《景武昭宣元成哀功臣侯表》：平曲侯公孫渾邪，以將軍擊吳楚，用隴西太守侯。景帝六年四月己巳封。（《史記‧惠景間侯者年表》云戶三千二百二十。）五年中四年（《史表》作中元四年）有罪免。……又《李廣傳》廣為上谷太守，數與匈奴戰。典屬國公孫昆邪為上泣曰：『李廣材氣，天下無雙，自負其能，數與虜確，恐亡之。』上乃徙廣為上郡太守。」張舜徽（1911～1992）《漢書藝文志通釋》卷三曰：「錢大昭曰：『此作渾邪，與《功臣表》同。《史記‧表》作昆，昆、渾聲相近。』按：……公孫氏雖長於用兵，亦精於陰陽變化之理，以制敵取勝。此《兵書略》所以有陰陽一類，與權謀、形勢、技巧並重也。此十五篇，殆亦詳於道陰陽者。而已早亡矣。」

《雜陰陽》三十八篇。不知作者。

【存佚著錄】

今亡佚。《隋書‧經籍志》、《舊唐書‧經籍志》、《新唐書‧藝文志》皆不著錄，早已亡佚。

【學術源流】

清姚振宗（1842～1906）《漢書藝文志條理》卷二曰：「此如儒家之《儒家言》十八篇、道家之《道家言》二篇相類，皆劉中壘裒錄無名氏之說類次於篇末者。」姚明輝（1881～1961）《漢書藝文志注解》卷三曰：「今流傳不知作者之陰陽書甚眾，是否漢以前書，皆不可考矣。」張舜徽（1911～1992）《漢書藝文志通釋》卷三曰：「此與儒家之《儒家言》、道家之《道家言》相似，皆學者撮抄群言之作。以其為薈萃之叢編，故作者不自署名也。」

【部類章段】

清姚振宗（1842～1906）《漢書藝文志條理》卷二曰：「陰陽家之書，自《宋司星子韋》始傳黃帝五德終始之書，自《公檮生》始，以迄漢之《張倉》，凡十家十一部，其學術大略相同，故彙次為一類；《鄒奭子》至《五曹官制》五家，其學又略相同，故又彙次為一類；《周伯》、《衛侯官》、《天下忠臣》三家，大抵皆制度官品傳記之流，或皆屬於羲和之官，故又彙為一類；而入之

此篇《公孫》以下二家，皆雜論陰陽，又別爲一類。綜爲四類，是篇之章段如此。」

右陰陽二十一家，三百六十九篇。

【家篇數目】

清姚振宗（1842～1906）《漢書藝文志條理》卷二曰：「所載凡廿一條，條爲一家，正合二十一家。然《鄒子》及《鄒子終始》當合併爲一，則溢出一家。其篇數亦溢出一篇。今校定當爲二十家，三百六十八篇。」梁啓超（1873～1929）《漢書藝文志諸子略考釋》曰：「《隋志》以後不立陰陽家，其書久已全佚。學說可考者，惟鄒衍『始終五德』之說，見於《史記・孟荀傳》及《項羽本紀》引南公一語，《呂覽・制樂》篇記宋司星子韋一事耳。張蒼說則略見本傳。」

陰陽家者流，蓋出於羲和之官，敬順昊天，歷象日月星辰，敬授民時，此其所長也。及拘者爲之，則牽於禁忌，泥於小數，（師古曰：「泥，滯也，音乃計反。」）舍人事而任鬼神。（師古曰：「舍，廢也。」）

【學術源流】

《史記・太史公自序》論六家要指曰：「竊觀陰陽之術大詳，而眾忌諱，使人拘而多所畏；然其序四時之大順，不可失也。……夫陰陽四時、八位、十二度之者不死則亡。未必然也，故曰使人拘而多畏。夫春生夏長，秋收冬藏，此天道之大經也，弗順則無以爲天下綱紀，故曰四時之大順，不可失也。」劉咸炘（1896～1932）《子疏》定本卷下〈陰陽辨說第九〉：「（司馬）談所評乃陰陽術數，古陰陽家蓋非止術數。《七略》以諸子與多、術數、方技各爲一略，蓋兵書等三者皆實用之術，而九流則持一原理以貫諸事。陰陽家列於九流，不入〈術數略〉。術數雖本於陰陽，而陰陽家之言，則不止於術數也。」

《新論・九流》曰：「陰陽者，予章、鄒衍、桑丘、南公之類也。敬順昊天，歷象日月星辰，敬受民時。範三光之度，隨四時之運，知五行之性，通八風之氣，以厚生民，以爲政治。然而薄者，則拘於禁忌，溺於術數也。」

宋唐庚（1070～1120）〈辯陳壽蜀不置史館論〉曰：「春秋之時，卜田宅者、占雲日者皆稱太史，則太史殆陰陽家者流。然書趙盾者、書崔杼者亦稱

太史，則太史又似掌注記者，蓋方是時學者適知天人，而卜興廢者亦不純用著龜，太史伯以祝融之功而推楚國之必興，太史趙以虞舜之德而占陳氏之未亡，其論議證據有絕人者，故陰陽、注記得兼掌之。漢司馬談父子爲太史令，以論著爲己任，而又掌天官，則兼掌之效於茲可見。魏、晉之際，始置著作郎，自是太史之職分而爲二。孔明之時未也。按：後主景耀元年，史官奏景星見，於是大赦改元，而曰蜀不置史，妄矣。」（見《事文類聚》新集卷三十一諸監部）

宋葉夢得（1077～1148）《春秋考》卷三曰：「讖緯之說未必起於董仲舒，然再傳而爲睦孟，則已全入於陰陽家者流，仲舒固有以啓之矣。不幸何休書行，而後世卒不能奪。」

宋葉夢得（1077～1148）《春秋讞》〈左傳讞〉卷二曰：「陳敬仲至陳無宇五世，至陳成子八世。古者卜筮雖精，不應豫知八世之後世次多寡，適契如此，蓋後之陰陽家者流假託舊事，附會著書，以自神其術。傳不悟，每取諸國卜筮之辭，記其必驗者，類皆載之，無補於經，不可遍論，姑舉其一，以見其誣，而好奇者類若此。」

宋張行成《皇極經世索隱》卷下曰：「此一篇專論人事。蓋天人各有分際，實有交勝之理，所謂天定勝人，人定勝天者是已。先生之書出乎此理。夫是之謂《易》，而異乎陰陽家者流也。」

宋沈作喆（？～1147～？）《寓簡》卷一曰：「太乙九宮之數，雖出緯書《乾鑿度》，而傳於陰陽家者流，然其間微隱玄妙之理合於《易》，與黃帝之書不可廢也。太乙行九宮之法，以九一三七爲四方，以二八四六爲四隅，而五奠位乎中宮，經緯交絡，無不得十五者，而獨不見其所謂十者焉，蓋土寄王於四方，不獨主時，故不可以位命之也。《易》之所謂參伍以變錯綜其數是也。黃帝曰：『水數六，火數七，木數八，金數九，土數五。水、火、木、金皆以成數，土獨以生數。而不言十者，土不獨居成數也。』又曰：『五運之復，太過者其數成，不及者其數生，土常以生也。』又曰：『天地之至數始於一，終於九，皆不言十焉。』嗚呼，可謂妙矣！《易》之《坤》曰：地道無成，而代有終也。作《易》者其知之矣。九宮之數蓋出於此，孰謂黃帝之書爲出於戰國之僞，而獨爲醫家之用也哉？《月令》言四時之數，春曰八，夏曰七，秋曰九，冬曰六，皆舉成數，而中央獨曰其數五。揚雄爲《太玄》，亦以三八爲木，四九爲金，二七爲火，一六爲水，兼具生成之數，而五五爲土，言五

五而不言十，十蓋不可名言也。其法本於自然，而發見於黃帝之書與九宮之說，漢儒欺世，竊以爲自得之學，而學者不悟也。」

宋陳振孫（1179～1262）《直齋書錄解題・子部陰陽家類敍》曰：「自司馬氏論九流，其後劉歆《七略》、班固〈藝文志〉皆著陰陽家。而天文、曆譜、五行、卜筮、形法之屬，別爲〈數術略〉。其論：『陰陽家者流，蓋出於羲和之官，欽若昊天，歷象日月星辰，拘者爲之，則牽於禁忌，泥於小數。』至其論數術，則又以爲『羲和、卜史之流』，而所謂《司星子韋》三篇不列於天文，而著之陰陽家之首。然則陰陽之與數術亦未有以大異也。不知當時何以別之。豈此論其理，彼具其術耶？今《志》所載二十一家之書皆不存，無所考究，而隋、唐以來子部遂闕陰陽一家。至董逌《藏書志》始以星占、五行書爲陰陽類。今稍增損之，以時日、祿命、遁甲等備陰陽一家之闕，而其他數術，各自爲類。」

宋王邁（1184～1248）《臞軒集》卷四〈武帝論四〉曰：「異端爲吾道之蠹賊，尚矣。入春秋、戰國以來，諸子百家各以其唇門舌戶簧鼓於時，人心爲之淪溺，聖道爲之荊榛。蓋至漢興之初，其習猶熾，未易撲滅。武帝之時，起絕學於久廢，收經籍於散亡，所舉賢良，或治申、韓、蘇、張之言者，請罷之，則建元元年衛綰之奏也。諸不在六藝之科孔子之術者，請絕之，則元光元年仲舒之策也。二子之辟異端，言甚切至，異時史筆亦以表章六經，罷黜百家爲帝之褒。是二子當時之言，帝亦施行之矣。以史考之，殆不其然。帝之於經術，喜其名而陰諱其實，於異端則用其實而陽諱其名。綰之請罷者，未嘗罷也。舒之請絕者，亦非果絕也。張湯、趙禹非法家者流乎？主父偃、嚴助、朱買臣非縱橫家者流乎？文成、五利非陰陽家者流乎？帝之一心攻者甚眾，百家之習皆流入其中，茫如捕風，無所依據，不過假竊儒術之名，以瞽聾世俗之耳目。雖然衛綰之奏亦豈眞知申、韓、蘇、張之果不可用哉？綰，帝之弄臣也，平日從容帝側，逆探帝之心術，實開其端，而陽諱其名，故設爲此奏以逢迎之爾。綰不足責也，而仲舒之請亦莫之用何耶？竊謂仲舒雖號醇儒，而闖縱陰陽之術，亦自陷溺其中而莫之覺，習俗移人，豪傑不免，何怪乎帝聽其言而不能絕也。秦、漢而下，以儒自名，不能不爲異端所污者亦多矣。荀卿，學孔氏也，而是桀、跖；賈誼，明王道也，而習申、韓；黃、老何人，而史遷以之先六經；百家、《七略》何書，而劉向父子以之俎豆於吾儒之列，此皆不足深惜者。而醇儒如仲舒，猶不免議，信矣，必純乎爲孔孟

之學，而後可以言正人心。」

元王惲（1227～1304）《秋澗集》卷四十二〈贈日者張翱序〉曰：「陰陽家者流，秦、漢已來，如五行、堪輿、建除、叢辰、曆學、天人、太一等家，其目雖多，及臨事占決，各開戶牖，吉凶得失，互皆不同，故漢人顓以五行主之。予因究其理而為之說曰：夫太極判而五行具，五行具而萬物生。一物而一五行也，才有所闕，物不得為之物矣。靜而體動，而用剛柔，迭制而吉凶生焉，矧二氣良能以不測為神人於其間，亦一物也，吾何以誼其為術也。天人之際有未易知者，得之深者其理明，索之淺者其說近。又世道下衰，人不安分，以狂妄橫干中徼倖騖於外，貪者以苟得為心，狷者以速達為念，詢其命曰：『吾此去可亨。』相其時曰：『吾今年可動。』彼知其然，即順情悅主，售其術而已。我審彼諛，竟沾沾自喜，圖一豁隙獲為愜，是天理兩滅，而人欲肆矣。嗚呼！風俗之移人也如是，可勝歎哉！」

宋金履祥（1232～1303）《書經注》卷七曰：「洛書之數，其用深廣，聖人敘疇於此，未始數數言也。然後世或以推災異，或以擬易占、八陣、太乙、遁甲，下至陰陽家者流，以推八卦、九宮、八門、黑白、向背、吉凶，亦各得其末流之一節與，抑天地自然之數周乎萬物，固有所不能外也。」

元陳櫟（1252～1334）《定宇集》卷二〈送朱君赴鹽官州陰陽教授序〉曰：「九流之說昉自漢劉歆。儒家者流、陰陽家者流，其二也。歆說行世，遂謂陰陽自陰陽，儒自儒。嗟乎！曷不折諸聖賢之言乎？夫子贊《易》曰：『一陰一陽之謂道。』陰陽，氣也，所以一陰一陽者，道也。朱子《中庸章句》曰：『天以陰陽五行化生萬物，氣以成形，理亦賦焉。』折衷以聖賢之言，儒家可貫通陰陽家，第偏於陰陽家者不能貫通於儒家耳。聖朝崇重儒道，不以本遺末，於諸路府州設陰陽教授，以典司之。予友朱君勅差鹽官州陰陽教授，將行，辱需贈言。予竊謂：君家文公之《易本義》、《四書注釋》、《太極圖解》講貫五行陰陽太極之理至矣盡矣，君於家學亦云精熟矣，本也，由本以該末，以之教焉授焉，餘事耳，豈真偏於陰陽家者流之學而已乎？吾郡中全方君方知鹽官州中，全之學親傳虛谷之學，虛谷之學心傳文公之學。予與虛谷為莫逆交，聞此久矣。予於中全契家兄弟也，君抵鹽官，其為我寄聲先生，以此質之，必將首肯於斯言。」

明宋濂（1310～1381）《元史‧刑法志》：「諸陰陽家偽造圖讖，釋老家私撰經文，凡以邪說左道誣民惑眾者，禁之，違者重罪之。在寺觀者，罪及主

守，居外者，所在有司察之。諸妄言禁書者徒。諸陰陽家者流，輒爲人燃燈祭星，蠱惑人心者，禁之。」

明王褘（1322～1374）《王忠文公集》卷二十〈叢錄〉曰：「堪輿家之說原於古陰陽家者流。古人建都邑，立家室，固未有不擇地者。而擇地以葬，其術則本於晉郭璞，所著《葬書》二十篇，多後人增以謬妄之說，蔡元定嘗去其十二，而存其八，後世言地理之術者，此其祖矣。自近世大儒考亭朱子以及蔡氏莫不尊信其術，以謂奪神功，迴天命，致力於人力之所不及，莫此爲驗，是固有不可廢者矣。」

明夏澐（？～1561）《月川類草》卷五〈刻發微曆正通書序〉曰：「在昔陰陽家者流蓋出於羲和，敍若昊天，敬授人時，此其所長也。及拘者爲之，則牽於禁忌，泥於小數，舍人事而任鬼神。是故帝命重黎絕地天通，罔有降格，迪茲彝教。我高皇帝繼天立極，治曆明時，凡中曆注三十事，民曆注三十二事，又定爲選擇曆事，領行一切禁忌小數悉釐去之。敬天勤民之意至矣。夫自來論九流者，皆著陰陽家，而天文曆譜五行卜靈形法之萬別爲數術，以爲羲和卜史之流，而所謂司星子韋三編不列於天文，而以首陰陽家，然則陰陽之與數術似未有以大異也。隋、唐以來，子部遂缺陰陽一家。至董迪始以星占五行書爲陰陽類，稍增損之以時日、祿命、道甲等，備陰陽一家之闕，而其諸數術如五行、卜筮、形法又各自爲類。迨宋輝山作《通書》，何景祥作《曆法》，熊家立作《類集》，各執所見，然而皆主《洪範》五行，而盡棄正五行不用。厥後洪天與者崛起江右，乃力排《洪範》，以爲滅蠻經而作用，惟以正五行爲準則，又矯之太過，而竟莫能會其全。」

清康熙五十二年（1713）《御定星曆考原》卷六〈用事宜忌‧選擇總論〉曰：「吉凶之說，昉於《易》，衍於疇，所以順性命之理，盡變化之道，而教人卜筮，以爲趨避之宜者也。然陰陽既分，剛柔定位，五行順布，則生剋無端，干支相推，則衝合互見，以及納音、納甲，派衍而枝分，八卦九宮，同條而共貫，皆推原於《易》理，根柢於圖書，論日以繁，術日以巧，是不可謂理之所必無，而亦勢之所必至者也。三代而後，陰陽家者流各出其說以鳴於世，亦已紛矣，況一日之間有吉神，又有凶神，且有一神而異名者，異其名矣，又有一爲吉，一爲凶者，夫神煞之名不過即五行之生旺、休囚干支之刑衝合會以爲斷耳。術數之徒乃甚言其吉凶，以駭眾而震俗，偶有所驗，群焉信之，而古之立說茫乎莫知其所由來矣。今吉凶神煞既爲注釋，而又即用

事注其宜忌，以爲選擇之例，亦皆仍曆書之舊云。」

清馮景（1652～1715）《解春集詩文鈔》文鈔卷十〈駁陰陽家言〉曰：「善言天者必有驗於人，君子惟盡人之道，而天不能違，故精數不若明理。嘗觀《漢・藝文志》，陰陽家者流蓋出羲和之官，欽若昊天，敬授人時，及拘者爲之，則牽於禁忌，泥於小數，舍人事而任鬼神。及其流失，自建武以後，圖讖之說興，而占驗、風角之術往往機祥巧中，於是益惑於人心，而不可移。然吾博觀往跡，亦略備矣。知其書可焚，而其術可廢也。今世尤惑者，卜葬一事。若以窮達壽夭皆此所致，遂有久淹親柩不葬者，有既葬失利而改卜者，有謀人宅兆而遷就馬鬣者。」

清章學誠（1738～1801）《校讎通義》卷三曰：「陰陽二十一家，與兵書陰陽十六家，同名異術，偏全各有所主；敘例發明其同異之故，抑亦可矣；今乃缺而不詳，失之疏耳。第〈諸子〉陰陽之本敘，以謂出於羲和之官；數術七略之總敘，又云：『皆明堂羲和史卜之職也。』今觀陰陽部次所敘列，本與數術中之天文五行不相入。是則劉、班敘例之不明，不免後學之疑惑矣。蓋〈諸子略〉中陰陽家，乃鄒衍談天、鄒奭雕龍之類，空論其理，而不徵其數者也。〈數術略〉之天文曆譜諸家，乃泰一、五殘、日月星氣，以及黃帝、顓頊日月宿曆之類，顯徵度數，而不衍空文者也。其分門別類，固無可議。惟於敘例，亦似鮮所發明爾。然道器合一，理數同符。劉向父子校讎諸子，而不以陰陽諸篇付之太史尹咸，以爲七種之綱領，固已失矣。敘例皆引羲和爲官守，是又不精之咎也。莊周〈天下〉之篇，敘列古今學術，其於諸家流別，皆折衷於道要。首章稱述六藝，則云：『《易》以道陰陽。』是《易》爲陰陽諸書之宗主也。使劉、班著略，於諸子陰陽之下，著云源出於《易》；於《易》部之下，著云古者掌於太卜；則官守師承之離合，不可因是而考其得失歟？至於羲和之官，則當特著於天文曆譜之下，而不可兼引於諸子陰陽之敘也。劉氏父子精於曆數，而校書猶失其次第；又況後世著錄大率偏於文史之儒乎？」〔註11〕又曰：「或曰：奭、衍之談天雕龍，大道之破碎也。今曰其源出於大《易》，豈不荒經而蔑古乎？答曰：此流別之義也。官司失其典守，則私門之書，推原古人憲典，以定其離合；師儒失其傳授，則遊談之書，推

〔註11〕 陳朝爵《漢書藝文志約說》卷二評之曰：「案：章氏此說持之有故，言之成理，尤爲班氏諍友。又案：燕、齊怪迂之說，其後流爲秦、漢方士，觀《封禪書》甚明，誠破碎支離之尤。」

原前聖經傳，以折其是非。其官無典守，而師無傳習者，則是不根之妄言，屛而絕之，不得通於著錄焉。其有幸而獲傳者，附於本類之下，而明著其違悖焉。是則著錄之義，固所以明大道而治百家也。何爲荒經蔑古乎？」又曰：「今爲陰陽諸家作敘例，當云：『陰陽家者流，其原蓋出於《易》。』《易大傳》曰：「一陰一陽之謂道。」又曰：「《易》有太極，是生兩儀。」此天地陰陽之所由著也。星曆司於保章，卜筮存乎官守。聖人因事而明道，於是爲之演《易》而繫詞。後世官司失守，而聖教不得其傳，則有談天雕龍之說，破碎支離，去道愈遠，是其弊也。其書傳者有某甲乙，得失如何，則陰陽之原委明矣。今存敘例，乃云「敬順昊天，曆象日月星辰，敬授人時。」此乃數術曆譜之敘例，於衍、奭諸家何涉歟？」

清陳澧（1810～1882）《東塾讀書記》卷九曰：「《漢書‧藝文志》有《明堂陰陽》三十三篇，班氏自注云古明堂之遺事，又有《明堂陰陽說》五篇，蓋明堂陰陽在禮家內自爲一家之學，故別錄於制度之外，又分出此一類也。〈藝文志〉諸子陰陽家者流，班氏以爲出於羲和之官，敬順昊天，曆象日月星辰，敬授民時。澧謂《月令》即是敬順昊天，敬授民時之意，其每月記日所在，及昏旦中星，正是曆象日月星辰，陰陽家者流蓋出於此也。《漢書‧魏相傳》云：表採《易》陰陽及明堂月令，奏之曰：『東方之神太昊，乘震執規司春；南方之神炎帝，乘離執衡司夏；西方之神少昊，乘兌執矩司秋；北方之神顓頊，乘坎執權司冬；中央之神黃帝，乘坤執繩，司下土。春興兌治則饑，秋興震治則華，冬興離治則泄，夏興坎治則雹。』又云：『高皇帝令群臣議天子所服，相國臣何等議，春夏秋冬天子所服當法天地之數，中得人和漢儀。』應劭云：『丞相舊位在長安，時有四出門，隨時聽事。』（見《通典》卷二十）此皆可見《月令》之法西漢猶行之，其時尙陰陽之學也。」

清沈家本（1840～1913）《歷代刑法考》：「諸陰陽家者流，輒爲人燃燈祭星，蠱惑人心者，禁之。」

清姚振宗（1842～1906）《漢書藝文志條理》卷二曰：「本書〈司馬遷傳〉注：李奇曰：『陰陽之術，月令星官，是其枝葉也。』張晏曰：『八位，八卦位也。十二度，十二次也。二十四節，就中氣也。各有禁，謂月令也。』按張晏所見《漢書》當作『各有禁令』，今作『教令』，史異文。按此陰陽家與〈數術略〉之五行家相表裏，故五行篇敘有云：『其法亦起五德終始。』《隋志》五行篇亦云：『天生五材，廢一不可，是以聖人推其終始，以通神明

之變。」

清孫詒讓（1848～1908）《溫州經籍志》卷十七：「上士得之可以明造化，中士得之可以則陰陽，下士得之可以命吉凶。蔽者爲之，任天數而人事棄焉，因終與之並廢，得意忘象，顧若是乎！陰陽家者流，所以得罪於通人之論也。帝堯平秩四序，有虞齊政玉衡，夏南巡，祁寒北守，豈無天道，通乎人事而已。漢之成、哀、桓、靈，不改高帝之時令，莽、卓之不順焉，同歸於敗。故曰：『非陰陽之罪也。』至於請師大道，寫符辟兵則繆矣。明乎天地之性者，不可罔以非類。術家之論，自有吉凶反戾，非盡知畢議所能通者。天人之際，姑用其參，無及泥焉可也。周公之制周禮，雖如書方貫橾，射矢殺神，祝詛祈禳，術之甚膚淺者尚皆有取，諸儒廢焉過矣。」（中華書局，2011 年，第 799 ～800 頁）

清文廷式（1856～1904）《純常子枝語》卷四曰：「《漢書・藝文志》九流皆略有考見之書，惟陰陽家者流則二十一家之書悉皆亡佚，余嘗推九流之說，蓋皆欲以治天下也。陰陽家者流，既與儒、道、名、法並列，則與數術六種之書必不相類。班孟堅以爲『蓋出於羲和之官，敬順昊天，歷象日月星辰，敬授民時』。尋繹其說，則《明堂陰陽》一篇乃古陰陽家之正宗也。《禮記》之《月令》、《管子》之《幼官》乃陰陽家之遺說也，賈誼之《五曹官制》殆此類也。其廣言之，則以一代之興必秉五德，由是而有鄒子終始、黃帝泰素諸書，蓋皆欲以陰陽家言定一朝之製作也。其所以異於兵、陰陽家及數術六種者，必繇於此。章實齋《校讎通義》不得其故，奮然改作敘例云：『陰陽家者流其原蓋出於《易》云云。』夫推本於《易》，已大非《漢志》原本官守之義，且如此，則與數術家何別歟？章氏精於目錄之學，何至此懵然不察歟？」

章太炎（1869～1936）《諸子學略說》曰：「陰陽家亦屬宗教，而與墨子有殊。觀《墨子・貴義》篇云：『子墨子北之齊，遇日者。日者曰：「帝以今日殺黑龍於北方，而先生之色黑，不可以北。」子墨子不聽，遂北，至淄水，不遂，而返焉。日者曰：「我謂先生不可以北。」子墨子曰：「南人不得北，北人不得南，其色有黑者有白者，何故皆不遂也？且帝以甲乙殺青龍於東方，以丙丁殺赤龍於南方，以庚辛殺白龍於西方，以壬癸殺黑龍於北方，以戊巳殺黃龍於中方。若用子之言，則是禁天下之行者也。」』蓋墨家言宗教，以善惡爲禍福之標準；陰陽家言宗教，以趨避爲禍福之標準，此其所以異也。或

疑《七略》以陰陽家錄入諸子，而數術自爲一略，二者何以相異？答曰：以今論之，實無所異，但其理有淺深耳。蓋數術諸家皆繁碎占驗之辭，而陰陽家則自有理論，如《鄒子》四十九篇，《鄒子終始》五十六篇，《鄒奭子》十二篇。觀《史記·孟荀列傳》所述，鄒衍之說，窮高極深，非專術家之事矣。《南公》三十六篇，即言『楚雖三戶，亡秦必楚』者，是爲預言之圖讖，亦與常佔有異。如揚雄之《太玄》、司馬光之《潛虛》、邵雍之《皇極經世》、黃道周之《三易洞璣》，皆應在陰陽家，而不應在儒家六藝家。此與著龜形法之屬高下固殊絕矣。」

梁啓超（1873～1929）《陰陽五行之來歷》曰：「陰陽五行說爲二千年來迷信之大本營。直至今日，在社會上猶有莫大勢力。……春秋戰國以前所謂陰陽，所謂五行，其語甚希見，其義極平淡，且此二事從未嘗並爲一談。諸經及孔、老、墨、孟、荀、韓諸大哲學未嘗齒及。然則造此邪說以惑世誣民者誰耶？其始蓋起於燕、齊方士；而其建設之，傳播之，宜負罪責者三人焉，曰鄒衍，曰董仲舒，曰劉向。……鄒衍之書見於《漢書·藝文志》者有《鄒子》四十九篇、《鄒子終始》五十六篇。今雖已佚，然據《史記》及《七略》所說，可知其概。妖言之作俑者，實此人也。衍倡此妖言，乘秦、漢間學術頹廢之隙，遂以萬斛狂瀾之勢，橫領思想界之全部。司馬談作〈六家要旨〉，以陰陽家與儒、道、墨、名、法並列，其勢力可想。……要之，兩漢所謂今文家經說，其能脫陰陽五行臭味者什無二三，大率自仲舒啓之。」〔註12〕

姚明輝（1881～1961）《漢書藝文志注解》卷三曰：「陰陽家書皆佚，其詳不甚可考。羲和，見《尚書》，鄭君曰：『高辛氏之世，命重爲南正，司天，黎爲火正，司地。堯育重黎之後，羲氏、和氏之子賢者，使掌舊職。」

呂思勉（1884～1957）《先秦學術概論》曰：「《漢志》陰陽，爲諸子十家之一，數術則別爲一略，蓋由校書者之異其人，說已見前。論其學，二家實無甚區別。蓋數術家陳其數，而陰陽家明其義耳。……蓋所長者在其數，所短者在其義矣。然陰陽家者流，亦非皆拘牽禁忌之徒也。」〔註13〕

江瑔（1888～1917）《讀子卮言》第四章《論諸子之淵源》曰：「陰陽家

〔註12〕顧頡剛：《古史辨》（五），上海古籍出版社，1982 年版，第 343～362 頁。今按：自此之後，學者們普遍認爲陰陽家觀念的起源與《周易》之間其實並無直接的聯繫，在戰國陰陽五行學說盛行之前，《周易》既與陰陽無涉，五行亦與陰陽異途。

〔註13〕呂思勉：《先秦學術概論》，嶽麓書社，2010 年版，第 127～131 頁。

出於羲和之官。羲和之官職掌天文，所謂『歷象日月星辰，敬授人時』者也。然天文之事，古人本以史掌之。考《周禮・大史》『大師，抱天時與大師同車』，司農注：『大史主天道。』又考《後漢書・明帝紀》注：『史官即大史，掌天文之官也。』是可見史官之職，實掌天文，所以占星象以卜吉凶，爲卜史、祝史所從出。則羲和之官亦史之流矣。」

陳柱（1890～1944）《諸子概論》曰：「陰陽之義，蓋有三焉：一曰日月陰陽，羲和之『欽若昊天，敬授民時』之義也。二曰陰陽變化，此兵書之陰陽也。三曰五行陰陽，此五行之術數之陰陽也。陰陽之名，涵此三義，陰陽家之變，亦生此三派。」〔註14〕

馮友蘭（1895～1990）《原名法陰陽道德》曰：「陰陽家者流，出於方士。古代貴族多養有巫祝術數專家，及貴族政治崩壞，此等專家『官失其守』，遂流落民間，賣其技藝爲生，即爲方士。……蓋原來儒士與巫祝本有時爲同事也。及秦、漢之時，儒士與方士二名常混而不分。其所以如此，雖爲在秦、漢儒家與陰陽家混合之結果，然儒士與巫祝本來之關係，自亦爲一因也。」〔註15〕

馮友蘭（1895～1990）《中國哲學簡史》曰：「按照我的理論，從這六種人裏面，形成了司馬談所稱的六家。套用劉歆的說法，我們可以說：陰陽家者流，蓋出於方士。」〔註16〕又曰：「先秦的陰陽家源自古代的方術，行方術的即是術士。《漢書・藝文志》根據劉歆《七略・術數略》，把方術分爲六類。……術數或法術本是來自迷信，但它們往往是古代科學的萌芽。方術和科學都試圖以積極態度解釋自然現象，使人得以征服自然，使自然爲人所用。方術對超自然力量不再迷信後，它便開始試圖解釋自然現象，而向科學轉變。人類最初對自然力量的觀念儘管十分原始簡單，但它終究是科學的開始。這是陰陽家對中國思想的貢獻。陰陽家試圖以自然力量來解釋自然現象，代表了一種科學探索的傾向。它總是和事實打交道，就這一點來說，它具有積極的意義。由此我們看到，在古代中國，人們爲理解宇宙的由來和宇宙的結構，有兩種不同的思想路線。其一是以陰陽家爲代表的思想路線。另一是由一些佚名的儒家，以《易傳》（注釋）的方式，寫在《易經》正文的後

〔註14〕 陳柱：《諸子概論》，廣西師範大學出版社，2010年版，第63～64頁。
〔註15〕 馮友蘭：《三松堂學術文集》，北京大學出版社，1984年版，第380～381頁。
〔註16〕 馮友蘭：《中國哲學簡史》，天津社會科學院出版社，2007年版，第34頁。

面。這兩種思想似乎各自獨立地發展。下面要講的〈洪範〉和〈月令〉，注重五行，而不曾提及陰陽。在《易傳》裏則相反，談及陰陽的地方很多，而不提五行。後來，這兩條思想路線漸漸融會一起，在司馬談（死於公元前 110 年）的時候已經如此，以致《史記》中，把它們放在一起，統稱陰陽家了。……陰陽家的另一部重要文獻是〈月令〉，首見於《呂氏春秋》。這是公元前蘭世紀末的著述；後來又載人《禮記》。〈月令〉這部著作的名稱是由於再它告訴國君和大眾，每個月當做什麼，不當做什麼，以求得與天地萬物的和諧。在〈月令〉書中，以陰陽家的觀念構築起宇宙的架構。這個宇宙結構是一個時空架構，就是說，它與空間、時間都有關係。古代中國由於位在北半球，自然熱在南方，冷在北方。因此，陰陽家把一年四季和地理上的四個方向組合在一起：夏季和南方結合；冬季和北方結合；春季和東方結合，這是太陽升起的地方；秋季和西方結合，那是太陽落下的地方。陰陽家還把一天中的日夜比作一年四季的縮影：早晨代表春季，中午代表夏季，傍晚代表秋季，午夜則代表冬季。這樣就把時間和空間完全聯結起來了。……陰陽家以這樣的一個宇宙論的理論解釋了四季的自然現象，還把它和四方連為一體，而且更進一步，把自然現象和人文現象聯結起來。正是在這樣的理論基礎上，〈月令〉書規定君王每月應當做什麼，不應當做什麼，這也就是〈月令〉書名的由來。」〔註17〕

張舜徽（1911～1992）《漢書藝文志通釋》卷三謂司馬談〈論六家要旨〉「足與《漢志》所言相發」，又曰：「百家之說，各有短長。故自來辨章學術者，必校論其是非得失。……古有羲和之官，命以四時之事，令不失其序。故《尙書·堯典》曰：『欽若昊天，曆象日月星辰，敬授民時。』明以農事爲重也。《孟子》稱『無違農時』，亦特順天道之大經而已。至於人之行事，有禁有宜，必擇時日而後可動，此乃後世陰陽家傅會五行生剋之理，私定吉凶，以欺世惑民者，所宜杜絕而盡廢之。《漢志》著錄陰陽家言，雖不爲少，而皆亡佚無存，至《隋志》遂不復立此門，可以覘此類書之陞降盛衰矣。」

郭齊勇、吳根友《諸子學通論》曰：「陰陽五行思想與我國上古時代的天文、曆數、巫祝、占卜等有關，這些思想和人物對儒、道諸家都有深刻影響。貴族階層中對天文、曆數、機祥、術數有研究的學者，春秋末期流散於民間，

〔註17〕 馮友蘭：《中國哲學簡史》，天津社會科學院出版社，2007 年版，第 119～122 頁。

以數術方技謀生。這一批人及其學生、追隨者在爾後的發展中，有的成為儒家，有的成為道家，有的則仍然從事天文、曆數、占卜之事，並研究和傳播陰陽五行之說，進而衍為民間社會的方術之士。《墨子・貴義》記載墨子到齊國遇到『日者』，《史記》專有〈日者列傳〉。所謂『日者』，就是陰陽家。他們關注的問題：「分別天地之終始，日月星辰之紀差，次仁義之際，列吉凶之符；語數千言，莫不順理。」（《史記・日者列傳》）《史記・封禪書》記載了方士傳鄒衍之術的情況……其實鄒衍之術亦出於方士。秦漢時期，陰陽家又有與儒、道諸家（特別是儒家）結合的趨勢，前漢董仲舒學及兩漢之際讖緯之學，即是最明顯的例證……陰陽家對天文、曆法、星度、節令、物候、方位、地理的研究，表明古代宗教和科學有密切關聯。他們觀察日月星辰的運行，制訂曆法，教育人民不違農時，使人民按時令從事農業生產活動等，是其所長。其短處為陰陽之術太詳細，人們的任何行動都拘束於日時，以避凶就吉；由於選擇日時之忌諱太多，令人畏懼，且十分繁瑣；其末流附會五行生剋，欺世惑民，迷信色彩很濃。……陰陽家是一多面的複合體，既從事自然科學（例如天文曆法）和哲學方法的研究，又從事原始宗教（例如巫術、占卜）的活動。古代科學、哲學與宗教本未分科，往往結下不解之緣。陰陽家的歷史影響亦包括此兩方面：其一，陰陽家之學，包含了古代科學與哲學的萌芽。陰陽家的主導思路是以一整齊化、系統化的方式對世界做包羅萬象的解釋。這種思想方式，恰好適合於秦、漢大一統的氛圍。……漢代乃至後世的迷信思想、天人感應學說、緯書、符命圖讖等牽強附會的說法，都來源於陰陽家。陰陽家思想與儒家的結合，成為漢代的統治思想，其中有一些負面的東西成為維護專制政治的工具，至若流於民間社會的算卦、風水等方術，則至今亦未嘗歇絕。」〔註18〕

王錦民《古學經子》曰：「班固所云羲和之官，是取自《尚書・堯典》。……從職能上看，〈堯典〉中的羲氏、和氏所掌與班氏所說『敬順昊天，歷象日月星晨，敬授民時』正好相合，然〈堯典〉中的羲氏、和氏都不是周時實有之官職。如果考諸《周官》：春官宗伯所屬有馮相氏『掌十有二歲，十有二日，十有二辰，十日二十日有八星之位，辨其敘事，以會天位。一冬夏致日，春秋致月，以辨四時之敘』；有保章氏『掌天星，以志星辰日月之變動，以觀天下之遷，辨其吉凶。以星土辨九州之地，所封封域皆有分星，以觀妖祥。以

〔註18〕 郭齊勇、吳根友：《諸子學通論》，商務印書館，2015 年版，第 444～446 頁。

十有二歲之相，觀天下之妖祥。以五雲之物辨吉凶、水旱降、豐荒之梗象。以十有二風，察天地之和，命乖別之妖祥。凡此五物者，以詔救政，訪序事』。這兩個官職當是由義和之官演化來的，或許即是陰陽家之所出。《漢志》於陰陽家首先著錄《宋司星子韋》三篇，注云：『景公之史。』是《漢志》所錄陰陽家最早者……子韋所論是九星分野之術，與《周官》保章氏正合，可以斷定子韋之學是出於保章氏。不過後人說陰陽家，每從鄒衍始，以鄒衍爲陰陽家之開創者。鄒衍的學術大致可分爲兩部分，前部分爲星曆分野之學，與子韋相近，出於古義和之官。後部分則自儒家中變化而來，爲五德終始之說，是鄒衍所創。」〔註19〕

今按：「陰陽」的概念，最早見於《易經》，「五行」的概念最早見於《尚書》，但兩種觀念的產生，可以追溯到更久遠的年代。到戰國時代，陰陽和五行漸漸合流，形成一種新的觀念模式，便是以「陰陽消息，五行轉移」爲理論基礎的宇宙觀。陰陽家以陰陽五行爲其基本線路，所以稱爲「陰陽家」，也稱「陰陽五行學派」或「陰陽五行家」。高華平《先秦諸子與楚國諸子學》曰：「他們（指司馬談與班固）都把陰陽家的學說講得很全面，但其實也都未把陰陽家的特點講清楚。倒是《史記・孟子荀卿列傳》說鄒衍『深觀陰陽消息』，用『消息』二字來概括陰陽家的特點，應該是最爲合適的。簡單地說，陰陽家就是以『陰陽』爲世界普遍原理的學派。『陰陽』既是世界的構成原理，也是世界的發展變化的原理，是世界萬事萬物發展變化的內在動力。當然，這一原理的發生應該如《漢志》所說，是人們從『歷象日月星辰』，即觀察四時的變化開始的；但對日月星辰和四季（『四時』）的觀察還只是開始，還需要將這一個別自然現象的變化規則推及一切自然現象，這才產生出專門研究陰陽的學派——『陰陽家』。」〔註20〕

又按：章學誠「陰陽家者流蓋出於《易》」的觀點是一個洞見，一語道破天機。擴而論之，九流十家其原皆出於《易》。

〔註19〕 王錦民：《古學經子》，華夏出版社，2008年版，第351～352頁。
〔註20〕 高華平：《先秦諸子與楚國諸子學》，北京師範大學出版社，2016年版，第243～244頁。

四、法　家

《李子》三十二篇。 名悝，相魏文侯，富國強兵。

【存佚著錄】

　　今亡佚。《隋書・經籍志》、《舊唐書・經籍志》、《新唐書・藝文志》皆不著錄，早已亡佚。清孫星衍《嘉穀堂集・李子法經序》曰：「李悝《法經》六篇存唐律中，即《藝文志》之《李子》三十二篇在法家者。後人援其書入律令，故隋以後志經籍者不載。」顧實（1878～1956）《漢書藝文志講疏》三〈諸子略〉曰：「儒家《李克》七篇，兵權謀家《李子》十篇，蓋俱非同書。〈食貨志〉言『李悝爲魏文侯作盡地力之教』，與《史記・貨殖傳》言『當魏文侯時，李克務盡地力』正合。故知克、悝一人，而此其法家言也，蓋自著之書。《晉書・刑法志》言悝撰次諸國法，著《法經》六篇，商鞅受之以相秦。孫星衍謂即《漢志》之《李子》三十二篇，似失之。」陳朝爵（1876～1939）《漢書藝文志約說》卷二曰：「此與儒家《李克》七篇、兵權謀家《李子》十篇蓋俱非同書。」

　　《李子》之輯本有二種：其一爲清嚴可均所輯《李悝》一卷，見《全上古三代文》卷四；其二爲黃奭所輯《李悝法經》，見《黃氏逸書考・子史鈎沉》。孫啓治等曰：「孫星衍謂《法經》六篇今存《唐律》中，即《漢志》法家之《李子》三十二篇，後人援其書入律令，故隋以後經籍志不載。（《嘉穀堂集》）按《法經》六篇似僅爲《漢志》三十二篇之六篇，若以此六篇當彼三十二篇，則篇數相懸過甚也。黃奭所輯《法經》不注出處，蓋即錄自《唐律》。嚴可均

未錄《法經》，從《韓非子》、《漢書・食貨志》輯出習射令、盡地力之教各一節。」〔註1〕

【作者情況】

《漢書・古今人表》列李悝於第三等上下智人。清梁玉繩（1744～1819）《人表考》曰：「李悝始見《呂覽・驕恣》、《史・孟荀傳》。亦曰李子，相魏文侯。按：悝盡地力之教，是商鞅流也，何以列第三？」

【學術源流】

《漢書・食貨志》曰：「陵夷至於戰國，貴詐力而賤仁義，先富有而後禮讓。是時李悝為魏文侯作盡地力之教，行之魏國，國以富強。」唐房玄齡（579～648）《晉書・刑法志》曰：「是時承用秦、漢舊律，其文起自魏文侯師李悝，悝撰次諸國法，著《法經》。以為王者之政莫急於盜賊，故其律始〈盜〉、〈賊〉。盜賊須劾捕，故著〈網〉、〈捕〉二篇。其輕狡、越城、博戲、借假、不廉、淫侈、逾制，以為〈雜律〉一篇。又以〈具律〉具其加減，是故所著六篇而已。然皆罪名之制也，商君受之以相秦。」清沈欽韓（1775～1831）《漢書藝文志疏證》卷二曰：「李悝為律家之祖，三十二篇，則其自著書。」而梁啟超（1873～1929）《漢書藝文志諸子略考釋》曰：「《法經》為漢律九章所本，近人黃奭有輯本，或即在《李子》三十二篇中，但其書疑亦後人誦法李悝者為之，未必悝自撰也。」孫德謙（1869～1935）《諸子通考》卷三曰：「古人之學，最重師承。《史・晁錯列傳》云：『錯學申、商刑名於軹張恢生所，與洛陽宋孟及劉帶同師。』則法家之術世有傳授矣。《晉書・刑法志》：『……商君受之以相秦。』如其說，鞅之為秦立法，則師事李悝矣。至韓非學於荀卿而自成法家，尉僚學於商君而別為雜家，（謙注：劉向《別錄》云：「僚為商君學。」）雖互有出入，要可見法家一流未嘗無師傳也。後人但知儒者釋經，確守師說，而孰知法家者亦若是乎？然此第刑法一家耳。」張舜徽（1911～1992）《漢書藝文志通釋》卷三曰：「古之所謂法家，即近世所謂政治家也，其職志端在富國強兵。而明法立制，特其致治之術耳。魏劉邵《人物志》云：『建國立制，富國強人，是謂法家。』是已。史稱李悝盡地力之教，行之魏國，國以富強。蓋能盡地力，則耕殖廣而產物豐，為富強之本。法家所以自效於國

〔註1〕 孫啟治、陳建華：《中國古佚書輯本目錄解題》，上海古籍出版社，2009年版，第212頁。

者，正在此耳。」郭沫若（1892～1978）《前期法家的批判》曰：「李悝在嚴密意義上是法家的始祖，《漢書‧藝文志》有『《李子》三十二篇』，列爲法家之首，注云『名悝，相魏文侯，富國強兵』。可惜這三十二篇書已經亡佚，只有關於刑律和農政兩項還在別的文獻裏面保存了一些梗概。……據此可知秦漢以後的刑律大抵是祖述李悝，而李悝《法經》是治盜賊爲首要，這便是說，新起的法家精神是以保衛私有財產權爲本位的。李悝《法經》及其刑律雖然失傳，但他的遺意遺法，毫無疑問，是被包含在秦、漢以來的律法裏面了。《唐律疏議》於此有所補充，足證李悝之法至唐猶存，特略有增損而已。……但李悝的建樹並不專在於刑律，他還有更積極一方面的經濟政策。《史記‧孟荀列傳》謂『魏有李悝盡地力之教』，可惜他這項教令也遺忘了，僅僅在《漢書‧食貨志》裏面還保留了一點梗概。……這卻表示著李悝具有儒家的氣息。同一故事在《荀子‧堯問篇》與《新序‧雜事一》均作爲吳起，假使三占從二，可能是呂氏的門下記錯了人。不過從這兒也可以得到一些痕跡，便是呂門離李悝不遠，即使是記錯了，必須李悝是具有這種色彩的人，然後才能夠聯想得到。魏文侯時本是人才集中時代，師有子夏、段干木、田子方，臣有翟璜、樂羊、西門豹、吳起，大抵都是儒者。同時還有一位李克，曾參預文侯置相的咨詢，《漢書‧藝文志》儒家有『《李克》七篇』，注云『子夏弟子，爲魏文侯相』，說者多以爲即是李悝的異名，我看是很正確的。因爲悝、克本一聲之轉，二人時代相同，地位相同，思想相同，而李悝盡地力之教，在《史記》〈貨殖列傳〉及〈平準書〉則說『李克務盡地力』。儒家中既有李克，法家中又有李悝者，也就如儒家中既有『《公孫尼子》二十八篇』，雜家中又有『《公孫尼》一篇』。〈古今人表〉中把李悝與奪克分爲二人，那應該是班固的錯誤了。」〔註2〕高華平駁之曰：「《法經》只是一部編次的法律文本，其中的〈盜〉、〈賊〉、〈網〉、〈捕〉、〈雜〉、〈具〉六篇，都只是具體的法律條文，而具體的法律條例歷朝歷代都有，如《尚書‧呂刑》中周穆王『作〈呂刑〉』，《左傳》有『夏有亂政，而作〈禹刑〉；商有亂政，而作〈湯刑〉；周有亂政，而作〈九刑〉』。西周『有《周文王之法》』、楚文王曾作〈僕區之法〉，但這些並不能表示法家早已有之。因此，李悝著《法經》，並不能表示他就應該屬於法家；《史記‧孟子荀卿列傳》、《漢書‧食貨志》中他的『盡地力之教』和『平糴法』，有獎勵耕織和『富國』的目的，但這些是當時諸子的共同理想，也不能說明他的

〔註2〕郭沫若：《十批判書》，人民出版社，2012年版，第242～245頁。

思想必定屬於法家，或證明他屬於『法家的開山祖也』。」〔註3〕又推而廣之曰：「整個先秦諸子皆源於孔子的私人講學，孔子才真正是先秦諸子的『開山祖』；而孔子創立儒家學派以後，儒家之『儒』，如曾參、子游、子夏等，大多也具有教師的身份，所以可以說，其他先秦諸子學派中有不少應該是由儒家分化出來的。如墨翟早年『學儒者之業之術』。李悝、吳起也曾『受業於子夏之倫』。農家的陳良『悅周公、仲尼之道，北學於中國』。陰陽家的鄒衍亦曾『以儒術干世主，不用，即以變化終始之論，卒以顯名』。這些人都是先學儒術，後來才脫離儒家而自立門戶的。」〔註4〕

【出土文獻】

　　商鞅相秦，乃為秦制定了系統的法律。湖北雲夢睡虎地秦墓出土的秦法律文書，據黃盛璋考證，其中《秦律》的年代應在秦昭王晚期，《秦律說》則可能出於秦始皇初年。這兩個年代距商鞅變法均有百年以上，但《秦律》的內容則取自商鞅。黃盛璋云：「李悝著《法經》，撰次諸國法。商鞅所立法律，除了以《法經》為藍本外，還採納他國法律，斟酌秦國過去的、當時的，成文的和不成文的法律加以修訂。現在已發現的秦律又是商鞅法律的發展，其來源是多方面的。我認為最重要的是倣法三晉，尤其是魏。」〔註5〕

《商君》二十九篇。名鞅，姬姓，衛後也，相秦孝公，有《列傳》。

【存佚著錄】

　　今存二十六篇，其篇目為：〈更法第一〉、〈墾令第二〉、〈農戰第三〉、〈去強第四〉、〈說民第五〉、〈算地第六〉、〈開塞第七〉、〈壹言第八〉、〈錯法第九〉、〈戰法第十〉、〈立本第十一〉、〈兵守第十二〉、〈靳令第十三〉、〈修權第十四〉、〈徠民第十五〉、〈刑約第十六〉、〈賞刑第十七〉、〈畫策第十八〉、〈境內第十九〉、〈弱民第二十〉、〈禦盜第二十一〉、〈外內第二十二〉、〈君臣第二十三〉、

〔註3〕 高華平：《先秦諸子與楚國諸子學》，北京師範大學出版社，2016年版，第186頁。

〔註4〕 高華平：《先秦諸子與楚國諸子學》，北京師範大學出版社，2016年版，第188頁。今按：高氏此說可概括為「先秦諸子出於孔子說」。此說具有深刻的片面性，但還沒有完全探究本源——「先秦諸子出於《周易》說」。

〔註5〕 黃盛璋：《雲夢秦簡辨正》，《歷史地理與考古論叢》，齊魯書社，1982年版，第20～21頁。

〈禁使第二十四〉、〈愼法第二十五〉、〈定分第二十六〉，其中第十六、二十一有目無書，宋晁公武《郡齊讀書志》曰：「所著本二十九篇，今亡者三篇。」明宋濂《文憲集》卷二十七曰：「予家藏本二十六篇，其第二十一篇亡。」今實存二十四篇，亡五篇。顧實（1878～1956）《漢書藝文志講疏》三《諸子略》曰：「兵權謀家《公孫鞅》二十七篇，蓋非同書。」又稱《商君書》、《商子》。《隋書・經籍志》、《新唐書・藝文志》子部法家類著錄「《商君書》五卷」，《舊唐書・經籍志》、《直齋書錄解題》、《宋史・藝文志》、《四庫全書總目》子部法家類著錄「《商子》五卷」。又《群書治要》卷三十六《商君子治要》載《六法》一節，不見今《商君書》，嚴可均以爲「六法」當作「立法」，乃《商君》佚文，據以輯錄（見《全上古三代文》卷十一）。

【作者情況】

　　《史記・商君列傳》：「商君者，衛之諸庶孽公子也，名鞅，姓公孫氏，其祖本姬姓也。鞅少好刑名之學，事魏相公叔座爲中庶子。……公叔既死，公孫鞅聞秦孝公下令國中求賢者，將修繆公之業，東復侵地，乃遂西入秦，因孝公寵臣景監以求見孝公。孝公既見衛鞅，語事良久，孝公時時睡，弗聽。……衛鞅復見孝公。公與語，不自知膝之前於席也。語數日不厭。……孝公既用衛鞅，鞅欲變法，恐天下議己。……以衛鞅爲左庶長，卒定變法之令。令民爲什伍，而相牧司連坐。不告姦者腰斬，告姦者與斬敵首同賞，匿姦者與降敵同罰。民有二男以上不分異者，倍其賦。有軍功者，各以率受上爵；爲私鬥者，各以輕重被刑大小。僇力本業，耕織致粟帛多者復其身。事末利及怠而貧者，舉以爲收孥。宗室非有軍功論，不得爲屬籍。明尊卑爵秩等級，各以差次名田宅，臣妾衣服以家次。有功者顯榮，無功者雖富無所芬華。……於是以鞅爲大良造。將兵圍魏安邑，降之。居三年，作爲築冀闕宮庭於咸陽，秦自雍徙都之。而令民父子兄弟同室內息者爲禁。而集小（都）鄉邑聚爲縣，置令、丞，凡三十一縣。爲田開阡陌封疆，而賦稅平。平斗桶權衡丈尺。行之四年，公子虔復犯約，劓之。居五年，秦人富強，天子致胙於孝公，諸侯畢賀。其明年，齊敗魏兵於馬陵，虜其太子申，殺將軍龐涓。……衛鞅既破魏還，秦封之於、商十五邑，號爲商君。商君相秦十年，宗室貴戚多怨望者。……後五月而秦孝公卒，太子立。公子虔之徒告商君欲反，發吏捕商君。商君亡至關下，欲舍客舍。……去之魏。魏人怨其欺公子卬而破魏師，弗受。商君欲之他國。魏人曰：『商君，秦之賊。秦強而賊入魏，弗歸，

不可。』遂內秦。商君既復入秦，走商邑，與其徒屬發邑兵北出擊鄭。秦發兵攻商君，殺之於鄭黽池。秦惠王車裂商君以徇，曰：『莫如商鞅反者！』遂滅商君之家。太史公曰：商君，其天資刻薄人也。迹其欲干孝公以帝王術，挾持浮說，非其質矣。且所因由嬖臣，及得用，刑公子虔，欺魏將印，不師趙良之言，亦足發明商君之少恩矣。余嘗讀商君〈開塞〉、〈耕戰〉書，與其人行事相類。卒受惡名於秦，有以也夫！」《漢書・古今人表》列商鞅於第四等中上，清梁玉繩《人表考》曰：「商鞅始見《史（記）》本傳，衛庶孽公子，名鞅，氏公孫。秦孝公以爲相，封之於商，號商君，故曰公孫鞅，亦曰衛鞅。惠王車裂之。案：鞅刻薄少恩，卒受惡名於秦。其書言民不可學問，以禮、樂、《詩》、《書》等爲六蝨，若鞅者何以居中上哉？」

【真偽考辨】

宋黃震（1213～1280）《黃氏日鈔》卷五十五《商子》曰：「《商子》者，公孫商鞅之書也。始於墾草，督民耕戰，其文煩碎，不可以句，至今開卷於千載之下，猶爲心目紊亂，況當時身被其禍者乎？然殿中與御史之號，實用此書，事必問法官，亦出此書。後世一切據法爲斷者，亦合省所自出矣。或疑鞅亦法吏之有才者，其書不應煩亂若此，真偽殆未可知。」元馬端臨（1254～1323）《文獻通考》引《周氏涉筆》曰：「《商鞅書》亦多附會後事，擬取他辭，非本所論著也。其精確切要處，《史記》列傳包括已盡。今所存，大抵泛濫淫辭，無足觀者。蓋有地不憂貧，有民不憂弱，凡此等語，殆無幾也。此書專以誘耕督戰爲根本，今云使商無得糴，農無得糶。農無糶則窳惰之農，勉商無糴則多歲不加樂。夫積而不糶，不耕者誠困矣。力田者何利哉？暴露如丘山，不時焚燒，無所用之。管子謂積多而食寡則民不力，不知當時何以爲餘粟地也。貴酒肉之價，重其租，令十倍其樸，則商估少而農不酺，然則酒肉之用廢矣。凡《史記》所不載，往往爲書者所附合，而未嘗通行者也。秦方興時，朝廷官爵，豈有以貨財取者，而賣權者以求貨，下官者以冀遷，豈孝公前事耶？」梁啓超（1873～1929）《漢書藝文志諸子略考釋》曰：「《史記・商鞅列傳》言『讀鞅〈開塞〉書』。〈開塞〉在今本第七篇，或即用爲全書之名，如以〈繁露〉名董子書也。《文獻通考》引《周氏涉筆》，以爲『鞅書多附會後事，擬取他詞，非本所論著』。《四庫提要》云：『今考《史記》稱秦孝公卒，太子立，公子虔之徒告鞅欲反，惠王乃車裂鞅以徇。則孝公卒後，鞅即逃死不暇，安得著書？如爲平日所著，則必在孝公之世，又安得開卷第

一篇即稱孝公之諡？殆法家者流掇鞅餘論以成是篇。』今案本書《徠民》篇云：『自魏襄以來，三晉所亡於秦者，不可勝數。』魏襄王之卒，在鞅死後四十二年；又稱『長平之勝』，事在鞅死後七十八年。則其書非鞅所著，更毫無疑義。又〈弱民篇〉『楚國之民齊疾而均速』以下，皆《荀子・議兵》篇中語；其所言唐蔑、莊蹻，事亦遠在鞅死後。然則此書殆戰國末年人聚斂而成，觀其採及《荀子》，則其出蓋頗晚矣。」呂思勉（1884～1957）《經子解題・商君書》曰：「今《商君書》精義雖不逮《管》、《韓》之多，然要爲古書，非僞撰；全書宗旨，盡於一民於農戰一語。其中可考古制及古代社會情形處頗多，亦可貴也。」劉咸炘（1896～1932）《學略・諸子略》曰：「《商子》，亦嚴（可均）輯爲善，不盡僞，而不完。」劉咸炘《子疏》定本卷下〈法家第八〉：「今觀其書，大抵〈更法〉、〈定分〉，本後人所記。〈墾令〉、〈境內〉或本鞅條上之文。〈去強〉以下諸篇，文勢有異，而語或復冗。〈徠民〉、〈弱民〉二篇皆及奉昭王時事，必有徒裔所增衍，然其稱臣者，亦或當時敷奏之詞，而後人記之，不得全謂鞅作，亦不得謂全無鞅作也。《周氏涉筆》謂其書精要，《太史公書》列傳包括已盡，今所存大抵泛濫淫詞，往往爲書者所附合而未嘗通行，頗爲近之。」張舜徽（1911～1992）《漢書藝文志通釋》卷三亦曰：「其書涉及魏襄王事及長平之勝，皆在鞅死後數十年，其非鞅所自著無疑。顧《韓非・五蠹》篇云：『藏商、管之法者家有之。』蓋其初本有遺文傳世，至六國時，又有人掇拾餘論以補充之也。」

【學術源流】

《韓子・定法》篇曰：「公孫鞅爲法。法者，憲令著於官府，刑罰必於民心，賞存乎愼法，而罰加乎奸令，此人臣之所師。徒法砸無術，富強資人臣而已。」又駁其斬首爵級之說。《淮南・要略》篇曰：「秦國之俗，貪狼強力，寡義而趨利，可威以刑，而不可化以善，可勸以賞，而不可厲以名。被險而帶河，四塞以爲固，地形利便，畜積殷富，孝公欲以虎狼之勢而吞諸侯，故商鞅之法生焉。」蒙文通（1894～1968）曰：「法家之學，莫先於商鞅。」又曰：「秦自岍、渭之首，入居豐、鎬周人之都，史遷曰：『秦雜戎狄之俗，先暴戾、後仁義。』曰：『諸夏賓之，比於戎狄。』（〈六國年表序〉）則關中文化於秦人之來已一落千丈，余前論周、秦民族，固知秦之爲戎也。法家之學，莫先於商鞅。……凡商君之法多襲秦舊，而非商君之自我作古。……則什伍連坐，已在商君之前爲瀛姓國固有之法也。……則（夷）三族爲秦先有之罪，

亦不自商鞅始也。……爵既秦所先有，上首功自亦秦所先有也。……是法家
之本之商鞅，而鞅襲之秦。故吾謂法家之說，誠源於西北民族之教者也。」
〔註6〕郭沫若（1892～1978）《十批判書・前期法家的批判》曰：「商鞅是李悝
的學生，與吳起同是衛人而年輩略後。他也是在魏文、武二侯時代儒家氣息
十分濃厚的空氣中培養出來的人物，他的思想無疑也是從儒家蛻化出來的。
《史記・商君列傳》說他初見秦孝公的時候說以『帝王之道』，未能投合，繼
說以『霸道』，再進說以『強國之術』，而後孝公大悅，遂見任用。這也表明
他雖然學過儒術，但他是更重實際的一位政治家，也很想『及其身顯名天下，
安能邑邑待數十百年』的。故他不用於魏便盡可以遠走高飛，入秦而謀魏；
入秦乃因孝公寵臣景監而求見，可見他是怎樣的不擇手段。有名的欺騙公子
卬以敗魏師的事，雖然是兵不厭詐，人各爲主，但那樣的出賣朋友，出賣故
國，實在是可以令人驚愕的事。但他是一位時代的寵兒，生當大變革的時代，
又遇著信任專一的孝公，使他能夠放手做去，收到了莫大的功名，他比起李
悝、吳起來實在是更加幸運的。秦王政後來之所以能夠統一中國，是由於商
鞅變法的後果，甚至於我們要說秦、漢以後的中國的政治舞臺是由商鞅開的
幕，都是不感覺怎麼誇誕的。」〔註7〕王錦民《古學經子》曰：「商鞅、申不
害同爲戰國前期法家，但二人之學分別承自李悝、譬仲。商鞅從李悝受《法
經》，其學與李悝一致，申不害學本黃老而主刑名，黃老出於齊，其學與管仲
頗有淵源。這兩系法家的關鍵區別在於術與法。……韓非所論，正是申、商
區別所在。申不害相韓，其所憑者是術，而不是法，其思想有來自齊國的因
素，又影響到了齊國，此一影響是經由慎到實現的。……慎到亦修黃老與刑
名，思想與申不害相近，而不同處在申不害主術，慎到主勢，術爲治術，必
有權位者始能操之，而所以得其權位，使權力有效發揮者，則爲勢。慎到比
申不害更近乎黃老傳統，其說在齊影響很大。自申不害、慎到，由韓至齊，
形成了一個法家系統，這一系統的法家遭到了荀子的批評……荀子所說的『尚
法而無法』十分重要，申、慎言術、勢，但並不制定法律，其上聽君、下取
俗，當爲管仲以降的傳統，其言成文典，反糾察之，則是刑名之學。此與商
鞅的做法大不相同。」〔註8〕

〔註6〕 蒙文通：《古學甄微》，巴蜀書社，1987年版，第301頁。今按：高華平認爲
　　　　此說不能成立，但也肯定其從文化背景的角度探源的啓發性意義。
〔註7〕 郭沫若：《十批判書》，人民出版社，2012年版，第248頁。
〔註8〕 王錦民：《古學經子》，華夏出版社，2008年版，第346～347頁。

鞅實帝王之罪人，吾不知其始見而再不用者作何等語也。……今鞅之書曰：『王者刑九賞一。』又曰：『八虱者。』『禮、樂、《詩》《書》、修善、孝悌、誠信、貞廉、仁義、非兵、羞戰，國有十二者，必貧至削。』於虖！是直與帝王之道為寇讎而已矣，彼不計勢之必窮，而紐於說之易售，其處心積慮，偏怙其法之必行，束縛之，馳驟之，招之以告訐，羅之以連坐，壹之以農戰，以坐收其富強之實，而不顧元氣盡削。昔秦人已化為虎狼，而孝公不悟也。數傳至秦皇，益不悟也。席其成業，遂能鞭撻九有，橫噬六合。於是山東戍卒揭竿一呼，而秦瓦解矣。向使鞅能堅持其帝王之道，將不見用。用而其效或不如任法之速，而秦久安長治矣。然而鞅安知所謂帝王之道也，偽也。彼不過假迂遠悠謬之說，姑嘗試之，而因以申其任法之說，而詎知亡其身以亡其國乎？夫帝王之道無近功，亦無流弊。故君子斷不捨此而取彼也。或曰，審若是，宜遏絕其說，而顧校正之可乎？曰，是書自《漢志》以來，著錄久矣。但使後之君若臣讀是書者，談虎色變，則鞅之毒輸於秦，而功及於後世為不少矣。夫荀卿明王道，一傳至李斯，而焚書坑儒，商鞅語帝王，再不用於孝公，而滅法亂紀，則夫士之抗言高論，或不幸而見用於世，吾焉保其末路之不至斯極也。又誰得盡廢其書哉？」蔡元培（1868～1940）《中國倫理學史·商君》曰：「管子，持通變主義者也。其於周制雖不屑因襲，而未嘗大有所摧廓。其時周室雖衰，民志猶未漓也。及戰國時代，時局大變，新說迭出。商君承管子之學說，遂一進而為革新主義。其言曰：『前世不同教，何古是法？帝王不相復，何禮是循？伏羲神農，不教而誅。黃帝堯舜，誅而不怒。至於文武，各當時而立法，因事而制禮，禮法以定，制令順其宜，兵甲器備，各供其用。』故曰：『治世者不二道，國者不必古。湯武之王也，不循古而興。商夏之亡也，不易禮而亡。』然則反古者未必非，而循禮者未足多，是也。又其駁甘龍之言曰：『常人安於故俗，學者溺於所聞，兩者以之居官守法可也，非所與論於法之外也。三代不同禮而王，五霸不同法而霸。智者做法，愚者制焉。賢者定法，不肖者拘焉。』商君之果斷如此，實為當日思想革命之巨子。固不為時勢所驅迫，而要之非有超人之特性者，不足以語此也。……商君，政治家也，其主義在以國家之威權裁制各人。故其言道德也，專尚公德，以為法律之補助，而持之已甚，幾不留各人自由之餘地。又其觀察人性，專以趨惡之一方面為斷，故尚刑而非樂，與管子之所謂令順民心者相反。此則其天資刻薄之結果，而所以不免為道德界之罪人也。」孫德謙（1869～1935）《諸子通考》卷三曰：「商君者，法家也，乃農家《神農》二十篇，劉

向則云：『李悝及商君所說。』若然，鞅以法家而通於農矣。抑吾嘗讀其〈戰法〉、〈兵守〉諸篇，初不解鞅以法術聞於後世，而於戰守之道何以論之極精。及觀〈志〉兵書一略，於權謀家有《公孫鞅》二十七篇，然後知鞅又通於兵家者也。班氏所以互見之者，非以其長於兵謀哉？夫道與兵、農皆專家之業也，豈知法家者流，無不通其學，則治其書者，苟能明辨乎此，庶不疑宗旨之雜入矣。」又曰：「如法家者，使能於明法之後，而更以德禮行之，則爲純王之治，不復有殘刻之患也。顧百家學術各有所宗，刻者所爲，雖專任刑法，抑知惟爲法家，故以刑法爲主，況商、韓二子又能相地制宜，因時濟變者乎？夫天下有治世之學術，有亂世之學術。昔者武侯之相蜀也，信賞必罰，綜覈名實，於用人行政，皆斷之於法。在武侯以王佐之才，彼豈不知教化仁愛之爲美哉？反謂《商君書》益人意志，而以法爲歸。蓋三國之世，適當離亂故耳。余故謂治諸子者當尙論其世，又貴審乎所處之時，善爲用之。必以法家蔽失而詆排之，是眞所云因噎廢食矣。」劉咸炘（1896～1932）《子疏》定本卷下〈法家第八〉：「商鞅之術，學者類知之，太史既述其事，復括其要曰耕戰。大抵欲勝六國必戰，地阻少利，欲戰必耕。人情莫不樂家，談說取富貴，商多豪侈雜流之風，西人則耕戰皆不力，故必絕私德，禁文士，賤商賈，嚴刑重武，使民樸而歸農致死。秦地險而民樸，荀卿嘗言之，故服習其教。然以耕戰愚民，惟秦民可愚耳，故足以併天下之地，而不足以易天下之俗。秦之二世而亡，亦以此也。後也詆鞅以《詩》、《書》爲六虱之首，不知鞅固上稱先王禮樂，其惡《詩》、《書》者，乃以禁遊談，故激言之耳。大抵鞅之操術，異於諸遊士，欲以實效傲之，故資秦以售其術，然而勝法之說，下傳無窮，重農、算地之說，後世且不能廢焉。」王叔岷（1914～2008）《先秦道法思想講稿》曰：「朱師轍《商君書解詁》初印本自序有云：『商君以法家而策兵、農。』實則商君之學雖以法爲主，而包羅甚廣。法兼兵、農之外，與道、儒、名甚至墨家亦皆有關……范睢論商鞅之功，蔡澤亦論商鞅之功兼及其失敗之由，皆甚公允。能詘（屈）能信（伸），能往能返，比道家之道，正商鞅所短者。惟商鞅當時所造成之情勢，只能伸不能屈，只能往不能返，只有以身殉秦而已。」〔註9〕

〔註9〕　王叔岷：《先秦道法思想講稿》，中華書局，2007 年版，第 209～224 頁。今按：王氏將其成敗之原因歸納爲八條，即最有才識；最刻薄；最長於霸道，而知霸道之短；最能變，亦最不能變；最守信，亦最不守信；最公平，亦最不公平；最知利而不知害；最知進而不知退。又按：由此可見，法家商鞅還是沒有讀懂《周易》，不知變化之理。

【校讎源流】

王叔岷（1914～2008）《管子斠證序》曰：「商君為人雖刻薄少恩，然其書實有裨於法治。惜前賢討治者少，抄刊舛誤，研習匪易。自清儒嚴可均校本出，乃稍可讀；俞樾、孫詒讓、陶鴻慶諸儒相繼校理，發正漸多；時賢朱師轍《商君書解詁》定本，疏釋讎校，益臻完善。朱氏治《商君書》垂四十年，《解詁》之作，初印於滬，再印於蜀，最後寫成定本，刊入《中山大學叢書》，其工苦如此！然岷細讀一過，尚覺多可商榷補正者，因於講習之暇，作《商君書斠補》云。」

《申子》六篇。名不害，京人，相韓昭侯，終其身諸侯不敢侵韓。（師古曰：「京，河南京縣。」）

【存佚著錄】

今亡佚。南朝宋裴駰《史記集解》引劉向《別錄》曰：「今民間所有上書二篇，中書六篇，皆合二篇，已備，過太史公所記也。」唐張守節《史記正義》引阮孝緒《七略》云：「《申子》三卷也。」《隋書・經籍志》子部法家類載：「梁有《申子》三卷，韓相申不害撰，亡。」《舊唐書・經籍志》、《新唐書・藝文志》子部法家類皆著錄「《申子》三卷」。而《通志・藝文略》、《宋書・藝文志》、《文獻通考・經籍考》及晁、陳以下諸私家目錄均不著錄，殆亡於南宋。《群書治要》載〈大體〉篇，蓋亦不完。凡六篇，〈三符〉、〈君臣〉、〈大體〉三篇目可徵而已。

《申子》之輯本有七種：其一為元陶宗儀所輯《申子》，見《說郛》卷六；其二為清嚴可均所輯《申子》，見《全上古三代文》卷四；其三為馬國翰所輯《申子》一卷，見《玉函山房輯佚書》子編法家；其四為顧觀光所輯《申子》，見《武陵山人遺稿・古書逸文》；其五為王仁俊所輯《申子》一卷，見《玉函山房輯佚書續編》子編法家類；其六為王時潤所輯《申子逸文》，見《商君書斠詮》附錄；其七為李峻之所輯《申子》，見《古史辨》第六冊《呂氏春秋中古書輯佚》。孫啓治等曰：「書今佚，唯《群書治要》載〈大體〉一篇，又《意林》、《韓非子》、《呂氏春秋》及唐、宋類書等亦引之。《說郛》所載僅一節，不注出處，實為《太平御覽》所引。馬國翰採得二十四節，未及採《治要》所載〈大體〉一篇。嚴可均採〈治要〉一篇，又從諸書採得佚文十三節，則

未出馬輯之外。王仁俊據《治要》補馬氏所缺《大體》一篇，又從《繹史》採得一節。按此節與馬氏採自薛璩《孔子集語》者文同，王氏誤重也。顧觀光所輯除〈大體〉一篇外，其餘大致不出馬外，唯採《史記・李斯傳》引一節爲馬所無。又顧所採《意林》所載『劉向云申子名不害』云云一節，非本文，故諸家皆不錄。王時潤全錄馬輯（僅『子曰丘少好學』、『子張見魯哀公』、「豈不知鏡」三節未錄），又採《大體》篇弁諸首。李峻之僅從《呂氏春秋》採得一節，已見馬輯。」〔註10〕

【作者情況】

　　《史記・老子韓非列傳》：「申不害者，京人也，故鄭之賤臣。學術以干韓昭侯，昭侯爲相，內修政教，外應諸侯，十五年，終申子之身，國治兵強，無侵韓者。」漢王充《論衡・效力》篇曰：「韓用申不害，行其三符，兵不侵境，蓋十五年。」按：所稱「三符」，今已不可考。《漢書・古今人表》列申子於第四等。清梁玉繩（1744～1819）《人表考》曰：「申子始見《韓策》、《荀子・解蔽》。名不害，鄭之京人。」

【學術大旨】

　　《史記・申不害傳》曰：「申子之學，本於黃、老，而主刑名。著書二篇，號曰《申子》。……申子卑卑，施之於名實。」王叔岷（1914～2008）《先秦道法思想講稿》釋之曰：「寥寥數語，已概括申不害秉道、法、名三家之學，而以法家爲主。……申子之學，本於黃、老，而主刑名。黃、老之學易流於陰謀權變，刑名之學易流於殘刻寡恩。而申子獨能不失於正，此其所以相韓十五年，而未聞其不善終也。申不害名不害，一生未遭過禍害，得保其天年，無怪西漢慕其名而名不害或無害者頗多也。《意林》二引劉向云：『申子學本黃、老，急刻無恩，非霸王之事。』就申子之學術、政績而言，不得謂之『急刻無恩』。蓋申子立法行法重在不失其正，目的在使民安樂。惟謂其『非霸王之業』，則是。《韓非子・定法》篇已謂『申不害託萬乘之勁韓，而不至於霸王』。申不害之政績，只做到『無侵韓者』。遠不如商鞅使秦霸天下也。」〔註11〕

〔註10〕　孫啓治、陳建華：《中國古佚書輯本目錄解題》，上海古籍出版社，2009年版，第213頁。

〔註11〕　王叔岷：《先秦道法思想講稿》，中華書局，2007年版，第195～203頁。

　　《荀子・解蔽》篇曰：「申子蔽於勢而不知知。」《韓非子・定法》篇曰：「問者曰：『申不害、公孫鞅，此二家之言孰急於國？』應之曰：『是不可程也。人不食，十日則死；大寒之隆，不衣亦死。謂之衣食孰急於人，則是不可一無也，皆養生之具也。今申不害言術，而公孫鞅爲法。術者，因任而授官，循名而責實，操殺生之柄，課群臣之能者也，此人主之所執也。法者，憲令著於官府，刑罰必於民心，賞存乎愼法，而罰加乎奸令者也，此臣之所師也。君無術，則蔽於上；臣無法，則亂於下。此不可一無，皆帝王之具也。』問者曰：『徒術而無法，徒法而無術，其不可何哉？』對曰：『申不害，韓昭侯之佐也。韓者，晉之別國也。晉之故法未息，而韓之新法又生；先君之令未收，而後君之令又下。申不害不擅其法，不一其憲令，則奸多。故利在故法前令，則道之；利在新法後令，則道之。利在故新相反、前後相悖，則申不害雖十使昭侯用術，而姦臣猶有所譎其辭矣。故託萬乘之勁韓，十七年而不至於霸王者，雖用術於上，法不勤飭於官之患也。公孫鞅之治秦也，設告相坐而責其實，連什伍而同其罪，賞厚而信，刑重而必。是以其民用力勞而不休，逐敵危而不卻，故其國富而兵強；然而無術以知奸，則以其富強也資人臣而已矣。商君雖十飭其法，人臣反用其資。故乘強秦之資數十年而不至於帝王者，法不勤飭於官，主無術於上之患也。』問者曰：『主用申子之術，而官行商君之法，可乎？』對曰：『申子未盡於術，商君未盡於法也。申子言：「治不逾官，雖知弗言。」治不逾官，謂之守職也可；知而弗言，是不謂過也。人主以一國目視，故視莫明焉；以一國耳聽，故聽莫聰焉。今知而弗言，則人主尚安假借矣？商君之法曰：「斬一首者爵一級，欲爲官者爲五十石之官；斬二首者爵二級，欲爲官者爲百石之官。」官爵之遷與斬首之功相稱也。今有法曰：「斬首者令爲醫、匠。」則屋不成而病不已。夫匠者，手巧也；而醫者，劑藥也；而以斬首之功爲之，則不當其能。今治官者，智慧也；今斬首者，勇力之所加也。以勇力之所加而治智慧之官，是以斬首之功爲醫、匠也。故曰：二子之於法術，皆未盡善也。』」又曰：「申不害徒術而無法，公孫鞅徒法而無術。」《淮南子・要略》：「申子者，韓昭侯之佐。韓、晉之別國也，地墝民險，而介於大國之間。晉國之故禮未滅，韓國之新法重出；先君之令未收，後君之令又下。新故相反，前後相繆，百官背亂，莫知所用，故刑名之書生焉。」宋王應麟（1223～1296）《通鑒答問》卷一「申不害干韓昭侯昭侯以爲相」條曰：「或問：申、商之學同乎？曰：《新序》謂申子之書言人主當執術以督責臣下，號曰術。商鞅爲書，號曰法。皆曰刑名。自戰國

至秦、漢，根固波漫。韓非學刑名法術，而爲慘礉少恩；晁錯學申、商於張恢生，而爲陗直刻深；宣帝好觀《申子‧君臣》篇，而爲刑名繩下。然則申、商之學一也。申子之言禍天下國家，不下於商鞅。秦之李斯，阿二世以求容，其書引《申子》，曰有天下而不恣睢命之，曰以天下爲桎梏。於是行督責益嚴，一言喪邦，秦之亡也忽焉。此國脈之斧斨，民命之堇喙，人心之蟊賊，邪說之害，烈於洪水猛獸。世之談者，猶曰：韓昭侯相申子，而國治兵彊也。英明如漢宣，亦好之。刑餘爲周、召，法律爲《詩》、《書》。漢自是衰。故爲君必法堯舜，爲政必遵先王之道，萬世不易之理也。噫！韓非、李斯誅於前，晁錯戮於後，學申子者，亦何利哉？董子明《春秋》一統之義，不在六藝之科、孔子之術者，皆絕其道勿使並進。乃罷治申、商、韓非之言者，其有功吾道甚大。」清章學誠（1738～1801）《校讎通義》卷三曰：「法家《申子》六篇，其書今失傳矣。按劉向《別錄》：『申子學號刑名，以名責實，尊君卑臣，崇上抑下。』荀卿子曰：『申子蔽於勢而不知智。』韓非子曰：『申不害徒術而無法。』是則申子爲名家者流，而《漢志》部於法家，失其旨矣。」清沈欽韓（1775～1831）《漢書藝文志疏證》卷二曰：「其云：『妬妻不難破家，亂臣不難破國。智均不相使，力均不相勝。百世有聖人猶隨踵，千里有賢者是比肩。』大抵爲韓非之所本。」孫德謙（1869～1935）《諸子通考》卷三曰：「戰國之世，學校已衰，故士之奮志功名者不得不出於遊說。即以孟子大賢，亦從者數百，後車數十以傳食於諸侯，蓋時勢使然也。《史記‧申子列傳》曰：……是申子嘗挾其說以干世主矣。然卒能使國治兵強，則其功亦甚巨。況其進身之始，雖近於立談取卿相，而不知當時取士之法，實由於此乎？」郭沫若（1892～1978）《十批判書‧前期法家的批判》曰：「申不害與商鞅正整同時，遲商鞅死一年，其當韓國之政比商鞅之當秦政亦較後，學者多稱『申、商』，敘申於商之前，殊覺不甚妥當。申子雖被漢以後人稱爲『法家』，其實他和李悝、吳起、商鞅等的傾向完全不同，嚴密地說時是應該稱爲『術家』的。《韓非‧定法》篇說得很清楚：『今申不害言術，而公孫鞅爲法。術者，因任而授官，循名而責實，操殺生之柄，課群臣之能者也。此入主之所執也。法者，憲令著於官府，刑罰必於民心，賞存乎愼法，而罰加乎奸令者也。此臣之所飭也。』『術』是『帝王南面之術』，就是所謂權變，這和『法』認眞說倒是不兩立的東西。『術』導源於黃老，故司馬遷以老、莊、申、韓同傳，而說申『學術以干韓昭侯』，這是很有分寸的。……，他的主張完全是以人主爲本位。『一臣專君』，他可不問這『一臣』的政見如何，即定爲『亂

臣』，爲『弑君取國者』。人主對於臣下，也就如富家貴室之對於『寇戎盜賊』。這個觀點就是他的根本義的大前提。在這個前提之下，要人君使用手段，裝著一個糊塗的樣子而一點也不要糊塗。他在教人君『無爲』，事實上是說不要做粗雜的事，而是要做精微奧妙的機密的事。……申不害貴『因』，貴『數』，均取則於愼子，但愼子一以『法』爲依歸，以『法制禮籍立公義』，在法之前即人君亦不能『以心裁輕重』，所謂『大君任法而弗躬』，所謂『上下無事，唯法所在』，正是把李悝、吳起等實際家的措施理論化了。而在申子則是以『術』爲憑藉，而把法放在不足輕重的地位的。」傅斯年（1896～1950）《戰國子家敍論·齊晉兩派政論》：「申子刑名之學用於秦、晉，用於漢世，此種官術自其小者言之，不過是些行政之規，持柄之要。申子書今雖不可見，然司馬子長以爲『申子卑卑施之於名實』。大約還沒有很多的政治通論。不過由綜覈名實發軌；自然可成一種溥廣的政論。所以韓子之學，雖許多出於名實之外，然『引繩墨，切事情』，亦即名實之推廣，不必因狹廣分申、韓爲二，兩人亦皆是韓地的地道出產。申子書今佚，然故書所傳申子昭侯事，頗有可引以證其作用者。……《韓非子》的雜篇章多是些申申子之意者，但韓非政論之最精要處在〈五蠹〉、〈顯學〉兩篇，這是一個有本有末的政論，不可僅把他看做是主張放棄儒、墨文學俠士者。」〔註12〕葉長青（1902～1948）《漢書藝文志問答》曰：「刑名者，以名責實，尊君卑臣，崇上抑下也。」張舜徽（1911～1992）《漢書藝文志通釋》卷三曰：「『申子之學，本於黃老，而主刑名。著書二篇，號曰《申子》。』玩繹此末句八字，可知申子之書，乃自著而自題之。百家著述，自名爲子，蓋以此爲最早。餘則率由時人或後世所補題，目之爲某子耳。《史記》但言申子著書二篇，而著錄於《漢志》者爲六篇，蓋原文短簡，後人增益者爲多也。」

《處子》九篇。（師古曰：「《史記》云趙有處子。」）

【存佚著錄】

今亡佚。《隋書·經籍志》、《舊唐書·經籍志》、《新唐書·藝文志》皆不著錄，早已亡佚。

〔註12〕 傅斯年：《戰國子家敍論·史學方法導論·史記研究》，上海古籍出版社，2012年版，第57～58頁。

【作者情況】

　　宋王應麟（1223～1296）《漢藝文志考證》卷六曰：「《史記》『趙有劇子之言』，《風俗通》『漢有北海太守處興』，蓋處子之後。《史記正義》『趙有劇孟、劇辛』，是有劇姓。」清姚振宗（1842～1906）《漢書藝文志條理》卷二曰：「《史》、《漢》舊本或作劇，或作處。唐、宋人已莫衷一是，今更無得而詳矣。」陳朝爵（1876～1939）《漢書藝文志約說》卷二曰：「王氏於處、劇二說未證其孰是。考《廣韻》，處、劇實爲二姓，而字形相似，故傳寫有異。顧實云『處即是劇』，似爲失考。」張舜徽（1911～1992）《漢書藝文志通釋》卷三曰：「《史記・孟荀列傳》：『趙有公孫龍爲堅白同異之辯，劇子之言。』《集解》引徐廣云：『應劭《氏姓注》，直云處子也。』《索隱》云：『著書之人，姓劇氏而稱子也。前史不記其名，故趙有劇孟及劇辛也。』是古之氏姓，處、劇相通矣。《史記》以公孫龍與劇子並論，知劇子亦當時雄辯之士。《漢志》列公孫龍於名家，列處子於法家，蓋其言論於明罰飭法爲詳也。」

《愼子》四十二篇。名到，先申、韓，申、韓稱之。

【存佚著錄】

　　今存七篇，其篇目依次爲：〈威德〉、〈因循〉、〈民雜〉、〈德立〉、〈君人〉、〈知忠〉、〈君臣〉。《隋書・經籍志》、《舊唐書・經籍志》、《新唐書・藝文志》子部法家類皆著錄「《愼子》十卷」，《崇文總目》、《宋史・藝文志》、《郡齋讀書志》、《直齋書錄解題》皆著錄「《愼子》一卷」。宋王應麟《漢藝文志考證》卷六曰：「《漢志》四十二篇，今三十七篇亡，惟有〈威德〉、〈因循〉、〈民雜〉、〈德立〉、〈君人〉五篇，滕輔注。」清嚴可均（1762～1843）《鐵橋漫稿》卷五《愼子敘》曰：「《漢志》法家：《愼子》四十二篇。名到，先申、韓，申、韓稱之。《隋志》、《舊》《新唐志》皆十卷，滕輔注。《崇文總目》三十七篇，《書錄解題》稱麻沙刻本才五篇，余所見明刻本亦皆五篇。今從《群書治要》寫出七篇，有注，即滕輔注，其多出之篇曰〈知忠〉，曰〈君臣〉。其〈威德〉篇又多出二百五十三字，雖亦節本，視陳振孫所見本爲勝。因刺取各書引見之文，校補訛脫，其遺文短段不能成篇者凡四十四事，附於後。」張舜徽（1911～1992）《漢書藝文志通釋》卷三曰：「嚴可均輯本，除見存之五篇外，又從《群書治要》中寫出〈知忠〉、〈君臣〉二篇，共七篇。其〈威德〉篇多出二

百五十三字，遠勝舊本。」王叔岷（1914～2008）《先秦道法思想講稿》曰：
「《呂氏春秋‧愼勢》篇舊本高誘注：『愼子名到，做法書四十一篇，在申不
害、韓非前，申、韓稱之也。』清畢沅《呂氏春秋新校正》改高注『四十一
篇』爲『四十二篇』以合於今本《漢志》稱『四十二篇』之數。不知舊本高
注作『四十一篇』，與《史記‧孟子荀卿列傳》晉徐廣注稱『四十一篇』合。
據《漢志》稱『四十二篇』者較晚，疑《漢志》原作『四十一篇』也。宋鄭
樵《通志‧氏族》篇引《風俗通‧氏姓》篇云：『愼到爲韓大夫，著《愼子》
三十篇。』未知何據。愼到所著《十二論》，四十一篇或四十二篇已不可考。」
〔註13〕今按：《愼子》至宋代已殘缺不全，僅流傳五篇，清代又據《群書治要》
補兩篇，爲今傳世之七篇。

【作者情況】

　　《史記‧孟荀列傳》曰：「愼到，趙人。田駢、接子，齊人。環淵，楚人。
皆學黃、老道德之術。因發明序其指意。故愼到著《十二論》，環淵著上下篇，
而田駢、接子，皆有所論焉。」《史記‧田完世家》曰：「（齊）宣王喜文學遊
說之士，自如鄒衍、淳于髡、田駢、接子、愼到、環淵之徒七十六人，皆賜
列第爲上大人，不治而議論。」《漢書‧古今人表》列愼子於第六等中下。清
梁玉繩（1744～1819）《人表考》曰：「愼子始見《荀子‧天論》、《解蔽》、《呂
覽‧愼勢》。即愼到，亦作順，趙人，葬曹州濟陰縣西南四里。案：《戰國‧
楚策》有愼子，爲楚王傅，魯亦有愼子，見《孟子》，此與莊、惠並列，則非
此人也。」《荀子‧修身》篇楊倞注：「齊宣王時處士愼到，其術本黃、老而
歸刑名，先申、韓，其意相似，多明不尚賢、不使能之道，著書四十一篇。」
明張萱（1557～1641）《疑耀》卷二「愼子名姓辨」條曰：「《孟子》：『魯欲使
愼子爲將軍。』趙岐注：『愼子名滑釐。』正義同，朱考亭從之。又按《史記》：
『愼到，趙人。』謂愼子即愼到，是到又愼子之名，諸書皆同，但下文此則滑
釐所不識也，爲愼子自呼。余按：古人自呼皆呼名，未有呼字者，豈愼子以
滑釐爲名，而以到爲字耶？皆不可曉。《莊子‧天下》篇又曰：『愼子與彭蒙田
駢爲友，學墨子弟子禽滑釐之術。』故薛仲常應旂著《四書人物考》，遂以愼
子所云滑釐乃述其師非自呼其名也，豈師弟同名耶？《姓譜》諸書又以滑釐
字愼子，其後以字爲氏，而以滑釐爲愼氏所自出，則益誤矣。愼子之先，當

〔註13〕 王叔岷：《先秦道法思想講稿》，中華書局，2007 年版，第 176 頁。

有慎氏，慎之姓非自滑釐始也。」劉咸炘（1896～1932）《子疏》定本卷上〈楊慎第四〉曰：「《漢志》注云：『慎子先申、韓，申、韓稱之。』胡適以爲謬，謂慎在序後。按：二人正同時耳。周顯王十八年，申不害相韓，其時齊威王十八年也。顯王三十二年，不害卒，則齊宣王六年也。慎、田諸人會於稷下，正是威、宣時。」

【辨偽源流】

明宋濂（1310～1381）《諸子辨》曰：「今所存者，惟〈威德〉、〈因循〉、〈民雜〉、〈德立〉、〈君人〉五篇耳。……皆純簡明易，顯非刑名家所可及。到亦稷下能言士哉？莊周、荀卿稱之，一則曰慎到，二則曰慎到，雖其術不同，亦有以耶。」清姚際恒（1647～約1715）《古今偽書考》曰：「《漢志》法家有《慎子》二十四篇，《唐志》十卷，《崇文總目》三十七篇。今止五篇，其偽可知。」《四庫全書總目》子部雜家類〈慎子提要〉曰：「其書《漢志》作四十二篇，《唐志》作十卷，《崇文總目》作三十七篇，《書錄解題》則稱麻沙刻本凡五篇，已非全書。此本雖亦分五篇，而文多刪削，又非陳振孫之所見，蓋明人捃拾殘剩，重爲編次。觀孝子不生慈父之家，忠臣不生聖君之下二句，前後兩見，知爲雜錄而成，失除重複矣。」梁啓超（1873～1929）《漢書藝文志諸子略考釋》曰：「其書代有散佚，今所存者《威德》、《因循》、《民雜》、《德立》、《君人》，凡五篇。《書錄解題》稱麻沙本五篇，殆即此本也。其文簡短，似是後人掇輯所成，其篇名見於《群書治要》者尚有〈知忠〉、〈君臣〉兩篇。逸文散見群書者，亦尚數十條。近江陰繆氏有一鈔本，雲是明萬曆間吳人慎懋賞所刻，分爲內外篇。其書鄙俚蕪穢，將現存五篇改頭換面，文義全不相屬。諸書佚文則一無所採，又攀引《孟子》書中之慎滑釐爲慎到，又因《史記》之文而偽造爲鄒忌、淳于髡、慎到、田駢、接子、環淵問答語，眞所謂小人無忌憚者。晚明人讕陋而好作偽書，成爲風氣，原不足責，繆荃蓀輩徒講版本，而不知學術，乃至以『驚人秘笈』相詫，而傳刻者復從而張之。果爾，則豐坊、楊愼輩所造書，其秘而可驚者不更多耶？是不可不痛斥而明辨之也。」

【學術源流】

慎到的學說，《史記・孟荀列傳》說他「學黃老道德之術」，大概把它歸入道家；《莊子・天下篇》把他與彭蒙，田駢歸爲一類，似乎也近於道家。但《漢書・藝文志》卻將《慎子》四十二篇歸之「法家」（《漢書・藝文志》又

有「《田子》二十五篇」，屬「道家」）。葉長青（1902～1948）《漢書藝文志問答》：「《荀子·修身》篇楊倞注：『齊宣王時，處士愼到，其術本黃、老而歸刑名。先申、韓，其意相似，多明不尚賢不使能之道。』然則愼到之入法家，其以此歟？」郭沫若（1892～1978）《十批判書·稷下黃老學派的批判》曰：「愼到、田駢的一派是把道家的理論向法理一方面發展了的，嚴格地說，只有這一派或愼到一人才是眞正的法家。韓非子的思想，雖然主要是由愼到學說的再發展，但它是發展向壞的方面，攙雜進了申子或關尹、老子的術，使愼到的法理完全變了質。」〔註 14〕白奚認爲愼到學說有由道家向法家轉變的特徵：「他的學術的特點可以用『內道外法，道法結合』來概括，正符合以道家哲學論說法家政治的黃老之學的理論特徵。」〔註 15〕王錦民《古學經子》曰：「愼到之學是由道家轉到法家。愼到本趙人，而三晉正是法家的發源地，愼到於法家之學必有所聞。《莊子·天下》論述田駢、愼到之學，謂其『公而不黨，易而無私，決然無主，趣物而不兩，不顧於慮，不謀於知，於物無擇，與之俱往』，又說愼到主張『推拍輐斷，與物宛轉』；而說老聃、關尹之學則是『澹然獨與神明居』；說莊周之學則是『天地並與，神明往與』。由此可見愼到與老、莊不同之處在於前者重物，後者重神。正因爲愼到重物不重神，才被譏笑爲『非生人之行而至死人之理』。但是，恰恰是由愼到重物，才推出去私，只布去私，才能立沫，可知愼到於道家只取其可用於法者，其主旨已在於法家。……愼到是所謂『道法家』之典型。」〔註 16〕

【學術大旨】

《莊子·天下篇》論愼子曰：「是故愼到棄知去己而緣於不得已，泠汰於物以爲道理，曰知不知，將薄知而後鄰傷之者也，謑髁無任而知天下之尚賢也，縱脫無行而非天下之大聖，椎拍輐斷，與物宛轉，舍是與非，苟可以免，不師知慮，不知前後，魏然而已矣。推而後行，曳而後往，若飄風之還，若羽之旋，若磨石之隧，全而無非，動靜無過，未嘗有罪。是何故？夫無知之物，無建己之患，無用知之累，動靜不離於理，是以終身無譽。故曰至於若無知之物而已，無用聖賢，夫塊不失道。豪傑相與笑之曰：『愼到之道，非生人之行而至死人之理，適得怪焉。』」《荀子·非十二子》篇曰：「愼子有見於

〔註 14〕 郭沫若：《十批判書》，人民出版社，2012 年版，第 128～129 頁。
〔註 15〕 白奚：《稷下學研究》，生活·讀書·新知三聯書店，1998 年版，第 147 頁。
〔註 16〕 王錦民：《古學經子》，華夏出版社，2008 年版，第 303 頁。

由法，行德制中由禮。』又曰：『天道因則大化則細。』又曰：『臣疑君而無不危國，孽疑宗而無不危家。』警動名貴，可入奏疏。吾讀到之文，深惜其不爲世用也。本道而附於情，主法而責於上，夫豈在繁稱博引、累牘連篇哉？若到之善言名法，在當時能有幾人耶？覺賈生之策治安尙嫌辭費也。」梁啓超（1873～1929）《漢書藝文志諸子略考釋》曰：「愼子學說梗概，見《莊子・天下篇》、《荀子》〈非十二子〉篇、〈天論〉篇、〈解蔽〉篇，《史記・孟荀列傳》稱其著十二論，蓋當時一大家也。」孫德謙（1869～1935）《諸子通考》卷三曰：「今《志》入之法家，誠得其當矣。《史・孟荀列傳》云：『愼到，趙人，學黃、老道德之術，著十二論。』則愼子雖爲法家，又通於道家者也。」呂思勉（1884～1957）《經子解題・愼子》：「此書亦法家者流，而闕佚殊甚。……觀荀、莊二子之論，其學實合道、法爲一家。故《史記》謂其學黃、老道德之術，《漢志》以其書隸法家也。」劉咸炘（1896～1932）《子疏》定本卷上〈楊愼第四〉：「愼到之術，蓋由《老經》之無爲自然而出。老子曰：『容乃公。』關尹曰：在己無居到，更推之以爲必去不齊之私，乃合於大公之道。推棄知而遂去己，推因自然而遂任勢，故治身則以若無知之物爲歸，治國則以投鉤分財，投策分馬，以塞願望爲準，皆以求齊也。……此與《莊子・天道》篇『上必無爲，下必有爲』同義，蓋皆述老之旨。老之無爲，本統言化，而述者限之於君人之術，於是何以無爲之間生，而形名立法之說始矣。……孟子規矩方圓，是先王之法。荀子亦主聖王爲師。愼到則脫去人治，純粹法治，又主於因勢。所謂因其自爲，自爲即楊朱之存我也，因勢又有二義，一因人之情，一則勢位。故《韓非・難勢》引《愼子》曰：『堯爲匹夫，不能治三人；而桀爲天子，能亂天下。賢知未足以服眾，而勢位足以任賢。』按：此說論法，是也。而於勢字義則未盡，蓋到本非有意立法，特認一切自然之事勢爲道，以與不齊之私意對，名雖爲法，實則勢耳，亦可謂爲自然法。由老子之道，變爲商、韓之法，此其樞也。故《提要》以爲道德、刑名之轉關。然其所謂法，乃因任自然，非以己意立法。《因循》曰：『天道因則大，化則細，故用人之自爲，不用人之爲我。』又《民雜》曰：『下之所能不同，而皆上之用也。不擇其下，則爲下易矣。』此即選則不遍之說也。可知其所謂齊，乃任其不齊，非一切強齊。」楊東蓴（1900～1979）《中國學術史講話》第二講〈學術思想的解放與分野〉曰：「愼到的學說，是由道家到法家的一個轉機，故其學說兼有道法兩家的思想。……愼到之學，多本於道家。……至於愼到的法

家思想，則可分爲以下二點：(1) 尚法。(2) 因勢。」張舜徽（1911～1992）《漢書藝文志通釋》卷三曰：「《史記・孟荀列傳》：『愼到，趙人；田駢，接子，齊人；環淵，楚人；皆學黃、老道德之術。因發明序其指意，故愼到著《十二論》。』《集解》引徐廣云：『今《愼子》，劉向所定有四十一篇。』觀史公所論，則愼子所著十二論，乃道家言。疑十二論原在已佚之三十七篇中，今則不可考矣。」王叔岷（1914～2008）《先秦道法思想講稿》曰：「愼到乃法家重勢派之代表人物，其思想與道、儒、名三家皆有關。……愼到之學，法家而雜糅道、名、儒三家。岷頗疑其由道家轉入法家，《莊子・天下》篇述其學大都與道家有關，司馬遷亦稱其『學黃、老道德之術』。可證也。荀子謂其『蔽於法』，《漢書・藝文志》列愼到於法家。《韓非子・難勢》篇難愼到之重勢，後世遂以愼到爲法家重勢派之代表人物矣。據《群書治要》所載愼到遺著，則愼到實以法家而兼通道、儒、名三家之學。」〔註17〕

【出土文獻】

《愼子》出土文獻有上海博物館藏戰國楚竹書《愼子曰恭儉》，見《上海博物館藏戰國楚竹書（六）》（上海古籍出版社，2007 年版）。

《韓子》五十五篇。名非，韓諸公子，使秦，李斯害而殺之。

【存佚著錄】

今存，其篇目爲：〈初見秦第一〉、〈存韓第二〉、〈難言第三〉、〈愛臣第四〉、〈主道第五〉、〈有度第六〉、〈二柄第七〉、〈揚權第八〉、〈八姦第九〉、〈十過第十〉、〈孤憤第十一〉、〈說難第十二〉、〈和氏第十三〉、〈姦劫弒臣第十四〉、〈亡徵第十五〉、〈三守第十六〉、〈備內第十七〉、〈南面第十八〉、〈飾邪第十九〉、〈解老第二十〉、〈喻老第二十一〉、〈說林上第二十二〉、〈說林下第二十三〉、〈觀行第二十四〉、〈安危第二十五〉、〈守道第二十六〉、〈用人第二十七〉、〈功名第二十八〉、〈大體第二十九〉、〈內儲說上七術第三十〉、〈內儲說下六微第三十一〉、〈外儲說左上第三十二〉、〈外儲說左下第三十三〉、〈外儲說右上第三十四〉、〈外儲說右下第三十五〉、〈難一第三十六〉、〈難二第三十七〉、〈難三第三十八〉、〈難四第三十九〉、〈難勢第四十〉、〈問辯第四十一〉、〈問

〔註17〕 王叔岷：《先秦道法思想講稿》，中華書局，2007 年版，第 177～191 頁。

田第四十二〉、〈定法第四十三〉、〈說疑第四十四〉、〈詭使第四十五〉、〈六反第四十六〉、〈八說第四十七〉、〈八經第四十八〉、〈五蠹第四十九〉、〈顯學第五十〉、〈忠孝第五十一〉、〈人主第五十二〉、〈飭令第五十三〉、〈心度第五十四〉、〈制分第五十五〉。《隋書·經籍志》子部法家類著錄「《韓子》二十卷，目一卷」，《舊唐書·經籍志》、《新唐書·藝文志》、《宋史·藝文志》、《四庫全書總目》子部法家類著錄「《韓子》二十卷」。梁啓超（1873～1929）《漢書藝文志諸子略考釋》曰：「今存，凡十二卷，篇數同《漢志》。開卷〈初見秦〉一篇，據《戰國策》，乃范雎之辭，然則本書明有他人著作錯入矣。《史記》本傳稱『作〈孤憤〉、〈五蠹〉、〈內外儲說〉、〈說林〉、〈說難〉，十餘萬言』。雖所舉篇名未必盡，然今書爲後人附益者，諒亦非無之也。」

【作者情況】

《史記·老子韓非列傳》曰：「韓非者，韓之諸公子也。喜刑名法術之學，而其歸本於黃、老。非爲人口吃，不能道說，而善著書。與李斯俱事荀卿，斯自以爲不如非。非見韓之削弱，數以書諫韓王，韓王不能用。於是韓非疾治國不務修明其法制，執勢以御其臣下，富國強兵而以求人任賢，反舉浮淫之蠹而加之於功實之上。以爲儒者用文亂法，而俠者以武犯禁。寬則寵名譽之人，急則用介冑之士。今者所養非所用，所用非所養。悲廉直不容於邪枉之臣，觀往者得失之變，故作〈孤憤〉、〈五蠹〉、〈內外儲〉、〈說林〉、〈說難〉十餘萬言。然韓非知說之難，爲說難書甚具，終死於秦，不能自脫。……人或傳其書至秦。秦王見〈孤憤〉、〈五蠹〉之書，曰：『嗟乎，寡人得見此人與之遊，死不恨矣！』李斯曰：『此韓非之所著書也。』秦因急攻韓。韓王始不用非，及急，乃遣非使秦。秦王悅之，未信用。李斯、姚賈害之，毀之……秦王以爲然，下吏治非。李斯使人遺非藥，使自殺。韓非欲自陳，不得見。秦王後悔之，使人赦之，非已死矣。」《漢書·古今人表》列韓非於第四等中上。清梁玉繩（1744～1819）《人表考》曰：「韓非始見《秦策》。韓之諸公子，爲人口吃而善著書，與李斯俱事荀卿，亦曰韓子。李斯妒其才，遺藥使自殺，死雲陽。」

【校讎源流】

清盧文弨（1717～1795）《群書拾補》之〈韓非子敘錄〉曰：「是書有明馮舒己蒼據宋本、《道藏》本以校張鼎文本外，又有明凌瀛初本、黃策大字本，今並以校明神廟十年趙用賢二十卷全本，而以是者大書，其異同作小字注於

下。此書注乃元人何犿刪舊李瓚注而爲之者，亦甚略，且鄙謬者亦未刊去。」清顧廣圻（1766～1835）《思適齋集》卷九〈韓非子識誤序〉曰：「予之爲《韓子識誤》也，歲在乙丑，客於揚州太守陽城張古餘先生許，宋槧本，太守所借也，與予向所得述古堂影抄正同。第十四卷失第二葉，以影抄者補之，前人多稱《道藏》本，其實差有長於趙用賢刻本者耳，固遠不如宋槧也。宋槧首題『乾道改元中元日黃三八郎印』，亦頗有誤，通而論之，宋槧之誤，由乎未嘗校改，故誤之跡往往可尋也。而趙刻之誤，則由乎凡遇其不解者必校改之，於是而並宋槧之所不誤者，方且因此以至於誤，其宋槧之所誤，又僅苟且遷就，仍歸於誤，而徒使可尋之跡泯焉，豈不惜哉！予雖校數過，推求彌年，既窺得失，乃條列而識之，不可解者，未敢妄說。庚午在里中，友人王子渭爲之寫錄，間有所論，厥後攜諸行篋，隨加增定。甲戌以來，再客揚州，值全椒吳山尊學士知宋槧之善，重刊以行，復舉《識誤》附於末。竊惟智芥學短，曾何足云，庶後有能讀此書者將尋其跡，輒以不敏爲之先道也。」王叔岷（1914～2008）《韓非子斠證序》曰：「王先愼《韓非子集解》，搜輯舊詮，附益己見，勝義紛陳，頗便初學。惟其疏舛處，亦間有之。陶鴻慶《讀韓非子札記》二卷，所見已多溢出《集解》者。惜其立說，好憑臆斷，《韓子》舊觀，仍多未復。因據宋乾道本讎斠一過，匡謬拾遺，冀存其眞，好古之士，或有取焉。」

【真偽考辨】

　　王叔岷（1914～2008）《先秦道法思想講稿》曰：「《漢志》法家《韓子》五十五篇，《隋書·經籍志》同。今本亦五十五篇，乃後人有所附益彙集而成。如：〈初見秦〉，出於《戰國策·秦策一》，後人蓋有意補入，列爲《韓子》書之首篇。〈飭令〉，出於《商君書·靳令》。內容相似，亦不盡同。〈解老〉、〈喻老〉，〈韓非傳〉未涉及。然史公謂韓非之學『其歸本於黃、老』。是否與此二篇有關？或已見及此二篇與？二篇引老子之文，皆先引〈德經〉，後引〈道經〉。……則韓非之〈解老〉、〈喻老〉二篇，即非韓非所著，亦當成於秦、漢之際。」〔註18〕

【學術源流】

　　錢穆（1895～1990）《中國思想史》曰：「韓非是荀子學生，他書中屢次

〔註18〕　王叔岷：《先秦道法思想講稿》，中華書局，2007 年版，第 230 頁。

推揚老子。但韓非只接受了荀、老兩家之粗淺處，忽略了兩家之高深博大處。戰國思想，本來極活潑，極生動，因此也極複雜分歧。在孟子、莊子時代，已經感到有將此複雜分歧的思想界加以澄清整理之需要。一到荀子、老子時代，此種需要更迫切了。但無論孟、荀、莊、老，他們都站在全人類文化立場，以人群全體生活的理想為出發，而求此問題之解答，韓非的立場則太過狹窄，他的觀點也太過淺近，他只從統治階級的偏面利益來衡量此種紛歧複雜的思想界之是非，那自然要全無是處。荀子主『通統類，明百王之道貫』，老子主『執古之道以御今之有』，皆未嘗抹殺歷史。歷史之變，亦不能專就物質經濟生活一方面著眼，又更非統治階級一方面的事。韓非的意見，只注重在統治階層。而其論統治對象，又是只注重在經濟物質方面。至謂世事糾紛，僅恃嚴誅厚罰可以解決，更屬偏淺，韓非立論之最偏激者，尤在其論臣主之異利。韓非心中之政治，只是駕馭民眾。駕馭之道，則恃刑賞法術。……先秦學術思想，由韓非來做殿軍，那是中國思想史裏一黑影，一污點。」〔註19〕楊東蓴（1900～1979）《中國學術史講話》第二講〈學術思想的解放與分野〉曰：「韓非是法家的建立者。前此如管仲，申不害、商鞅、慎到的政治主張，雖近於法家，但是，他們只可算法理學者，並不曾樹立有體系的法治主義。至韓非出，始集前此諸子的大成，本於荀子與道家之言，而建立一學派。法家能成立一學派，與當時社會政治經濟的轉變很有關係。前此貴族政治賴以維繫主屬的關係的東西，就是禮。春秋戰國之世，此種政治，業已崩壞，而漸趨於集權的君主專制政治，並且，新有產階級勃興，以前備受壓迫的人民，漸次抬頭，而獲得獨立與自由，於是前此維繫主屬關係的禮，便不足以言治，而不得不尚法，觀管仲治齊，子產治鄭，即可想見。所以說法家的產生，是與當時社會政治經濟的轉變有關；而貴族之惡法家與秦皇之信法家，其原因也就從此可以明白了。」勞思光（1927～2012）《新編中國哲學史》曰：「韓非為荀卿之弟子，其思想受荀卿之影響者有三：第一，荀卿強調師法之改造作用，以為人成為何種人，悉恃由外所加之改造而定，故〈勸學篇〉中謂：『木受繩則直，金就礪則利。』韓非子受荀卿此種思想之影響，而更作推進，遂以為『改造』及『管制』為重於德性者。第二，荀卿又言「性惡」。此蓋因荀卿只識自然之性：不解德性自覺而然，其說在論荀學時已詳言之。韓子則承荀卿性惡之說而更作推進，認為人之本性皆只知計較利害，無善惡之意識。

〔註19〕錢穆：《中國思想史》，九州出版社，2012年版，第77～82頁。

篇〉云：『且父母之於子也，產男則相賀，產女則殺之。此俱出父母之懷妊，
然男子受賀，女子殺之者，慮其後便，計之長利也。故父母之於子女，猶用
計算之心以相待也，而況無父子之澤乎？』此段表面雖是只涉及人與人間之
利害觀點，實即韓子對人性之看法。韓子以爲，人只知爭利害，既不能有德
性，亦不能相愛；兼駁墨子及孟子之學說，可謂性惡論之極端形態矣。第
三，荀子思想中，價值論最爲失敗；價值根源內不歸於心，外不歸於天，故
終以權威主義爲歸宿。韓子一面將性惡論推至極致，另一面則承權威主義之
思想，否定一切價值，而只肯定一君權。『二柄』供人主之用，法術亦僅爲人
主所需。故韓非子學說中之唯一肯定即爲君權或人主之利，而此中之權威主
義色彩又濃於荀卿多多。」〔註20〕楊國榮《中國哲學史》曰：「相對於荀子對
整個先秦諸子哲學的總結，韓非更多地表現爲對法家思想的綜合。從思想淵
源看，作爲先秦哲學的總結者，荀子的哲學也滲入了包括法家在內的其他學
派的思想，韓非則較多地展開了其中涉及的法家思想。……韓非集法家哲學
之大成，建立了一套完整的法家哲爲法家的政治理論進行了系統的辯護和論
證。」〔註21〕

【學術大旨】

　　《史記・老子韓非列傳》裴駰《集解》引《新序》曰：「申子之書，言人
主當執術無刑，因循以督責臣下，其責深刻，故號曰術。商鞅所爲書，號曰
法。皆曰刑名，故號曰刑名法術之書。」司馬貞《索隱》曰：「劉氏云：『黃
老之法，不尙繁華，清簡無爲，君臣自正。韓非之論，詆駁浮淫，法制無私，
而名實相稱。故曰歸於黃老。』斯未爲得其本旨。今按：韓子書有〈解老〉、
〈喻老〉二篇，是大抵亦崇黃老之學也。」宋晁公武（1105～1180）《郡齋讀
書志》卷十一曰：「書凡五十五篇，其極刻覈，無誠悃。謂夫婦父子舉不足相
信。而有〈解老〉、〈喻老〉篇。故太史公以爲大要皆原於道德之意。夫老子
之言高矣，世皆怪其流裔何至於是。殊不知老子之書，有『將欲歙之。必固
張之；將欲弱之，必固強之；將欲廢之，必固興之；將欲奪之，必固與之』，
及『欲上人者，必以其言下之；欲先人者，必以其身後之』之言，乃詐也。
此所以一傳而爲非歟？」宋高似孫（1158～1231）《子略》卷三曰：「今讀其書，

〔註20〕　勞思光：《新編中國哲學史》，廣西師範大學出版社，2005 年版，第 269～271
　　　　頁。
〔註21〕　楊國榮：《中國哲學史》，中國人民大學出版社，2012 年版，第 98 頁。

往往尙法，以神其用。薄仁義，屬刑名，背《詩》、《書》，課名實，心術辭旨皆商鞅、李斯治秦之法。而非又欲凌跨之。此始皇之所投合，而李斯之所忌者。非迄坐是爲斯所殺，而奉即以亡，固不待始皇之用其言也。〈說難〉一篇，殊爲切於事情者。惟其切切於求售，是以先爲之說，而後說於人。亦庶幾萬一焉耳。太史公以其說之難也，固嘗悲之。太史公之所以悲之者，抑亦有所感慨焉，而後發歟？嗚呼！士生不遇，視時以趨，使其盡遇，固無足道。而況〈說難〉、〈孤憤〉之作，有如非之不遇者乎？揚雄氏曰：秦之士賤而拘。信哉！」宋黃震（1213～1281）《黃氏日鈔》卷五十五《韓非子》曰：「韓非盡斥堯、舜、湯、武、孔子，凡先王之道爲亂，而兼取申不害、商鞅法術之說，加深刻焉。至謂妻子亦害己者，而不可信，蓋自謂獨智，足舞一世矣。然以疏遠，一旦說人之國，乃欲其主首去貴近，誰將汝容耶？送死秦獄，愚莫與比。何物惡氣鍾此醜類？老聃氏自全自利，一切無情之流弊，亦詎料至此。嘻，亦可悲矣！然觀其書，猶有足警後世之惑者。方是時，先王道熄，處士橫議，往往故爲無稽寓言，以相戲劇，彼其爲是言者，亦未嘗自謂眞有是事也。後世襲取其餘而神之，流俗因信以爲眞，而異端之說遂至禍天下，奈何韓非之辨具在，而不察耶？」明宋濂（1310～1381）《文憲集》卷二十七〈諸子辯〉曰：「非，慘礉人也。君臣父子夫婦之間，一任以法。其視仁義蔑如也。法之所及，雖刀鋸日加，不以爲寡恩也。其無忌憚，至謂孔子未知孝悌忠信之道，謂賢堯、舜、湯、武乃天下亂術，謂父有賢子，君有賢臣，適足以爲害。謂人君藏術胸中，以倡眾端，而潛御群臣。噫，是何書歟？是何言歟？是亦足以殺其身矣。」清徐昂發《畏壘筆記》卷四「韓非子」條曰：「韓非祖述申、商，其言曰：『今世皆曰尊主安國者必以仁義智慧，而不知卑主危國者之必以仁義智慧也。博習辨智如孔、墨，孔、墨不耕耨則國何得焉？修孝寡欲如曾、史，曾、史不戰攻，則國何利焉？』又曰：『亂國之俗，其學者則稱先王之道，以藉仁義，盛容服而飾辨說，以疑當世之法，而貳人主之心，故以爲五蠹之首。』至以爲明主之國，無書簡之文，以法爲教；無先生之語，以吏爲師。後李斯竟襲用其說，以亡秦，使非而得志，則燔書阬儒者，必非也，何獨罪李斯哉？」清陳祖範（1676～1754）《司業文集》卷一〈讀韓非子〉曰：「吳師道《國策校注序》云：『世之小人，固有未嘗知是書，而其心術、行事無不合者。』吾於《韓非子》亦云。世主惟昏愚孱弱者，則否耳。苟號爲英明剛斷者，率其私心，挾數任術，鮮不與非之言暗合，所謂申、韓之學，

故其揭明公德，雖足以救儒家之弊，而自君主以外，無所謂自由；且爲君主者以術馭吏，以刑齊民，日以心鬥，以爲社會謀旦夕之平和。然外界之平和，雖若可以強制，而內界之俶擾益甚。秦用其說，而民不聊生，所謂萬能之君主，亦卒無以自全其身家，非偶然也。故韓非子之說，雖有可取，而其根本主義，則直不容於倫理界者也。」孫德謙（1869～1935）《諸子通考》卷三曰：「法家派別，余於前篇已詳言之，而其相通之理則學者又不可不知也。太史公以申、韓二子合老、莊爲一傳，並爲之說曰：『申子之學本於黃老，而主刑名。』『韓非者，韓之諸公子，喜刑名法術之學，而其歸本於黃老。』則法家皆通於道矣。申子書已亡，《韓非子》不有〈解老〉、〈喻老〉兩篇乎？其爲《老子》作注，是非固深於《老子》者也。」劉咸炘（1896～1932）《子疏》卷下〈法家第八〉論韓非學問之變曰：「非之術蓋多變矣。初學於荀卿，必不如是也。觀《外儲》引孔子盂圓水圓之說，是荀卿所述（〈君道〉），而非聞之者也。乃以孔爲不知，其背師明矣。繼而學於黃老，故書常稱引道家鄭長者說（〈外儲說右〉）。〈解老〉一篇，義頗純正，與後世誤解而詆老者大殊，雖亦有淺陋誤解，固不害也。其言寧有與其所謂法術相合者邪？此其所學而非所執也。又繼乃爲管、愼、申之說，故〈主道〉二篇，純爲申義，〈現行〉以下諸篇，雜愼、申之說，其說皆與其後之說相反，如〈安危〉言有信無詐，而〈外儲說左下〉則言恃勢恃術而不恃信矣。〈難三〉篇駁管予賞罰信於所見，不求所不見之說，以爲好說在所見，則群下必飾奸罔君矣。〈用人〉篇詳中子治不逾官之說，〈難三〉篇亦申之，而〈定法〉篇則謂治不逾官爲非矣。是皆後益深刻之之驗也。且不獨於前人之說也，〈內儲說〉戒兩用，而〈難一〉篇則言有術不患兩用；〈難四〉篇皆自難而自駁，則其自爲之說亦駁之矣。大氐其初雜申、愼語，尚有純者，如〈功名〉篇稱堯舜，〈有度〉篇言先王，皆管、愼、申之所同；其後之自爲說者，大氐宗商而兼愼，用申之術而去其無爲自然法之說，純爲嚴刑立法密術察奸矣。極詆私行私意，以尊公功，尊主威，則商鞅之本旨也。故韓非子之於商極近，而於申稍遠焉。」呂思勉（1884～1957）《經子解題·韓子》：「刑名法術，世每連稱，不加分別，其實非也。刑名之刑，本當作形，形者，謂事物之實狀，名則就事物之實狀，加以稱謂之謂也。凡言理者，名實相應則是，名實不相應則非；言治者名實相應則治，不相應則亂；就通常之言論，察其名實是否相應，以求知識之精確，是爲名家之學。操是術以用諸政治，以綜覈名實，則法家之學也。故形名二字，實爲名法家

所共審；而名法二字，亦可連稱。法術二字，自廣義言之，法蓋可以該術，故治是學者，但稱法家。若分別言之，則仍各有其義。法者，所以治民；術者，所以治治民之人。言法者宗商君，言術者祖申子。見本書〈定法〉篇。法家之學，世多以刻薄訾之。其實當東周之世，競爭既烈，求存其國，固不得不以嚴肅之法，整齊其民。且後世政治，放任既久；君主之威權，不能逮下；民俗亦日益澆漓。故往往法令滋章，則奸詐益甚；國家愈多所興作，官吏亦愈可藉以虐民。在古代國小民寡、風氣淳樸之時，固不如是。天下無政治則已，既有政治，即不能無治人者與治於人者之分；然同是人也，治於人者固須治，豈得謂治人者，即皆自善而無待於治；今世界各國，莫不以治人者別成一階級爲患。其所謂利，上不與國合，下不與民同。行去之議會，亦未嘗不然。世界之紛擾，由於治於人者之蠢愚者，固不能免；出於治人者之狡詐昏愚，嗜利無恥者，殆有甚焉。術家之言，固猶不可不深長思也。《韓非》謂言法者宗商君，言術者祖申子。今《申子書》已不傳。世所傳《商君書》，雖未必僞，然偏激太甚，而精義顧少，遠不逮《管》、《韓》二書。道、法二家，關係最切。原本道德之論，《管子》最精；發揮法術之義，《韓非》尤切。二書實名法家之大宗也。」郭沫若（1892～1978）《十批判書‧韓非子的批判》曰：「韓非子，根據漢人的分類法，是屬於所謂『法家』的，但嚴格地說時，應該稱爲『法術家』。在秦以前，法與術有別，《韓非》書〈定法〉篇言『申不害言術，而公孫鞅爲法』，韓非則兼而言之。故可以說申子是術家，商君是法家，韓非子是法術家。……法就是有成文的國法，是官吏據以統治老百姓的條規；術就是手段，是人君駕馭臣民的權變，也就是所謂『君人南面之術』。韓非在言法的一方面大體上是祖述商鞅，在全書中稱道商鞅的地方很多……明法令、設刑賞以獎勵耕戰，獎勵耕戰以富國強兵，這是商君變法的精神。商君這位政治家是乘著時代潮流的國家主義者。但韓非不十分滿意他。他所不滿意商君的有二點：第一是言法有未盡……不滿足商君的第二點呢，是說他言法而不言術，便是有利於國而不專利於君。……而商君言法不言術，以國家爲本位而不以君主爲本位，採取責任內閣而不主張君主專制，從這節的批評中，明白地可以看出。故商君與韓非雖同被列於法家，而兩人畢竟是大有不同的。其在申子便有『術』的提出，這其實是倡導於道家，老聃發其源，而申不害擅其用。韓非子的本家無寧是這一派。韓非子與申不害同是韓國人，年代雖不相及，而韓非的幼年應該是呼吸在申不害所遺留下的空氣裏面，這

不能不使他受著根本的影響。《韓非》書中屢次引用申子，正表明其衣缽相承，但韓非也是不滿意於申子的。他批評申子也有兩點：第一是申子言術而不定法……第二點是言術而術有未盡……根據以上所舉的批評，可知韓非確是把申子與商君二人綜合了，而且更向前推進了一大段。這綜合倒並不限於申子與商君，如從淵源上來說，應該是道家與儒家。而在行程的推進上則參加有墨法。法家導源於儒，商君的主張耕戰其實也就是孔子的『足食足兵』，而法與禮在本質上也並沒有多麼大的差別。術家導源於老，在下面當得更加申述。韓非把這兩家綜合了起來，向他所主張的絕對君權上去使用。絕對君權的主張已經就是墨子『尚同』的主張，所謂『一同天下之義』；『上之所是亦必是之，上之所非亦必非之』；『上同而下不比』。而『以一國目視』，『以一國耳聽』的多設耳目之辦法，更是墨子所發明的。……韓非個人在思想上的成就，最重要的似乎就在把老子的形而上觀，接上了墨子的政治獨裁的這一點。他把墨子的尊天明鬼，兼愛尚賢，揚棄了，而特別把尚同、非命、非樂、非儒的一部分發展到了極端。非命是主張強力疾作的，《韓非》全書是對於力的謳歌。……然而韓非思想，在道家有其淵源，在儒家有其瓜葛，自漢以來早為學者所公認，而與墨家通了婚姻的一點，卻差不多從未被人注意。而其實就在較小的節目上，他和墨家的婚姻關係，我們都可以尋檢得出的。……老子毫無疑問是韓非思想的源泉，但也並不是唯一的源泉。韓非在先秦諸子中為最後起，他的思想中攝收有各家的成分，無論是作為親人而坦懷地順受，或作為敵人而無情地逆擊。對於老子思想雖然也逆擊了它，而主要的還是順受的成分為多。對於儒家的態度便是兩樣，那主要的是無情的逆擊，而只走私般地順受了一些。韓非攻擊儒家的態度在先秦諸子中恐怕要算是最猛烈的。雖然我們知道原始法家出於儒，但他對此並不曾感謝。……韓非無疑是荀卿的叛逆徒了。大約古時候研究學問的人也是有兩種態度的，一種是為學習而研究，另一種是為反對而研究。或者韓非的研究儒家，師事荀子，也正如我們之研究敵情，法官之研究罪犯那樣吧。韓非對於儒家的理論很有研究是毫無問題的，他所抱的是全面反攻的態度，務必要屠其徒，火其書而後快。凡是儒家的東西差不多沒有一樣不受嚴厲的反對。」〔註22〕劉咸炘（1896～1932）《子疏》定本卷下〈法家第八〉曰：「世皆讀韓非書，不知其書非非一人之旨也。皆以與申、商並稱，不知其同而有異也。皆謂法家出於道家，不知自道

〔註22〕 郭沫若：《十批判書》，人民出版社，2012 年版，第 264～281 頁。

法家理論之出現，不代表一新哲學系統之產生，而實表示先秦哲學之死亡。由此，有人遂以爲韓子之說既非眞哲學理論，僅爲權術之言，則中國哲學史中盡可不涉及其人其書。此語似是而實非。蓋韓子之價値觀念，乃一純否定之觀念。純否定之出現，對文化精神而言，其重要性實不下於任何肯定。且純否定本身即涉及哲學之根本問題。例如，強調某種價値，固可形成一肯定性之價値論，足列爲哲學成績之一部，但若根本否定一切價値，則是對哲學上價値論之取消。此一『取消』本身即涉及一極重要之哲學問題。蓋認爲如何如何條件下方有『價値』成立，固是一哲學論斷；而認爲價値根本不能成立，則更涉及一根本哲學問題。故韓非子之純否定本身仍屬涉及哲學大問題者，且就歷史影響而論，此種法家思想道生秦之統一，在中國文化精神之進程中，實有劃時代之作用。則中國哲學史既以研究中國哲學之歷史進程爲課題，對此一劃時代之歷史巨變，豈能不析論之？韓非思想以對價値之純否定觀念爲其特色。不唯在先秦諸家中，更無類此之思想，且就世界哲學史觀之，除西方近代之功利主義外，亦更無與此思想類似之說。此乃學者首須詳辨之事。」〔註24〕又曰：「法家與道家之關係，自漢以來，皆視爲當然。《史記》不唯以老、莊、申、韓合傳，且傳文中時時明言法家思想出於道家，例如，〈申不害列傳〉云：『申子之學，本於黃老，而主刑名。』〈韓非列傳〉云：『喜刑名法術之學，而其歸本於黃老。』〈孟子荀卿列傳〉云：『愼到，趙人；田駢、接子，齊人；環淵，楚人；皆學黃老道德之術。』而《漢書・藝文志》列《愼子》四十二篇於法家，舊注謂：『名到，先申、韓，申、韓稱之。』今考《韓非子》書，亦確引愼子之語。依此，則申子與韓非，皆以『黃老之術』爲本；而申韓所稱之愼到，又爲學黃老道德之術者。似法家人物，無不學黃老之術。足見，至少在漢代人眼中，法家實出於道家。然今日吾人細察韓非之思想，則知法家之基本立場，與道家相去殊遠。道家『重生』，輕得失，法家之韓非則一味爲建立有力統治著想；道家言『無爲』之義，法家之韓非則全心信賴法術賞罰之運用。其基源問題既殊，價値觀亦異。老莊均重視循環變化之理，以『靜觀之智慧』爲價値；韓非子則只以有利於統治爲唯一價値。此亦不待辯者。然法家與道家，亦非無關係。此關係即在於法家者流盜取道家之『靜觀之智慧』，以爲統治技術之助。申子、愼到之書，固不可考矣。韓非子有〈解老〉、〈喩老〉之文，而其說則唯取其技術意義之智，不取其價値肯定，此則

〔註24〕 勞思光：《新編中國哲學史》，廣西師範大學出版社，2005 年版，第 269 頁。

顯然可見。因此，道家之『無爲』，在法家學說中轉爲御下之術；道家之智慧，
在韓非子思想中轉爲陰謀。總之，法家一切皆爲統治，而道家之說雖被其利
用，基本精神則不相容。苟吾人取《老子》書中涉及智術之言爲據，而謂老
子學說之流弊表現於法家，亦屬可通。然法家之於道家，亦如法家之於儒家，
雖受影響，所趨實不同。總之，韓非子之思想，生於性惡之論，又雜取道家
之言，而與荀卿之關係尤深。至道家之本義，則亦爲韓子所不能接受者。蓋
韓子僅利用道家之『智』以補成其術，非果循道家之價值觀念而立說者。除
儒、道之學說外，對韓非思想有影響者，尚有墨家。……韓子學說中之權威
主義取自墨子，但墨子之功利主義則未爲韓子所瞭解。墨子言利，意在解除
人民之痛苦；韓子言利，則僅指統治者之利。」〔註 25〕韋政通《先秦七大哲
學家》曰：「韓非在中國哲學史上，是被誤解最多的哲學家之一，導致誤解的
主要原因，在韓非的思想處處與孔、孟所代表之儒家相悖。唐、宋以降，由
於孔、孟所代表的儒家，取得歷史正統的地位，韓非的思想遂被視爲異端邪
說。明代的趙用賢，是比較能瞭解韓非思想的，他仍不免說：『非子書，大抵
薄仁義，屬刑禁，盡斥堯、舜、禹、湯、孔，而兼取申、商慘刻之說，其言
恢詭叛道，無足多取。』這話頗能代表唐、宋以來儒者一般的看法。韓非薄
仁義、黜賢良，視萬民若芻狗，確是他思想中的大問題，但不能因此抹殺他
在政治哲學方面的偉大成就，更不可無視他對歷代政術的深遠影響。就政治
學的成就，以及對歷代政治影響這兩點看，韓非的地位，足可與被西方尊爲
『政治學之父』的馬基雅弗利相媲美。」〔註 26〕韋政通《中國思想史》第十
章〈韓非子〉曰：「道家對周文的傳統，已有嚴重的疏離，但它嚮往原始的文
明社會，是要以早期的文明代替後期的文明，因道家認爲文明愈發展，對人
類自然的本性斲喪愈大。墨家非禮又非樂，但對天神和先王傳統卻深信不疑。
在先秦各家中，對原始的宗教傳統和周文傳統採取徹底否定態度的是法家，
尤其對後者，法家演進的動力之一，就在向周文傳統不斷地爭鬥，其中的關
鍵，是欲以新法代替舊禮。禮代表儒家人文運動的核心之一，代表變法運動
的法家，自始至終一直與人文運動立於完全對立的地位。」〔註 27〕今按：商

〔註 25〕　勞思光：《新編中國哲學史》，廣西師範大學出版社，2005 年版，第 271～272
　　　　　頁。今按：韓非實爲帝王學之祖、厚黑學之父，其術自秦以降無不奉爲帝王
　　　　　術之法寶。
〔註 26〕　韋政通：《先秦七大哲學家》，江蘇教育出版社，2006 年版，第 155 頁。
〔註 27〕　韋政通：《中國思想史》，上海書店出版社，2003 年版，第 245 頁。

鞅被車裂，李斯遭肢解，韓非因囚而亡，法家的命運爲何多以悲劇結束？恐怕與儒法之間的禮法之爭有很大的關係。

《游棣子》一篇。（師古曰：「棣音徒計反。」）

【存佚著錄】

今亡佚。《隋書・經籍志》、《舊唐書・經籍志》、《新唐書・藝文志》皆不著錄，早已亡佚。

【作者情況】

清沈欽韓（1775～1831）《漢書藝文志疏證》卷二曰：「《晁錯傳》『與洛陽宋孟及劉帶同師軹張恢生』，此『游棣』與『劉帶』聲同。」然張舜徽（1911～1992）《漢書藝文志通釋》卷三駁之曰：「此二人姓名俱異，不可視爲一人。且《史記・晁錯傳》作劉禮，沈氏據《漢書》耳。」清姚振宗（1842～1906）《漢書藝文志條理》卷二曰：「鄭樵《氏族略》：『游棣氏，不詳其本系。』《英賢傳》：『游棣子著書一篇，言法家事。』（按：孫氏星衍輯《元和姓纂》云：『補祿子著書一篇，言法家事。』今考《氏族略》，蓋補祿子與遊棣子因上下文而寫誤也。）鄧名世《古今姓氏書辯證》：《漢・藝文志》法家有《游棣子》一篇。師古曰：『棣音徒計反。』案：師古不言姓游棣，恐姓游名棣也，如韓非、鄧析子然。」

《鼂錯》三十一篇。

【存佚著錄】

今亡佚。又稱《晁氏新書》，《隋書・經籍志》子部法家類著錄「梁有《朝氏新書》三卷，漢御史大夫晁錯撰，亡。」《舊唐書・經籍志》子部法家類著錄「《晁氏新書》三卷」，《新唐書・藝文志》著錄「《晁氏新書》七卷」，然《宋史・藝文志》已不著錄，當亡於宋代。梁啓超（1873～1929）《漢書藝文志諸子略考釋》曰：「《文選注》、《太平御覽》皆引《朝子》或《朝錯新書》，知錯書宋初猶存也。」

《晁錯》之輯本有二種：其一爲嚴可均所輯《晁錯》，見《全漢文》卷十八；其二爲馬國翰所輯《晁氏新書》一卷，見《玉函山房輯佚書》子編法家

類，馬國翰序曰：「馬總《意林》載『三卷』，僅錄三節。《文選注》、《太平御覽》引四節，或作《朝子》，佚文可見者僅此。考錯本傳載其上言對策凡五篇，又云：『言宜削諸侯事及法令可更定者，書凡三十篇。』則五篇皆《新書》中文可知，並輯錄之。班孟堅於《錯傳》贊曰：『晁錯銳於爲國遠慮，而不見身害。其父睹之，經於溝瀆，亡益救敗，不如趙母捐舍，以全其宗。悲夫！錯雖不終，世哀其忠。故論其施行之語著於篇。』此編猶是志也。」孫啓治等曰：「《漢書》本傳載錯上言、對策，馬國翰謂當屬《新書》之文，據以採得五篇，並從《意林》、《文選》李善注、《太平御覽》等採得佚文八節，歸爲雜篇附後。嚴可均所輯未採本傳上書言太子事一篇及《意林》等所引八節，唯別從《漢書》〈食貨志〉、〈吳王濞傳〉採得錯進言文帝、景帝之文五節，則爲馬本所無。」〔註28〕

【作者情況】

　　《史記‧袁盎晁錯列傳》：「晁錯者，潁川人也。學申商刑名於軹張恢先所，與雒陽宋孟及劉禮同師。以文學爲太常掌故。錯爲人陗直刻深。孝文帝時，天下無治《尚書》者，獨聞濟南伏生故秦博士，治《尚書》，年九十餘，老不可徵，乃詔太常使人往受之。太常遣錯受《尚書》伏生所。還，因上便宜事，以《書》稱說。詔以爲太子舍人、門大夫、家令。以其辯得倖太子，太子家號曰『智囊』。數上書孝文時，言削諸侯事，及法令可更定者。書數十上，孝文不聽，然奇其材，遷爲中大夫。當是時，太子善錯計策，袁盎諸大功臣多不好錯。景帝即位，以錯爲內史。錯常數請間言事，輒聽，寵幸傾九卿，法令多所更定。丞相申屠嘉心弗便，力未有以傷。內史府居太上廟壖中，門東出，不便，錯乃穿兩門南出，鑿廟壖垣。丞相嘉聞，大怒，欲因此過爲奏請誅錯。錯聞之，即夜請間，具爲上言之。丞相奏事，因言錯擅鑿廟垣爲門，請下廷尉誅。上曰：『此非廟垣，乃壖中垣，不致於法。』丞相謝。罷朝，怒謂長史曰：『吾當先斬以聞，乃先請，爲兒所賣，固誤。』丞相遂發病死。錯以此愈貴。遷爲御史大夫，請諸侯之罪過，削其地，收其枝郡。奏上，上令公卿列侯宗室集議，莫敢難，獨竇嬰爭之，由此與錯有卻。錯所更令三十章，諸侯皆喧譁疾晁錯。錯父聞之，從潁川來……遂飲藥死……死十餘日，吳楚七國果反，以誅錯爲名。及竇嬰、袁盎進說，上令晁錯衣朝衣斬東市。」

〔註28〕　孫啓治、陳建華：《中國古佚書輯本目錄解題》，上海古籍出版社，2009 年版，第 244 頁。

《漢書》亦有〈爰盎晁錯傳〉，可參看。

【學術源流】

宋王應麟（1223～1296）《漢藝文志考證》卷六曰：「錯學申、商刑名於軹張恢生所，與洛陽宋孟及劉帶同師。呂氏曰：『申、商之學，亦世有傳授。』……《文選・賓戲》注引《晁錯新書》。太史公曰：『賈生、晁錯明申、商。』（蘇氏曰：『錯不足道也，而誼亦爲之。』）」《御覽》九百四十四引《朝子》曰：「以火去蛾蛾愈多，以魚毆蠅蠅愈至。」清沈欽韓（1775～1831）《漢書疏證》卷二十五曰：「《文選注》二十六朝子曰：『工商遊食之民少而名卑。』又四十五《賓戲》引《晁錯新書》曰：『臣聞帝王之道，包之如海，養之如春。』《御覽》九百四十四引《晁子》曰：『以火去蛾蛾愈多，以魚毆蠅蠅愈至。』」清姚振宗（1842～1906）《漢書藝文志條理》卷二引《黃氏日鈔》曰：「晁錯，孟子所謂盆成括之流。且其言兵事、徙民實塞等議，蔚有文華。至〈賢良策〉則絕無義理。蓋小小計數則可，奉大對非所長也。文帝賜民田租，卻自入粟一事始，不爲無補於漢。」張舜徽（1911～1992）《漢書藝文志通釋》卷三曰：「《史記・晁錯傳》言錯『數上書，孝文時，言削諸侯事及法令可更定者，書數十上。孝文不聽，然奇其材』。又言『錯所更令三十章，諸侯皆喧嘩』。《漢書》本傳則云：『錯又言宜削諸侯事，及法今可更定者，書凡三十篇。孝文雖不盡聽，然奇其材。』《漢書》所云『書凡三十篇』，即《史記》所言『書數十上』也。此所謂『書』，乃指當時上之於朝之章奏，故《史記》直作『三十章』。與《漢志》著錄之三十一篇書，似非一物。《史記》稱錯『學申商刑名於軹張恢先所』。則其於法家之學，素養自深。法家主於因時立法，因事制禮。錯亦敢於昌言變易舊制，卒致吳楚七國之反，身死東市。古之法家，若商鞅、李斯，莫不以身殉道，乃事之常，無足怪者。史公竟以『變古亂常，不死則亡』譏錯，豈知言哉！」

《燕十事》十篇。不知作者。

【存佚著錄】

今亡佚。《隋書・經籍志》、《舊唐書・經籍志》、《新唐書・藝文志》皆不著錄，早已亡佚。

【學術大旨】

清沈欽韓（1775～1831）《漢書藝文志疏證》卷二曰：「《燕十事》疑是燕王定國獄事。」

《法家言》二篇。不知作者。

【存佚著錄】

今亡佚。《隋書・經籍志》、《舊唐書・經籍志》、《新唐書・藝文志》皆不著錄，早已亡佚。

【學術大旨】

清姚振宗（1842～1906）《漢書藝文志條理》卷二曰：「此兩家皆以無撰人時代可紀，故次之於末簡。《法家言》二篇，則亦如儒家、道家、陰陽家之例。」張舜徽（1911～1992）《漢書藝文志通釋》卷三曰：「此乃爲法家之學者，撮抄群書之善言而成。與儒、道、陰陽諸家同例。」

右法十家，二百一十七篇。

【家篇數目】

清姚振宗（1842～1906）《漢書藝文志條理》卷二曰：「此篇家數、篇數並不誤。」張舜徽（1911～1992）《漢書藝文志通釋》卷三曰：「今計家數篇數，悉與此合。」

法家者流，蓋出於理官，信賞必罰，以輔禮制。《易》曰「先王以明罰飭法」，（師古曰：「《噬嗑》之《象辭》也。飭，整也，讀與敕同。」）此其所長也。及刻者爲之，則無教化，去仁愛，專任刑法而欲以致治，至於殘害至親，傷恩薄厚。（師古曰：「薄厚者，變厚爲薄。」）

【學術源流】

《史記・太史公自序》載司馬談論六家要指曰：「法家嚴而少恩，然其正君臣上下之分，不可改矣。……法家不別親疏，不殊貴賤，一斷於法，則親親尊尊之恩絕矣。可以行一時之計，而不可長用也，故曰嚴而少恩。若尊主卑臣，明分職不得相逾越，雖百家弗能改也。」今按：張舜徽（1911～1992）

《漢書藝文志通釋》卷三謂司馬談所論，「可與《漢志》之言相互發明」。高華平《先秦諸子與楚國諸子學》亦曰：「比較司馬談和班固二人對法家的論述，二者各有側重，但也有相同點，即他們似乎都是從禮與法的關係上來界定法家的。司馬談《論六家之要指》所謂『法家不別親疏，不殊貴賤，一斷於法』，既是說法家把周禮『親親尊尊』的禮制完全廢除了，一切以『法』來決斷；而他肯定法家之所長——『尊主卑臣，明分職不得相踰越』云云，其實也就是說法家符合禮制中的君尊臣卑之義。同樣，《漢書‧藝文志》中所謂『信賞必罰』和『無教化，去仁愛，專任刑法而欲以致治，至於殘害至親，傷恩薄厚』云云，實際上也是就其中禮與法的關係而言的。在班固看來，「信賞必罰」之所以值得肯定，乃因爲它可以『以輔禮制』；而所謂『無教化，去仁愛，專任刑法而欲以致治，至於殘害至傷恩薄厚』云云，之所以被認爲是『刻者爲之』而應該予以否定，說到底也只是因爲它踐踏了禮所規定的『親親尊尊』的原則，把原本只嚴格限定於庶人的刑法加之於士大夫的頭上了。」〔註29〕

《文子‧道原》：「夫法刻刑誅者，非帝王之業也；箠策繁用者，非致遠之御也。」（《淮南子‧原道》略同）

《新論‧九流》曰：「法者，慎到、李悝、韓非、商鞅之類也。其術在於明罰，討陣整法，誘善懲惡，俾順軌度，以爲治本。然而薄者，削仁廢義，專任刑法，風俗刻薄，嚴而少恩也。」

《隋書‧經籍志》曰：「法者，人君所以禁淫慝，齊不軌，而輔於治者也。《易》著先王明罰飭法，《書》美明於五刑，以弼五教。《周官》司寇掌建國之三典，以佐王刑邦國，詰四方；司刑以五刑之法，麗萬民之罪是也。刻者爲之，則杜哀矜，絕仁愛；欲以威劫爲化，殘忍爲治，乃至傷恩害親。」

《崇文總目‧法家類敍》曰：「法家者流，以法繩天下，使一本於其術。商君、申、韓之徒，乃推而大之，挾其說以干世主。至其尊君抑臣，辨職分，輔禮制，於王治不爲無益。然或狃細苛，持深刻，不可不察者也。」

宋蘇軾（1037～1101）《蘇軾詩集》卷十八〈過泗上喜見張嘉父二首〉施注：「張嘉父，名大亨，吳興人。登元豐八年第，治《春秋》學。以書問於先生。答之曰：『此書自有妙用，學者罕能領會，多求之繩約中。乃近法家者流，

〔註29〕 高華平：《先秦諸子與楚國諸子學》，北京師範大學出版社，2016年版，第182～183頁。

惟丘明識其用，終不肯盡談，微見端兆，欲使學者自得之，故僕以爲難，未敢輕論也。』」宋蘇籀《欒城遺言》卷一亦曰：「公少年與坡公治《春秋》，公嘗作論明聖人喜怒好惡，譏《公》、《穀》以日月土地爲訓，其說固自得之。元祐間後進如張大亨嘉父亦攻此學，大亨以問坡，坡答書云：『《春秋》儒者本務，然此書有妙用。學者罕能領會，多求之繩約中，乃近法家者流，苛細繳繞，竟亦何用？惟丘明識其用，終不肯盡談微見端兆，欲使學者自求之，故僕以爲難，未敢輕論也。』」

宋洪適（1117～1184）《盤洲集》卷二十三〈洪葳大理司直制〉曰：「法家者流，或用刑定罪，安忍深刻，失先王仁恕之意。司其直，非儒者，安歸乎？爾名父之子，顓門擅業，往踐其官，必能以古義決疑獄也。」

宋黃度《尙書說》卷一曰：「至後世法家者流嚴而少恩，蓋以爲不如是，則無以正君臣上下之分，於是威劫而勢壓之，不得意則殺戮殄滅，使不敢喘，民始疾視其上，上下愈隔絕，不可合眾，非元后何戴，天下豈容有兩統哉？」

宋陸游（1125～1210）《渭南文集》卷七〈刪定官供職謝啓〉曰：「拔茅以徵冒，處清流之末，及　而往，曾無累月之淹。恩重如山，感深至骨。伏以刑措不用，邈矣成康之隆。法家者流肆於秦漢之際，以吏爲師，而先王之澤熄，以律爲書，而聖人之道微。是以鄙夫深文而不知還，儒者高談而靡適用。惟我國家之制克合古今之宜，置局而總以弼臣，拔材而列之官屬，必有遠關盛衰之法，以授有司，故非深達體要之人，不預此選，豈容懜甚亦在數中。茲蓋伏遇某官學極誠明，才全經緯道樞，善應萬變，不外於吾心仁風遠翔，庶物悉陶於和氣，矜憐墜緒，收拾遺材，致茲流落之餘，被此生成之賜，某敢不討尋廢忘，激勵懦庸，念彼三尺法安出哉，要必通於古誼，否則一獄吏所決耳，尙冀取於諸生，冀收毫髮之勞，庶逃俯仰之媿。」

宋陳亮（1143～1194）《龍川文集》卷四曰：「肉刑之興，說者以爲起於苗民，而堯參取而用之，報虐以威，蓋將以戒小人，而非出於聖人之本心也。故舜多爲之塗，以出民於刑，只以施諸怙終者。而穆王之訓刑爲尤詳，然則雖聖人欲去之久矣，安在其爲孝文姑息之仁也。而世儒之道古者，必以爲井田、封建、肉刑皆聖人之大經大法不可廢也，治天下而不用肉刑，徒以啓小人犯法之心耳，故曰肉刑之刑重也。漢魏之際，往往數議，復之而不果，以至於本朝，而刑輕於三代矣。法家者流，以仁恕爲本，惟學道之君子始惓惓

於肉刑焉，何其用心之相反也。推之天理，驗之人事，而要諸古今之變，究其所從始，極其所由終，必有至當之說。」

宋衛涇（1159～1226）《後樂集》卷一〈朝奉郎史厚祖除大理寺丞制〉曰：「朕患夫法家者流，拘於文而不察夫人之情也，故選用理官，必更誡以民事，庶乎習知幽隱，凡我庶獄，酌情法之中，而審於用刑焉。爾藝精科律，濟以儒雅，頃司評讞，蔚有能稱，嘗轉而丞矣，通刺名郡，揚歷居多，肆予命汝，復還舊署，以究所長。」

宋劉克莊（1187～1269）《後村集》卷六十九〈趙時辜除大理寺丞〉曰：「廷尉屬多取法家者流，然必參用溫良長厚之人。蓋曰淑問，曰審克，有在於司空城旦書之外者。爾更事多而用法平，再丞李寺，勉之哉，可以長王國，亦可以高門閭矣。」

宋林希逸（1193～1271）《莊子口義》卷二十五曰：「法律，法家者流也；廣治，多求治事也；敬容，矜持容貌而爲外飾也；貴際，以交際爲重也。」

宋黎靖德（？～1263～？）《朱子語類》卷七十八曰：「法家者流，往往常患其過於慘刻。今之士大夫恥爲法官，更相循襲，以寬大爲事，於法之當死者，反求以生之。殊不知『明於五刑以弼五教』，雖舜亦不免。教之不從，刑以督之，懲一人而天下人知所勸誡，所謂『闢以止闢』；雖曰殺之，而仁愛之實已行乎中。今非法以求其生，則人無所懲懼，陷於法者愈眾；雖曰仁之，適以害之。」

元楊維楨（1296～1370）《東維子文集》卷一〈刑統賦釋義序〉曰：「古者帝王恃以治天下者，大經大法，未所謂律也。世道既降，巧僞橫生。法家者流，始制律以鉗鈇天下之民，奸日滋則律日煩，亦時使然也。蓋律合起於秦，定於漢，律法誦統遂大著於唐宋。而傅霖氏爲之賦刑統，以便律學之誦習。夫繩墨陳而天下之曲直不能逃，規矩設而天下之方圓不能越律，固捄弊之繩墨規矩乎？穎濱蘇子曰：『讀書萬卷，不讀律，致君堯舜終無術。』君子於其言可以占世變矣。我朝混一海宇，丞平百年，方以儒道理天下，士往往繇科第入官，凡讞一獄，斷一刑，稽經援史，與時制相參，未有吏不通經儒不識律者也。」

明王禕（1322～1374）《王忠文公集》卷六〈送沈仲達序〉曰：「昔太史公言『法家者流嚴而寡恩』，其信然哉？以予觀之，所謂嚴而寡恩者，特其法之爲弊如是爾，苟爲法家者操心制行一如是焉，則其人必皆陰險之小人，而

無復有君子矣。此豈人之情也哉？漢史言張湯爲吏，務在深文舞智以御人，又以爲舞文巧詆以輔法，則其謂之嚴而寡恩宜矣。然其身既致位三公，其子孫又世有令望德器，自取爵位，尊顯久而不墜，迹其福祚元功，儒林之後莫能及也，抑所以致是者寧無故乎？蓋湯平日務揚人之善，解人之過，而史氏謂其推賢揚善，固宜有後也。夫推賢揚善，君子之厚德也，而湯能之，又可徒以嚴而寡恩少之乎？且湯由文墨小吏，顧知務此則夫以學士大夫自居，身都崇貴，而不復以爲意者，其不爲湯之罪人也幾希。」

　　明許國（1527～1596）《許文穆公集》卷一〈贈同年柳坡馬君司理池陽序〉曰：「蓋古內廷外郡率置平焉，豈以刑者民之司命爲人主所重哉？今制郡有理官是已。夫郡理官，以長者則稱職，以法家則舞文，此非法於法者之難，以法求情者難也。故郡理官往往以授進士之試吏者。彼初試吏耳，而遽以平刑授之，豈古重刑之意邪？蓋有說矣。天下長者多屬文儒，非其性異人也。士平居誦法古昔，一朝釋褐，出而臨民學道，愛人其素，所蓄積也彼，其於法比未深，故往往以情用法而法合。法家者流，知有法而不知有情，出入輕重，一以法斷之，則哀矜慘怛之意盡忘於鍛鍊周內之中矣。此刑之所爲不平也。故曰，非深於法者難以法求情之難，然深於法者不可以法欺。以法求情，則又有深情者矣。人餙其情，以售欺，得伺隙而巧中之，則法梜不行。五方性習各以方殊，佻黠者以術用，豪猾者以賂行，上以情求，下以欺售，案牘藏奸，耳目增惑，情安可得求乎？幸而其情得矣。理官佐守，而守得制其便宜，法可而守以爲否，法否而守以爲可，法安可得平乎？故地樸而守賢，理官之資也。」

　　明沈懋孝（1537～1612）《長水先生文鈔‧送祠部郎王君伯成擢浙江憲副之任序代宗伯平泉先生作》曰：「法比之家，言之令人惻然慘怛，惟豈弟純明士知法之意能不盡乎？法者乃能持其平，而用之亦難言矣。法之爲用也，任權比律，廢情奪恩，周入旁附，其爲說至乎當年不能彈其微章，縫士文疏在前，一弗該罔，奸藪弊穴，不可勝原，故其始也，患習法之弗精，及夫摭舉條目，研究微細，久益明習其故，智與律化，而操切刻深之意或動於絲髮中，而人常不自知，於是平日所不喜言者截截喜言之，嚮之惻然慘怛亦幾乎愉快矣。故士之老於法者，爲其知法，而能不盡其用，而特惡夫折之太精者之爲患也。昔周之盛，圄圉空虛，罔亦疏矣。迨其中葉，刑獄繁滋，乃作〈呂刑〉之誡，制寬猛以相捄也。漢法詳於綜覈，使人刻覈，不返其情，路溫舒之疏，

讀之至今慘焉，乃其始獨不曰約法三章，斷獄四百者哉？吾是以知法家者流，習熟益久，講析益精，則深文慘核之弊不期而自應，子輿氏所戒乎？哀矜勿喜名，有味其言之也。史稱張釋之善刑名，又曰其人自長者，長者與善刑名判然不侔也，而釋之兼之，然則善法者豈必盡法之用哉？」

明焦竑（1540～1620）《國史經籍志・法家類敘》曰：「古有九流，挽近世幾於絕矣，而墨、縱橫、名、法為甚，其篇籍多軼以此。夫三家於理不衷，於用非亟固也。至法也者，人君所以紀綱人倫而遏絕亂略，顧可一日廢哉？百家蜂起，皆率其私智，以自附於聖人，以嘩世而惑眾。然其失，繇於各奮其私智；而其長，蓋或出於聖人，在善用之而已。不然駣銜委馵，四牡橫奔，而欲以和鸞節奏，救皇路之險傾，其可幾乎？今仍列其書，以備法家。」

明楊廉（1452～1525）《楊文恪公文集》卷十四〈贈僉憲翁君序〉曰：「方今大理之官日駁，兩法司成案非見在堂上無以服人，以此類皆老於刑名，使由此而任法司誠易易耳。……今之刑名，雖本於經術，非如申、韓之學，及班固所列法家者流，然非專於此者，亦不能精，以不專於此之人，而欲饒舌其間，不亦贅乎？」

清杭世駿（1695～1773）《道古堂全集》文集卷十五〈送龔愚安之長沙序〉曰：「古者刑名之與儒術出於一，自七略分而九流判，儒與法遂出於二。今之為法家言者，知有李悝、商鞅、韓非，幾不知有周公、孔子。豈仁義道德之訓果不敵武健嚴酷之治與？抑為民上者果於俗吏自為無有開導於其側者與？吾嘗論坡翁文士言不必盡可為法，讀書不讀律，是致君堯舜無術也；讀律而不讀書，謂遂能致君於堯舜，吾不信也。《易》之為書，廣大悉備，一則曰『明罰敕法』，一則曰『議獄緩死』，此千古法家之祖也。《春秋》筆削，經聖人後定，而董仲舒集公羊以為斷獄，雋不疑援衛輒之義，輒收縛假戾太子，此豈律文所載乎？而有識者斷然行之不疑，無他，深於儒術故也。」按：劉毓崧《通義堂文集》卷十《法家出於理官說上篇》引而申之曰：「敦以厚其俗，靜以鎮其佻，刑期無刑，以俟其自化。生堯舜之世，治堯舜之民，如是而已矣。若夫矯尾厲角，矜箝束禁，制以為能，此法家之所尚，而吾儒勿道也。」

《四庫全書總目・法家類敘》曰：「刑名之學起於周季，其術為聖世所不取。然瀏覽遺篇，兼資法戒，觀於管仲諸家，可以知近功小利之隘，觀於商鞅、韓非諸家可以知刻薄寡恩之非。鑒彼前車，即所以克端治本。曾鞏所謂

不用命者斬之，遂以狩田，大獸公之，小禽私之，獲者取左耳。」注云：「鄭司農云：此明其獻大者於公，自取其小者。玄謂：得禽獸者取左耳，當以計功。」）法莫急於軍旅，而賞賚以濟孥戮之嚴。（〈甘誓〉云：「用命賞於祖，不用命戮於社。」〈湯誓〉云：「爾尚輔予一人，予其大賚汝；爾不從誓言，予則孥戮汝。」）誠以有威者尤宜有恩示，懲者更當示勸，必罰者斷不可不信賞耳。觀於法家之書，今日流傳者以《管子》爲最古（《漢志》列《管子》於道家，不甚允協。《隋志》改隸於法家，當從之），諸篇之言及於法者，大抵以賞與罰對言（〈七法〉篇云：「有功必賞，有罪必誅。」〈版法〉篇云：「喜無以賞，怒無以罰。」〈法法〉篇云：「審而不行，則賞罰輕也；重而不行，則賞罰不信也。」〈任法〉篇云：「夫愛人不私賞也，惡人不私罰也。」他篇以賞罰對言者不可枚舉），且其中有雖言罰而仍以賞爲主者（〈九守主賞〉篇云：「用賞者貴誠，用刑者貴必刑，賞信必，莫不闇化矣。」），有不言罰而專以賞爲事者（〈輕重〉甲篇云：「士忿怒爭進而無止，重祿重賞之所使也。〈輕重〉乙篇云：「終歲之租金，請以一朝素賞軍士破萊軍，並其地禽其君，此素賞之計也。」）。然則管子之治齊，固能傳周禮於理官，不愧爲後世法家之祖矣。自是以降，《慎子》、《鄧析子》諸書漸入於深文，而猶以賞罰相提並論，未嘗顯然偏用罰也（《漢志》《慎子》四十二篇，列於法家，云申、韓稱之。《鄧析》二篇，列於名家，高似孫《子略》云：「觀其立言，蓋有出於申、韓之學者矣。」晁公武《讀書志》云：「蓋兼名、法家也。」今案：《慎子·君人》篇言殊賞殊罰，《御覽》引《慎子》逸文言虞、夏、商、周皆以賞罰，並言《鄧析子·無厚》篇云「喜不以賞，怒不以罰」，〈轉辭〉篇云：「喜而便賞，不必當功；怒而便罰，不必值罪。」又云：「言有善者則而賞之，言有惡者顯而罰之。爲善者，君與之賞；爲惡者，君與之罰。」亦以賞罰並言）。至於商鞅、韓非之徒，競尚繁苛，務爲殘忍，其書雖亦間及於賞，而終以罰爲指歸，於是理官之用賞者少，而用罰者多（《商子·去強》篇云：「重罰輕賞，民死上。王者刑九賞一，強國，刑七賞三。」《韓子·心度》篇云：「刑勝而民靜，賞繁而奸生。刑勝，治之首也；賞繁，亂之本也。」）即其懸賞以勸告奸，亦不過藉賞行罰（《商子·開塞》篇云：「賞施於告奸，則細過不失。」《韓子·制分》篇云：「發奸之密，告過者免罪受賞。」），而法家之弊遂失於刻薄寡恩矣（《漢志》云：「及刻者爲之，則無教化，去仁愛，專任刑法，而欲以致治，至於殘害至親，傷恩薄厚。」）。迨嬴秦以還，法官有大理、司理之稱（明代

字本義爲治玉，引申其義則爲事理、物理之稱（《說文》：「理，治玉也。」段氏玉裁注云：「《戰國策》鄭人謂玉之未理者爲璞，是理爲剖析也。玉雖至堅，而治之得其鰓理以成器，不難謂之理。凡天下一事一物必推其情，至於無憾而後即安，是之謂天理，是之謂善治，此引申之義也。」）。而理之難明，莫若聽訟。故刑官謂之大理，蓋其剖析爲至微矣（焦氏循理說云：「惟先王恐刑罰之不中，務於罪辟之中求其輕重，析及毫芒，無有差謬，故謂之理。其官即謂之理官。」）。然天理不外乎人情，故情、理可以互訓（《大戴禮・哀公問》篇云：「情性也者，所以理然，不然取捨者也。」《呂覽・誣徒》篇云：「則得教之情也。」高注亦訓情爲理。《晉書・刑法志》云：「夫刑者，司理之官。理者，求情之機。」戴氏震《孟子字義疏證》云：「理也者，情之不爽失也。未有情不得而理得者也。自然之分理，以我之情絜人之情，而無不得其平是也。」），而理官治獄首貴乎得情（〈小宰〉云：「六曰以敘聽其情。」鄭注云：「情爭訟之辭。」賈疏云：「情謂實情。」〈小司寇〉云：「用情訊之，以五聲聽獄訟，求民情。」鄭注云：「用情理言之。」賈疏云：「恐有枉濫，故用情實問之，使得眞實。」），能準理以度情者，斯謂之忠恕，故法家當以忠恕爲心，能緣理而因情者斯謂之禮，故法家必以禮爲本，蓋出乎禮斯入乎刑耳。惟忠信之人知理之實依於禮，亦惟忠恕之吏知禮之克止其刑。此理官與禮官之司，法家與名家之說，所以常相表裏者也（《漢志》云：「名家者流出於禮官。」今案：古法家之書多以刑名並言，後之習法律者世人亦目爲刑名，但名家之出於禮官，則知者鮮矣。）。古之君子以禮法自修，其責己也重以周，其責人也輕。以約居恒，則毀譽褒貶之際必以忠恕持其平，涖官則賞罰懲勸之間，尤以忠恕秉其正。故懷刑讀律，則據理而飭躬，奉法治民，則原情而觀過。是可知引經術以決疑獄，著章句以解律文，惟儒家乃能精於法家，理與禮其道一而已矣（《禮記・仲尼燕居》云：「禮也者，理也。」〈樂記〉云：「禮也者，理之不可易者也。」），何必謂爲學者但言禮不言理哉（淩氏廷堪《復禮下》云：後儒之學或出釋氏，故謂其言之彌近理而大亂眞，不然，聖學禮也，不云理也，其道正相反，何近而亂眞之有哉？今案〈樂記〉云：「不能反躬，天理滅矣。人化物也者，滅天理而窮人欲者也。是故先王之制禮樂，人爲之節。」據此，則禮固因理而制矣。況〈說卦傳〉云「窮理盡性，將以順性命之理」，不得謂聖學言禮不言理也。淩氏謂言理者出於釋氏，未免矯枉過正）？又何必謂爲治者以禮不以理哉（焦氏循〈理說〉云：「後世不言禮而言理，九流之原，名家出於禮官，法家出於理官，而所以治天下，

則以禮不以理也。禮論辭讓，理辨是非，可知理足以啓爭，而禮足以止爭也。」今按：〈坤六五・文言〉云：「君子黃中通理，正位居體。」虞注云：「坤爲理。」《繫辭上傳》云：「禮言恭致，恭以存其位者也。」虞注云：「坤爲禮。」據此，則理與禮皆取象於坤。禮以存位，理以正位，皆治天下之要道也。況《禮記・禮運》云：「禮達而分定。」《喪服・四制》云：理者，義也。《管子・心術》篇云：「理也者，明分以論義之意也。」是理可明分，禮可定分，皆足以止爭矣。焦氏謂理足以啓爭，亦未免於偏執。）？後之君子，論人則繩之以理，而不復揆之以情（錢氏大昕《廿二史考異自序》云：「更有空疏措大，輒以褒貶自任，不稽年代，不揆時勢，強人以所難行，責人以所難受，陳義甚高，居心過刻，予尤不敢效也。」）；爲政則驅之以刑，而不復齊之以禮，有嚴屬而無忠恕，良法在而美意亡矣。洎乎末流，論人則例加責備之詞（錢氏大昕《潛研堂續集・齋中無事詩》云：「奈何後代儒，吹毛好論議。妄引春秋法，務責賢者備。善人不可爲，大奸翻得志。」），而己之悖乎禮者，乃飾非以拒諫，爲政則全施督責之術，而身之違乎理者又逞巧以逃刑，究之壞法舞文者詎免於受誅，酷法暴刑者終歸於自斃（《史記・商君傳》云：「商君亡至關下，欲舍客舍，舍客人曰：商君之法，舍人無驗者。坐之，商君喟然歎曰：爲法之敝一至此哉！」錢氏大昕〈晁錯論〉云：「禮有議貴議能之例，而法家紐之，惡其法不立也。法在必行。錯所受申商之學如是，庸詎知適以自禍也。是故任刑之君常至於亂國，任法之臣常至於殺身。」）。此皆借禮文以肆辨，而不循禮節以自修，縱己情以恣睢，而不體人情以忠恕，故流弊至此極耳。然則欲求法家之無弊，必在理官之得人。而荀子所謂『有治人，無治法』者，誠千古不易之論也夫！」

清沈家本（1840～1913）《歷代刑法考》律令二「法十家」曰：「法家者流，蓋出於理官，信賞必罰，以輔禮制。《易》曰：『先王以明罰飭法。』此其所長也。及刻者爲之，則無教化，去仁愛，專任刑法，而欲以致治，至於殘害至親，傷恩薄厚。按：法十家所言，不皆刑罰，而刑罰在其中，故錄之。」

清沈家本《寄簃文存》卷一〈設律博士議〉曰：「嘗考《周官》大司寇正月之吉始和布刑於邦國都鄙，乃縣刑象之法於象魏，使萬民觀刑象，挾日而斂之。夫縣之象魏而縱民觀，則平日之集眾思而成此法，其幾經討論研究可知矣。又有州長以下諸官屬民讀法，故其時未嘗有律學之名，而人人知法。洎乎世道陵夷，不遵先王之法，而法亦日即於銷亡，泯泯棼棼之習，遂無從而整齊之，於是法家者流目擊當世之情形，各就其所學而作爲書，李悝《法

經》其最著者也。當是之時，學者頗眾。自秦焚詩書百家之言，法令以吏為師。漢代承之，此制未改。士之不能低首下心於吏者，遂不屑為此學。然當時之法家者流，或父傳其子，或師傳其弟，習此學者人尚不少。馬、鄭經學大儒，猶為律章句，其餘諸家章句各自為書，轉相傳授，學者遂多矣。董卓之亂，海內鼎沸，生民塗炭，人士凋零，衛覬於是有設律博士之請。自是之後，迄於趙宋，代有此官。雖歷代當局之人或視為重要，或視為具文，所見不同，難歸一致，然賴有此一官，而律學一線之延遂綿綿不絕。宋神宗置律學，蘇軾有『讀書萬卷不讀律，致君堯舜終無術』之諷，蘇氏於安石之新法概以為非，故並此譏之，而究非通論也。自元代不設此官，而律學遂微。朝廷屢詔修律，迄於無成。明承於元，此官遂廢。然明律有講讀律令之文，凡官民咸當服習，是明雖不設此官，律令固未嘗不講求也。夫國家設一官以示天下，天下之士方知從事於此學。功令所垂，趨向隨之，必上以為重，而後天下群以為重。未聞有上輕視之，而天下反重視之者。然則律博士一官，其所繫甚重，而不可無者也。法律為專門之學，非俗吏之所能通曉，必有專門之人斯，其析理也精而密，其創制也公而允，以至公至允之法律，而運以至精至密之心思，則法安有不善者？及其施行也，仍以至精至密之心思，用此至公至允之法律，則其論決又安有不善者？此設官之微意也，議官制者其主持之。」〔註30〕

清沈家本《寄簃文存》卷三〈法學盛衰說〉曰：「惠帝除夷族之法，文帝除誹謗妖言之法，除肉刑，景帝減笞法，其時人民安樂，幾致刑措。用法而行之以仁恕之心，法何嘗有弊。嘗考法學之盛衰，而推求其故矣。按法家者流，出於理官。自李悝著法經，其後則有商鞅、申不害、處子、慎到、韓非、游棣子諸人，並有著作，列在《漢志》法家。是戰國之時，此學最盛。迨李斯相秦，議請史官非《秦記》皆燒之，非博士官所職，天下敢有藏《詩》、《書》、百家語者，悉詣守尉雜燒之，若欲學法令者，以吏為師。自是，法令之書藏於官府，天下之士，阨於聞見。斯時，朝廷之上，方以法為尚，而四海之內，必有不屑以吏為師者，而此學亦遂衰。漢興，雖弛秦厲禁，而積習已久，未能遽改。」〔註31〕

清沈家本《寄簃文存》卷六〈薛大司寇遺稿序〉曰：「班孟堅言，法家者

〔註30〕 沈家本：《歷代刑法考》，中華書局，1985年，第2058～2060頁。
〔註31〕 沈家本：《歷代刑法考》，中華書局，1985年，第2141～2145頁。

流出於理官，故身任理官者，始推求法家之學，習使然也。四庫書浩如煙海，稗官小說悉入搜羅，獨法家之書所錄者寥寥可數，豈世皆鄙棄斯學竟無人討論而著述歟？抑有討論著述之書，世無人爲之表章，遂湮沒而不傳歟？」〔註32〕

章太炎（1869～1936）《訄書・商鞅第三十五》曰：「商鞅之中於讒誹也二千年，而今世爲尤甚。其說以爲自漢以降，抑奪民權，使人君縱恣者，皆商鞅法家之說爲之倡。烏乎！是惑於淫說也甚矣。法者，制度之大名。周之六官，官別其守，而陳其典，以擾乂天下，是之謂法。故法家者流，則猶西方所謂政治家也。非膠於刑律而已，後世之有律，自蕭何作《九章》始。」

章太炎《諸子學略說》曰：「法家者，略有二種：其一爲術，其一爲法。《韓非子・定法》篇曰：『申不害言術，而公孫鞅爲法。術者，因任而授官，循名而責實，操殺生之柄，課群臣之能者也，此人主之所執也。法者，憲令著於官府，刑罰必於民心，賞存乎愼法，而罰加乎奸令者也，此臣之所師也。』然爲術者，則與道家相近；爲法者，則與道家相反。《莊子・天下》篇說愼到之術曰：『椎柏輐斷，與物宛轉，推而後行，曳而後往，若飄風之還，若羽之旋，若磨石之隧，全而無非，動靜無過，未嘗有罪。』此老子所謂『聖人無常心，以百姓爲心』也。此爲術者與道家相近也。老子言：『民不畏死，奈何以死懼之？』太史公〈酷吏列傳〉亦引『法令滋章，盜賊多有』之說，而云『法令者，治之具，而非制治清濁之源』。此爲法者與道家相反也。亦兼任術法者，則管子、韓非是也。《漢志》管子列於道家，其〈心術〉、〈白心〉、〈內業〉諸篇，皆其術也；〈任法〉、〈法禁〉、〈重令〉諸篇，皆其法也。韓非亦然：〈解老〉、〈喻老〉本爲道家學說；少嘗學於荀卿，荀卿隆禮義而殺《詩》、《書》，經禮三百，固周之大法也，韓非合此二家，以成一家之說，亦與管子相類（惟《管子・幼官》諸篇，尚兼陰陽，而韓非無此者，則以時代不同也）。後此者惟諸葛亮專任法律，與商君爲同類，故先主遺詔，令其子讀《商君書》（見裴松之《三國志注》引《諸葛亮集》），知其君臣相合也。其後周之蘇綽，唐之宋璟，庶幾承其風烈。然凡法家必與儒家、縱橫家反對。惟荀卿以儒家大師，而法家韓、李爲其弟子，則以荀卿本意，在殺《詩》、《書》，固與他儒有別。韓非以法家而作〈說難〉，由其急於存韓，故不得不兼縱橫耳。其餘則與儒家、縱橫家未有不反脣相稽。《商君・外內》篇曰：『奚謂淫道？爲辯知者貴，遊

〔註32〕 沈家本：《歷代刑法考》，中華書局，1985 年，第 2224 頁。

宦者任，文學私名顯之謂也。』此兼拒儒與縱橫之說也。〈靳令〉篇曰：『六
虱，曰禮樂，曰詩書，曰修善，曰孝悌，曰誠信，曰貞廉，曰仁義，曰非兵，
曰羞戰。』此專拒儒家之說也。《韓非‧詭使》篇曰：『守度奉量之士，欲以
忠嬰上而不得見；巧言利辭，行姦軌以幸偸世者數御。』〈六反〉篇曰：『遊
居厚養，牟食之民也，而世尊之曰有能之士；曲語牟知，僞詐之民也，而世
尊之曰辯智之士。』此拒縱橫家之說也。〈五蠹〉篇曰：『儒以文亂法，俠以
武犯禁。』〈顯學〉篇曰：『藏書策，習談論，聚徒役，服文學而議說，世主
必從而禮之。』『國平則養儒俠，難至則用介士，所養者非所用，所用者非所
養，此所以亂也。』此拒儒家之說也。〈五蠹〉篇曰：『明主之國，無書簡之
文，以法爲教；無先王之語，以吏爲師。』此拒一切學者之說也。至漢公孫
弘、董仲舒輩，本是經師，其時經師與儒已無分別。弘習文法吏事，而緣飾
以儒術；仲舒爲《春秋》決獄二百三十二事，以應廷尉張湯之問。儒家、法
家，於此稍合。自是以後，則法家專與縱橫家爲敵。嚴助、伍被，皆縱橫家，
漢武欲薄其罪，張湯爭而誅之。主父偃亦縱橫家，漢武欲勿誅，公孫弘爭而
誅之。而邊通學短長之術，亦卒譖殺張湯。諸葛治蜀，賞信必罰。彭羕、李
嚴，皆縱橫之魁桀，故羕誅而嚴流。其於儒昔，則稍稍優容之。蓋時詘則詘，
能俯首帖耳於法家之下也。然儒家、法家、縱橫家皆以仕宦榮利爲心。惟法
家執手稍嚴，臨事有效。儒家於招選茂異之世，則習爲縱橫，於綜覈名實之
世，則毗於法律。縱橫是其本眞，法律非所素學。由是儒者自恥無用，則援
引法家以爲己有。南宋以後，尊諸葛爲聖賢，亦可閔已。然至今日，則儒、
法、縱橫殆將合而爲一也。」

　　孫德謙（1869～1935）《諸子通考》卷三曰：「上古之世，渾渾噩噩，人
相尙以道德。及至道微德衰，於是仁者治人，義者治我，而聖王經世之術幾
將即於窮矣。窮則思變，爰爲約之以禮，使人與我皆循循於軌物之中，而不
敢逾越。故禮也者，實治亂之道也。且班氏於禮家曰：『《易》曰：「有夫婦父
子君臣上下，禮義有所錯。」而帝王質文，世有損益，至周曲爲之防，事爲
之制，故曰：「禮經三百，威儀三千。」』所以爲之防，爲之制者，則禮一法
而已矣。傳云：『出乎禮者，入乎刑。』則刑法者，補禮教之不足。而禮教之
作，蓋欲人無蹈於刑，正名定分，束身而寡過也。若是法家一流，《志》謂『以
輔禮制』，豈不信哉，豈不信哉？……法家之學，專務信賞必罰，詔示後王，
誠以賞罰者治世之要道也。……夫法家之道，尊君卑臣，崇上抑下，又豈第

嚴刑峻法之謂也哉？儒統之一，由於漢武之罷斥百家，其說則董仲舒創之。……夫董子非儒家歟？乃其立言之旨與法家相合，然則俗儒之賤視申韓，亦反覆思之可矣。……《志》云：『刻者爲之，則無教化，去仁愛，專任刑法，而欲以致治，至於殘害至親，傷恩薄厚。』此法家之蔽失。吾固不能爲商、韓諱矣。……余嘗取聖人之言以補法家之弊矣。子曰：『道之爲政，齊之以刑，民免而無恥；道之以德，齊之以禮，有恥且格。』如法家者，使能於明法之後，而更以德禮行之，則爲純王之治，不復有殘刻之患也。顧百家學術各有所宗，刻者所爲，雖專任刑法，抑知惟爲法家，故以刑法爲主，況商、韓二子，又能相地制宜，因時濟變者乎？」

陳朝爵（1876～1939）《漢書藝文志約說》卷二曰：「顧君說韙矣。然今人寔輕禮尤甚，猖狂橫決，公言毀棄禮教，而政府乃徒持偏畸不中、掩耳盜鐘之虛法以支拄之，其危何異積薪厝火哉！」

顧實（1878～1956）《漢書藝文志講疏》三〈諸子略〉曰：「理、李古字通，獄官也，今猶曰大理院。賈誼曰：『夫禮者禁於將然之前，而法者禁於已然之後。是故法之所用易見，而禮之所爲生難知也。若夫慶賞以勸善，刑罰以懲惡，先王執此之政，堅如金石，行此之令，信如四時，據此之公，無私如天地耳，豈顧不用哉？』（《漢書》本傳）是故禮、法二者，猶今言道德、法律二者，譬猶國家之兩輪，廢一而不行。抑弼之云者，其過重視禮，而以法爲輔助品，微異於今之說。此所以今日中國猶有隻輪不進之象歟？（今禮、法皆衰，而人心輕法尤甚）」

呂思勉（1884～1957）《先秦學術概論》曰：「法家精義，在於釋情而任法。蓋人之情，至變者也。喜時賞易濫，怒時罰易酷，論吏治者類能言之。人之性寬嚴不同，則尤爲易見矣。設使任情爲治，即令斟酌至當，終不免前後互殊，而事失其平，人伺其隙矣。法家之義，則全絕感情，一準諸法。法之所在，絲毫不容出入。看似不能曲當，實則合全局，通前後而觀之，必能大劑於平也。禮家之言禮曰：『衡誠懸，不可欺以輕重；繩墨誠陳，不可欺以曲直；規矩誠設，不可欺以方圓；君子審禮，不可誣以奸詐。』此數語，法家之論法，亦恒用之。蓋禮法之爲用雖殊，其爲事之準繩則一耳。職是故，法家之用法，固不容失之輕，亦斷不容畸於重。世每譏法家爲武健嚴酷，此乃法家之流失，非其本意也。至司馬談詆法家『絕親親之恩』，《漢志》亦謂其『殘害至親，傷恩薄厚』，則並不免階級之見矣。……法家貴綜覈名實，故

其所欲考察者，恒爲實際之情形。執舊說而謬以爲是，法家所不取也。職是故，法家恒主張變法。」

江瑔（1888～1917）《讀子厄言》第四章〈論諸子之淵源〉：「法家出於理官。理官古爲司寇，而司寇之職古人亦以史爲之。考《禮記·王制》『史以獄成告於正』，注亦以史爲司寇之屬，則理官亦出於史矣。」

郭沫若（1892～1978）《前期法家的批判》曰：「除子產是一位時代的前驅者，雖應時而立法，但無一定的法理意識之外，其他如李悝、吳起、商鞅、慎到、申不害便都是以學者的立場，以一定的法理爲其立法的根據的。但從這兒可以蹤跡出兩個淵源。李悝、吳起、商鞅都出於儒家的子夏，是所謂『子夏氏之儒』，慎到和申不害是屬於黃老學派。但慎子與申子亦復不同，慎子明法，而申子言術，慎是嚴格意義的法家，而申是法家的變種──術家了。慎雖屬於黃老學派而後於子夏，可知他的明法主張是受了子夏氏之儒的影響。因此，前期法家，在我看來是淵源於子夏氏。子夏氏之儒在儒中是注重禮制的一派，禮制與法制只是時代演進上的新舊名詞而已。《論語》載子夏論交，『可者與之，其不可者拒之』，正表明著法家精神。荀子罵子夏氏之賤儒『正其衣冠，齊其顏色，嗛然而終日不言』，也正活畫出一幅法家態度。思、孟一派的大宗師子游氏更笑『子夏之門人小子』捨本逐末，只『可以當灑掃應對進退』，要算是盡了輕視的能事。根據這些，我們可以明確地知道，子夏氏之儒在戰國時代確已別立門戶，而不爲儒家本宗所重視了。《韓非子·顯學篇》言儒分爲八：『有子張之儒，有子思之儒，有顏氏之儒，有孟氏之儒，有漆雕氏之儒，有仲良氏之儒，有孫氏之儒，有樂正氏之儒。』而獨無子夏氏之儒，要在這樣的認識之下也才可以得到瞭解。那是因爲韓非把子夏氏之儒當成了法家。也就是自己承祧著的祖宗，而根本沒有把他們當成儒家看待的。然而秦、漢以還，子夏這一派又成了儒家的正宗，不僅是禮教的淵源，而且序《詩》，傳《易》，受《春秋》，差不多六藝的傳授都出自子夏氏。這又是怎麼一回事呢？這些都是古文家們所僞造的傳統。其所以然的原故，是秦尚法而漢尊儒，法與儒在事實上已混爲一家，故爾後起的古文家們在方便上便大捧其子夏了。」〔註33〕

馮友蘭（1895～1990）《中國哲學簡史》曰：「按照我的理論，從這六種人裏面，形成了司馬談所稱的六家。套用劉歆的說法，我們可以說：法家者

〔註33〕郭沫若：《十批判書》，人民出版社，2012年版，第262～263頁。

流，蓋出於法術之士。」〔註34〕又曰：「這些哲學家在這樣做的時候，事實上是建立了一種歷史退化觀。這些哲學家（指儒家、墨家、道家——引者注），思想主張雖然各有不同，但是，他們的歷史觀卻有一個共同點：人類社會的黃金時代在過去，而不在將來。自古代的『黃金時代』以來，歷史是在日漸退化。因此，人的拯救不在於創立新的，而要靠退回到古代去。先秦時期各主要思想流派中最後出現的法家，在這方面是一個鮮明的例外。法家深深懂得，每個時代的變化，都有它不得不變的原因，因此只能現實地對待世界。古代的人們比較純樸，就此而言，或許值得稱頌，但那是當時的物質條件造成的，並不是說，古代人們的品德就普遍比後代人高尚。韓非子認為，古者，『人民少而財有餘，故民不爭。……今人有五子不為多，子又有五子，大父未死而有二十五孫。是以人民眾而貨財寡，事力勞而供養薄，故民爭』。……儒家的主張是理想主義的，法家的主張是現實主義的。在中國歷史上，儒家一向指責法家卑鄙、粗野，而法家則總是指責儒家書生氣、不切實際。」〔註35〕

黎翔鳳（1901～1979）《管子校注》：「《漢志》列《管子》於道家，《隋志》改入法家，非知管子者也。〈小匡〉：『鮑叔為大諫，王子城父為將，弦子旗為理，寧戚為田，隰朋為行。』『理』即法官，即大理院長。《漢書‧藝文志》：『法家者流，蓋出於理官。』法從理出，為生理之自然現象。水可以為平準，為五量之宗。管子以『權』、『衡』、『規』、『矩』、『準』當之，而未嘗專以『法』稱也。〈山至數〉：『桓公曰：「天子三百領，泰嗇而散，大夫準此而行，此如何？」管子曰：「非法家也。」』此『法家』之『法』為法度，『家』指大夫，義與九流之法家異。此孝經所謂先王之法言、法服，師法舊制。管子則主張『不慕古，不留今，與時變，與俗化』（〈正世〉）。荀卿之『法後王』，韓非之『不期修古，不法常可』，皆與管異趣也。」〔註36〕

葉長青（1902～1948）《漢書藝文志問答》曰：「（司馬談）其言曰：『法家嚴而少恩，然其正君臣上下之分不可改也。』法家不別親疏，不殊貴賤，一斷於法，則親親尊尊之恩絕矣。可以行一時之計，而不可常用也，故曰『嚴而少恩』。若尊君卑臣，明分職不得相逾越，雖百家弗能改也。」

〔註34〕　馮友蘭：《中國哲學簡史》，天津社會科學院出版社，2007年版，第34頁。
〔註35〕　馮友蘭：《中國哲學簡史》，天津社會科學院出版社，2007年版，第143～148頁。
〔註36〕　黎翔鳳：《管子校注》，中華書局，2004年版，第1～27頁。

　　張舜徽（1911～1992）《漢書藝文志通釋》卷三曰：「以法治國，有利有弊。司馬談《論六家要指》乃云：『法家嚴而少恩，然其正君臣上下之分，不可改矣。』又云：『法家不別親疏，不殊貴賤，一斷於法，則親親尊尊之恩絕矣。可以行一時之計，而不可長用也，故曰嚴而少恩。若尊主卑臣，明分職，不得相逾越，雖百家弗能改也。』若此所論，可與《漢志》之言相互發明。」

　　王利器（1912～1998）《鹽鐵論校注‧前言》：「自從漢武帝罷黜百家，獨尊儒術之後，百家爭鳴的局面基本結束了，尤其是法家者流，從此就消聲匿跡了。因之，在當時並無所謂儒法之爭，而只有儒家內部之爭。這時的儒家，吸收了法家和道家、陰陽家等思想，已非原始儒家的本來面目。」〔註37〕

　　王叔岷（1914～2008）《先秦道法思想講稿》曰：「荀悅《漢紀》二十五云：『法家者流，蓋出於理官也。』僅本《漢志》首二句。『明罰飭法』，謂明示刑罰，整飭法制。……所以有理官，乃以輔禮制之窮。而後世之法家，遂淵源於理官。禮，防患於未然。法，禁患於已生。《管子‧樞書》篇：『法出於禮。』法正所以濟禮之窮也。法家思想之淵源，《莊子》從理論方面探索，《淮南子》從時代方面探索，《漢書‧藝文志》從歷史方面探索，皆較空泛。惟有司馬遷直接指出本於黃、老，最為切實。〈孟子荀卿列傳〉謂『慎到學黃、老道德之術』，〈老莊申韓列傳〉謂『申不害之學本於黃、老。韓非喜刑名法術之學，其歸本於黃、老』。以為法家之學本於道家，最具特識。法家中之商鞅，思想及作風皆與道家有關，惜司馬遷未道及。法家將道家理論變為實用，為人人應守之規則。亦自可說法出於道。《韓非子‧大體》篇：『禍福生乎道法。』又云：『因道全法。』已略示道與法之關係。」〔註38〕

　　鄺士元《中國學術思想史》曰：「法家之長，在於信賞必罰，以輔禮制，此為法家主要之立法精神，亦維持國家秩序之要素。禮者，所以範圍人；而法者，僅以限制人之行為。荀卿曰：『禮者法之大分，類之綱紀也。』法家重法之思想亦由於禮治而來。」〔註39〕

　　金觀濤、劉青峰《中國思想史十講》：「法家也是部分地否定儒家。今天，有許多人推崇法家，還有人為追求法治，想在中國傳統思想找資源而提倡新法

〔註37〕　王利器：《鹽鐵論校注》，中華書局，1992年版，第1～2頁。
〔註38〕　王叔岷：《先秦道法思想講稿》，中華書局，2007年版，第170頁。
〔註39〕　鄺士元：《中國學術思想史》，上海三聯書店，2014年版，第8頁。

家，他們這樣做是可以理解的。但是，如果把法家和西方法治混在一起，那就錯了。二者的差別又在哪裏呢？任何社會都離不開法，法是治理國家和維護社會秩序所必需的。中國歷代都有法，有很細緻的法典，它們和道德不一樣。但是，法背後的精神和價值是什麼，不同文明是不一樣的。古希臘文明是以追求知識作爲終極關懷，所以古希臘哲人認爲，人可以通過追求知識去認識自然法，法治傳統的背後有更高的價值，這就是理性。這種理性後來被基督教吸收了，自然法也發生了分化及轉型。歷史上，在西方傳統社會的法治精神中，一個是對帝的信仰，另一個是理性，強調邏輯、數學以及依靠規則來治理。法律的具體條文，不能違背上述法後面的精神。先秦法家思想的來源是對儒家的否定，法的背後並沒有更高的精神。⋯⋯韓非從荀子那裏汲取了重視外在規範的思維，從道家那裏拿來了價值否定論，把這兩個東西結合起來，提出以維護君權權威爲中心的法、術、勢，作爲統御天下的一套治世方法。所以法家的法除了作爲君王治理天下的工具以外，沒有更高的精神追求，也沒直提出其最終的正當性根據。因此，秦國以法家治國雖然很有效，可以富國強兵、統一中國，但秦帝國很短命，二世而亡。講法家時，一定要看到它只是否定儒家的以德治國，法家的法與西方法治有根本的差別。」〔註40〕

郭齊勇、吳根友《諸子學通論》曰：「不少法家人物師出儒門或曾學於道家。吳起乃曾子學生，李悝爲子夏后學，韓非爲荀子之徒，愼到則『學黃老道德之術』（《史記・孟子荀卿列傳》）。法家在思想上亦多受儒、道、墨、名諸家的影響。荀子思想以『性惡』說爲中心，他的『化性起僞』與『隆禮』之說，皆在彌補人形上基礎的缺失。政治上，荀子則兼顧禮法，主張王霸並舉。『禮義者，治之始也』（《荀子・王制》）；『法者，治之端也』（《荀子・君道》）。他主張『隆禮尊賢而王，重法愛民而霸』（《荀子・強國》）。韓非人皆自利說源於荀子的『性惡』論，其對法治的倡導則將荀子的禮治忽略了。法家亦多受道家影響。愼到『學黃老道德之術』而『申、韓稱之』（《漢書・藝文志》）。《史記》以老子與韓非同傳，並稱韓非思想『其歸本於黃老』（《史記・老子韓非列傳》）。《韓非子》一書中〈喻老〉、〈解老〉、〈主道〉、〈揚權〉、〈內外儲說〉、〈難三〉、〈六反〉等篇多引《老子》文。名家主張『控名責實』（司馬談《論六家要旨》），法家則將其與君國利益聯繫起來，形成『循名責實』、

〔註40〕 金觀濤、劉青峰：《中國思想史十講》，法律出版社，2015 年版，第 35～36頁。

『因能授官』的刑名法術之學。同時，墨家的功利主義思想亦為法家所吸取，只是法家的功利唯在富國強兵，至於墨家的『天志』、『明鬼』等內容，則被法家拋棄。法家對百家學說的繼承與吸取，均以農、戰為根本。『博習辯智如孔、墨，孔、墨不耕耨，則國何得焉？修孝寡欲如曾、史，曾、史不戰攻，則國何利焉？』（《韓非子‧八說》）吳起又是著名的兵家人物。《吳子》被《漢書‧藝文志》編入『兵權謀』類。商鞅也有精到的軍事思想。」〔註41〕

　　高正《諸子百家研究》上編《諸子百家概要》曰：「法家人物面對宗法制的崩潰，提出與儒家『禮治』主張相對的『法治』主張，強調『民一於君，事斷於法』，『不別親疏，不殊貴賤，一斷於法』。主張強化君主專制，以嚴刑峻法治民。法家的思想淵源，可以上溯到春秋時期的管仲、子產、鄧析。實際的始祖，則當推戰國初期的李悝、吳起，他們曾是儒家子夏的學生。……李悝、吳起早先學於儒家，後來轉變為法家。他們打破了儒家所抱守的宗法世卿世祿制，但仍保留了君主世襲制度，而以『尚賢』選拔官吏作為補充。這實際上可以說是將儒家的宗法制觀點和墨家的尚尚賢觀點加以折中化的產物。後來的法家商鞅、申不害、慎到等，則進一步對所謂『法』、『術』、『勢』加以重視，至韓非乃集其大成。」〔註42〕

　　高華平《先秦諸子與楚國諸子學》論商鞅之後六國無純粹之法家曰：「李斯可以說是繼吳起之後楚國出現的真正法家的代表人物，但李斯整個的法家思想的實踐活動都是在秦國進行的，所以後來的楚國哲學思想史研究者都不把李斯算作楚國思想家，更何況李斯常常被視為秦始皇焚書坑儒等殘、暴政策的直接制定者一被視為中國思想文化史上的罪人呢？而且，不止是後來的楚國思想文化研究者不願研究李斯，就連《漢書‧藝文志》中也沒有記錄李斯的著作，彷彿『諸子』及『法家』中根本就沒有這個人。難道李斯被腰斬於咸陽時其著作亦被銷毀？或如太史公所論「斯知六藝之歸，不務明政以輔主上之缺，持爵祿之重，阿順苟合，嚴威酷刑，聽（趙）高邪說，廢遭立庶，後人對他的行事與人品十分鄙視，故而對他的著作亦棄之而不顧嗎？應該說，李斯的結局實際標志著先秦法家學說的結束；李斯的著作被棄而不傳，也正表明了後世人們對法家思想實踐家的態度。可以說，李斯之後，中國的思想史上已不再有真正的法家思想家。而且，從某種意義上講，中國先

〔註41〕郭齊勇、吳根友：《諸子學通論》，商務印書館，2015年版，第316～317頁。
〔註42〕高正：《諸子百家研究》，中國社會科學出版社，2011年版，第48～49頁。

秦自商鞅至秦實行變法、秦國變得強大以後，在關東六國即不再存在形成和傳播法家學說的土壤。韓非、李斯先後由韓、楚入秦，最後皆客死於秦，就證明戰國中期以後，天下只有秦國才需要法家，也才有法家生存的空間。秦國的滅亡，既是一個王朝的滅亡，也是法家這一諸子學派的終結。法家用它的生命冷血澆灌了秦國這朵刻暴少恩之花，而秦國則以它的『二世而亡』為先秦的法家思想作了陪葬。……申不害、慎到、韓非、李斯都是『學黃老道德之術』的，他們的思想本和稷下學派一樣帶有綜合先秦諸子（特別是道家和法家）的特點，而韓非、李斯又先後由韓、楚入秦之外，還有其特殊的歷史時代的原因：首先，戰國時期經過商鞅變法以後，秦國國力逐漸強大……當韓非、李斯在楚國跟隨荀子學成法家的『帝王之術』以後，都或主動或被動地走到了秦國，而留在六國的除了縱橫策士們之外，就是綜合儒、道、名、法、陰陽術於一爐的『黃老道家』了。其次，從中國先秦學術思想的內在發展來看，到戰國中後期中國學術思想的發展已出現明顯的綜合、總結的趨勢。稷下黃老道家『因陰陽之大順，採儒、墨之善，撮名、法之要』固不必說，即使法家也多從道家尋找哲學根據，即如申不害、韓非、慎到『歸其本於黃、老』。故蒙文通曾有『兵、農、縱橫統為法家』之說，他認為：『《漢書・藝文志》析法家、農家、兵家、縱橫家為四，然後三家殆皆法家之工具也。』」〔註43〕

　　王錦民《古學經子》曰：「班固所云法家出於理官，是說出於掌刑罰之官，考諸《周官》並無理官一職，史稱皋陶為大理，掌五刑，則理官之說或淵源於此。法的起源甚古，自皋陶五刑以降，夏有禹刑，商有湯刑，周有九刑。雖然代皆有法，但法的運用範圍卻是有限的。鄭玄曰：『王謂之篰經，邦國官府謂之禮法。』則法之掌本在官府。……《左傳》云：『德以柔中國，刑以威四夷。』則法的運用主要在庶人和四夷，對於大夫及中國主要用禮。這都是春秋前的基本情況。自春秋以降，情況發生了變化，其突出表現之一，則為庶人、工商據財富而欲與世族公庭抗禮。……法家之興，《漢志》則係之李悝，《隋書・經籍志》以為管子。按：法家的來源，自不能如儒家出於學校，亦不能如道家出於史官，而當出於當政治國之人，管子相齊，李悝相魏，身份上皆宜於啓法家之學。但管子之為法家，有其人為法家與其書為法家的分別。

〔註43〕高華平：《先秦諸子與楚國諸子學》，北京師範大學出版社，2016 年版，第 205
　　　～207 頁。

管子其人只能算是法家的前驅。管子爲政，尊王攘夷，禮法並重，故孔子許其仁。……管子本人也並不以法爲立國之本，其爲政的最高目標仍在擾義上。《管子》一書爲後世所編，其中思想不能說盡出管子，其內容可稱爲自戰國初至戰國末齊國思想的總集。」〔註44〕

<hr>

〔註44〕王錦民：《古學經子》，華夏出版社，2008 年版，第 344～345 頁。